# バスケットボールが
# 科学で強くなる!


監修／執筆

小谷　究

（流通経済大学 バスケットボール部HC）

柏倉秀徳

（筑波大学 女子バスケットボール部HC）


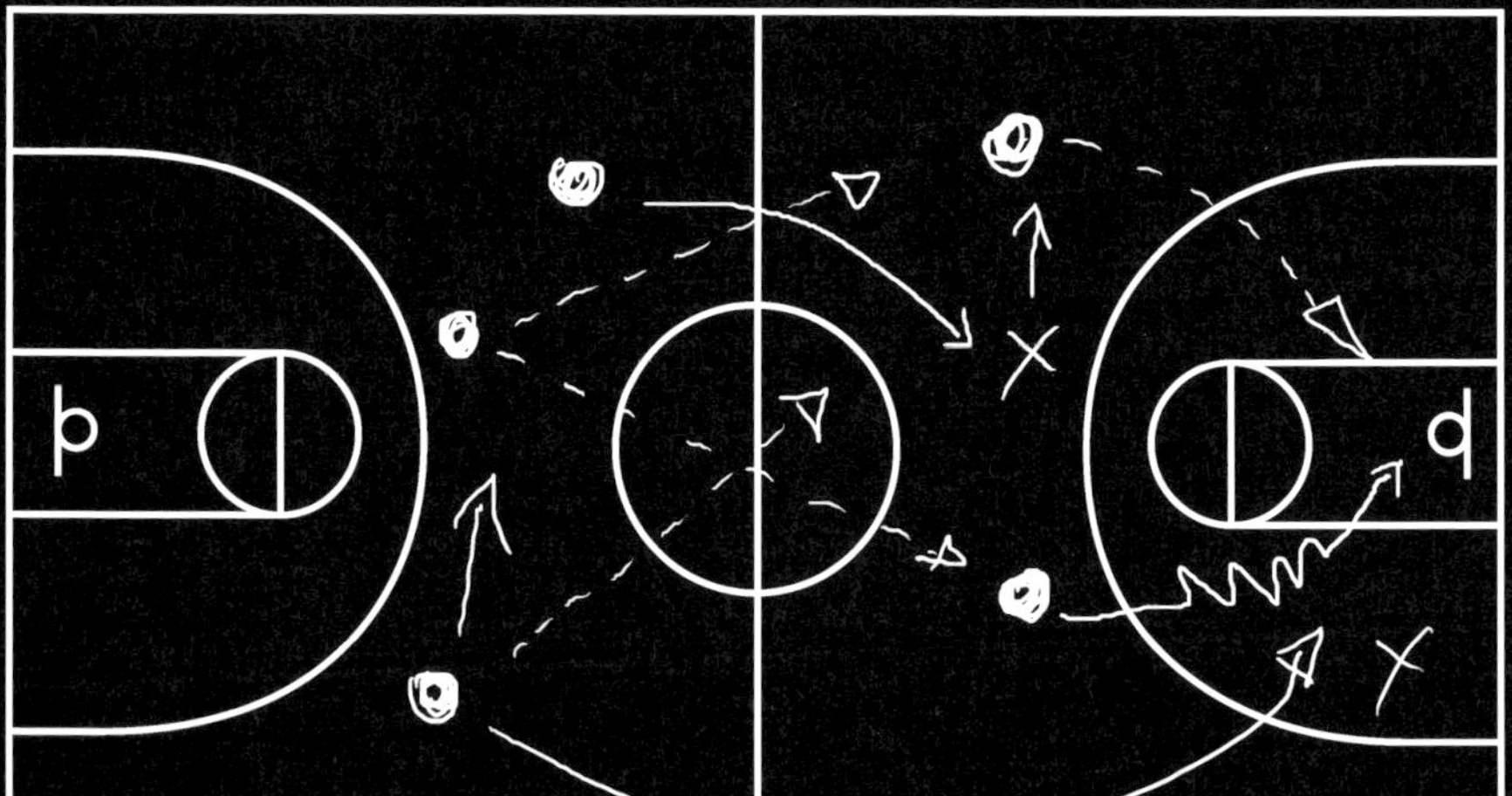

# はじめに

「バスケットボールの科学」という言葉を聞いて、皆さんはどのようなイメージを持つでしょうか。もしかすると、「科学みたいなものは苦手で…」と後ずさりしてしまうかもしれません。

科学に対して、実験室の中で酸素マスクをつけて、たくさんのカメラに取り囲まれた選手が装置をつけてシュートをするといったイメージを持っていたり、科学を現場とは別世界のものと思っていないでしょうか。

確かに、バスケットボールに科学のメスを入れることは多少の難解さを伴いますが、科学の世界とは実に幅広いものです。医科学、生理学、バイオメカニクス、統計学など、結果を数字で表現できる分野はもちろん、哲学、歴史学、などの文系学問もバスケットボールを取り巻く立派な「科学」です。「バスケットボールの科学」とは限られた分野だけを指すのではなく、こんなにも多様なのです。

バスケットボールの現場において科学を求める発想は、きっと誰しもが持っているはずです。「どんなトレーニングをすればよいのか？」、「この戦術は本当に有効なのか？」、「攻撃するエリアの優先順位は？」、「水分補給のタイミングは？」などなど、科学の手助けが必要な場面はいくらでもあるでしょう。

バスケットボールの現場には、経験値をひねり出すだけでは解決できない厄介な課題があちこちに転がっています。科学との接点は、思いのほか身近なものです。

もちろん科学は万能ではありません。今の科学では解明できない現象があることも認めざるを得ません。しかし科学的な知識は、チームや選手の目標達成を支える説得力のある情報を提供してくれます。

本書『バスケットボールが科学で強くなる！』は、「バスケットボール」を共通項にした研究者たちが、専門分野の枠を飛び越えて結集し、一見して難解な学術的なテーマをできるだけ平易に書き綴ったものです。科学的な知識をどのように切り取って活用するのか、その取捨選択は現場のコーチや選手次第です。またルールに変更があったとしても、工夫次第で充分に活用ができるでしょう。本書が「現場」と「研究」をつなぐ架け橋となることを願って止みません。

どうぞ、バスケットボールにまつわるディープな世界をお楽しみ下さい。

執筆者一同

「跳べる」「素早い」「身軽」「長身」など、フィジカルにまつわる疑問の解決や、自分の強みを見つけるためのヒントを第１章にまとめている（33ページから）

10

得点こそオフェンスの究極の目的。シュートの精度を上げ、攻撃力を磨くための多くのヒントを第2章のオフェンスの科学にまとめた(75ページから)

WASHINGTON
GEICO
wizards
8

JAZZ
8

相手を崩すための攻撃バリエーションの数々。「ドライブ」や「ピック&ロール」を中心に、オフェンステクニックのポイントを紹介(92ページから)

「速攻」や「スクリーンプレー」など、チーム戦術はプレーヤー同士の協調が不可欠になる。プレー選択の判断を瞬時に行うための考え方や練習方法を第４章のチーム戦術の科学で解説する(135ページから)

ディフェンスの目的は「相手チームが得点することを妨げること」。そのために必要となるチームとしての動きや1対1における動き出しなどを、第3章ディフェンスの科学にまとめた（117ページから）

washington
3
GEICO

バスケットボール選手に最も多い怪我の１つが足首の捻挫。多い怪我だからこそ知識と対処法をしっかりと身につけてもらいたい（178ページから）

「自分の指導はこれでよいのだろうか？」。多くの指導者が持つ悩みを解決に導く情報を第6章の指導の科学で紹介する（187ページから）

WARRIORS

# バスケットボールが科学で強くなる!

CONTENTS

## 第6章 指導の科学

# 序章

# 科学をプレーに活かすコツ

# そもそも科学とは何？

## 科学の2つの意味

ラテン語のScientia《スキエンチア》（「学問」や「知識」の意）に起源を持つ「Science（科学）」は、広くは「学問」と同じような意味で使われます。その場合、物理学・化学・医学などの自然科学のみならず、法学・経済学・政治学・歴史学・心理学などといった人文科学・社会科学も科学に含まれます。さらに、その総称として科学を使うこともあります。

また、科学は「知識」という狭い意味でも使われます。標準的な辞書では、「観察や実験など経験的手続きにより実証されたデータを論理的・数理的処理によって一般化した法則的・体系的知識」と説明されています（新村出編『広辞苑』第7版）。法則として有名なのは「あらゆるものがお互いに引き寄せあっている」ことを示した「万有引力の法則」ですが、これは観察に基づいて実証された、普遍性を持つ法則のことです。

この法則によって、ある一定条件の下では必ずある事象が結果することがわかります。つまり、「原因」と「結果」という因果関係が明らかになります。そして、再現性のある事象に法則性を見つけることが科学であれば、例えば、バスケットボールの現場では、リバウンドが跳ねやすい位置を実験や観察を多く重ねることで物理学的に明らかにすることが科学的アプローチということになります。

## 科学を100％鵜呑みにしない

こうした科学の2つの意味にまたがるのが「スポーツ科学」です。簡潔に言えば、スポーツ科学で行われているのは、科学の名のもとに包み込まれる、さまざまな分野の知見をスポーツの実践に役立てることです。

例えば体の使い方やボールの扱い方については物理学やバイオメカニクスの知見が役に立ち、筋力や持久力については生理学や解剖学や栄養学の知見が多くの示唆を与えてくれ、さらに意識の使い方に関しては心理学や脳科学といった学問の知見が有益です。

本書には、そうしたさまざまな分野の知見を活用した「知恵」がたくさん詰め込まれています。

最後に、「非科学的」と「科学的」の言葉から、科学に対するしかるべき態度を考えてみましょう。ひと昔前には、「練習中に水を飲むな」と言うコーチがたくさんいました。しかし、現在では「そのような指導は非科学的だから、やってはならない」と言われます。生理学の知見に基づけば、人は水分を摂取しなければ、脱水症状になってしまい、運動に対する諸器官の機能が低下してしまうので、適度に水分を補給することが科学的に必要になります。そのおかげで現在水を飲ませない指導をするコーチはほとんどいなくなりました。

こうした知見は、実験や観察を繰り返すことで一定の妥当性が検証されているものです。ただその一方で、皮肉なことに科学であるからこそ、次の瞬間に反証が出る可能性がゼロではないという事情もあります。その場合、科学に基づけばこそ、「１００％正しい」ということを放棄しなければならなくなります。そうすると、ここで私たちに求められるのは、科学的知見をただひらすら絶対的に信じることではなく、常にその妥当性を考え続けたうえで、それを活用する姿勢なのかもしれません。

（佐良土）

### 科学とは?

科学とは、観察をして実証された1つの法則

↓

「一定の条件」という制約がある

↓

100%の正解ではないが、解決への「知恵」になる

# 科学からプレーを考える

## 一定の条件下では一定の結果が出る

バスケットボールという実践において科学を活かすために大切なのは、**科学的な知識の普遍性を理解し、自分の目の前にある状況の特性を見抜いたうえで、適切に適用すること**です。再現性のある現象から見出された科学的な知識は、ある一定条件の下ではある一定の結果が出ることを私たちに教えてくれます。

ただし、そのような普遍性を持つ科学的な知識は、あらゆる場面で活用できるわけではありません。私たちがバスケットボールの現場で遭遇するのは、さまざまな特徴を持つ個々の人間であり、個々のチームなのです。それは、あるプレーヤーに役立った知識が、他のプレーヤーに役立つとは限らないということを意味します。

コーチであれ、トレーナーであれ、指導する立場にある者は、まず自分が向き合っているプレーヤーやチームの特性をしっかりと見極めて、そのうえでどのような知識を適用するのかを考えなくてはなりません。そのために必要になるのは、知識とは異なる何らかの知的な能力です。普遍的な知識と個別的な事柄を媒介する「知」が必要になります。

## 自分たちの「科学」を見つける

古代ギリシアの哲学者アリストテレスは、こうした普遍と個別を媒介する知のあり方として、制作に関わるものを「技術（テクネー）」、行為に関わるものを「思慮（フロネーシス）」と呼んでいます。

例えば医術などは、「医学的な知識に基づいて健康を患者のなかに作り出す」という意味で「技術」です。

これと類比的に、スポーツ科学的な知識に基づいてプレーヤーやチームに何らかのよい状態を作り出す技術として、「コーチングの技術」が考えられます。

やや単純な図式ですが、あるプレーヤーのシュート力を上げるために指導する場面を考えてみましょう。まず①よいシュートがどのようなものであるかを知識として理解して、②目の前にいるそのプレーヤーの特徴と現状を把握したうえで、③どのような指導をすることでそのプレーヤーがよいシュートを身につけることができるのかを思案することが必要になります。

ちなみに、個々のプレーヤーの特徴や現状を見抜くためには経験が必要になってくることも忘れてはいけない点です。そうした思案に基づいて、実際の指導を行うことになります。

その指導の内実としては、④練習の環境を設定し、⑤練習を実施し、⑥その練習に対してフィードバックを与える（あるいはプレーヤーの性格を鑑みてあえてフィードバックを与えない）などするわけですが、これがとりわけコーチングの技術の関わる領域と言えます。これは医術であれば、実際に薬の処方をしたり、手術を施したりすることと類比的に考えられます。

そして、このような実践の場でのうまくいった経験を積み重ねていけば、どのようなプレーヤーにはどのような科学的な知見に基づいて指導をするとうまくいく可能性が高いのかが段々と見えてくるでしょう。

（佐良土）

## 「自分たちの科学」が生み出すもの

**知＋経験＝** よりよいプレーヤー
勝てるチーム
本当の上手さ

**知とは…**

スポーツ科学的な知識
メディアからの情報
ルールへの理解　など

**経験とは…**

プレーヤーの特徴や現状を見抜く
見抜いた情報をもとにした適切な行動
自分が持つコーチング論

# 科学からのヒントをプレーに活かす

## 経験だけに頼る指導には限界がある

バスケットボールに限らず、スポーツの世界では、コーチの経験値だけに頼る指導はとうの昔に終わりを迎えました。経験値が重要な武器であることに異論はありませんが、あらゆる科学的な知見を総動員して、ゲームでの勝利やパフォーマンスの向上を目指す時代に入っています。

ただし、科学的な研究成果を現場に取り入れようとする時、注意しなければならないこともあります。物事を数量化する自然科学の世界でも、そうではない人文・社会科学の世界でも、客観的な研究成果を導き出すために対象を限定することが一般的です。したがって、研究者が設定した条件と、自分のチーム・選手が持つ条件は同じではないので、学術研究の知識をそのまま取り入れることはできません。本書のコンセプトに水を差すわけではありませんが、科学的な知見は万能薬ではないことも理解しておきたいポイントです。

こうした前提を踏まえたうえで、科学とバスケットボールのプレーとの接点を考えてみましょう。

## 科学や研究結果をアレンジする

例えば、「味方のシュートに対してリバウンドに果敢にチャレンジする強みはあるが、リバウンドが取れなかった時に相手にファストブレイクを出されてしまうことが課題」というチームがあったとします。

ここで「オフェンスリバウンドの獲得率を上げたい」と考えたとします。その場合にはやみくもに飛び込むよりも「このエリアから打ったシュートは、大体このエリアに落ちる傾向がある」といったことを統計的に実証した研究があれば、リバウンドに入る時に予測が立てやすくなります。研究論文を参考に、自チームのリバウンドボールの行方を計算する方法を知るのもよいでしょう。

一方、このチームがリバウンドにチャレンジした後の効果的な戻り方を知りたければ、ディフェンストランジションの研究成果も参考になります。味方がシュートした時のリバウンダーの配置や、その後にファストブレイクを食い止めながらディフェンスの体勢を整えていくような方法が見えてくるかもしれません。もちろん、チーム事情に応じてアレンジする苦労は避けて通れませんが、そのためのヒントは得られるはずです。

このように、幅広い意味でのバスケットボールの科学は、その知識をそっくりそのまま取り込むことは難しいですが、チームや個人の課題を解決するためのヒントを提供してくれます。

具体的な例は本編のトピックに譲りますが、科学をプレーに活かそうとする思考を持つことで、バスケットボールに関する学びはより深みを帯びてくるに違いありません。

（谷釜）

## 科学からのヒントをどう活かすのか

### (1) チームに課題がある

例えば　3Pシュートの成功率が上がらない
オフザボールのときに休んでしまう

↓

### (2) 課題を克服するテーマを設定する

例えば　3Pシュートが入りやすい状況を作る
オフザボールのときにどう動くのかを意識づけたい

↓

### (3) テーマに対する研究を参考にする

例えば　シュートの精度を上げるリングの見方（84ページ）
オフザボールでの判断基準（112ページ）

↓

### (4) 課題解決の糸口が見つかる

# 論文の読み方、取り入れ方

## 科学＝論文を手に入れる

**最新のバスケットボールの科学は論文という形で発表されます。**論文検索サイトで「バスケットボール」などと検索するとバスケットボールに関する論文を検索することができます。

例えばパスについての論文を得たい場合には「バスケットボール　パス」、シュートであれば「バスケットボール　シュート」などと検索します。

また、日本バスケットボール学会が発行する『バスケットボール研究』はバスケットボールに関する論文を収録した学会誌であり、バスケットボールに関する研究結果をまとめて得るには、大変有効なものとなります。こちらは学会のホームページからＰＤＦで入手することもできます。

### 主な論文検索サイト

| サイト名 | URL |
|---|---|
| CiNii Articles | https://ci.nii.ac.jp |
| J-STAGE | https://www.jstage.jst.go.jp |
| Google Scholar | https://scholar.google.co.jp |

## 論文は「まとめ」を読む

さて、バスケットボールに関する論文を入手することができても、論文を読み解くことは至難の技です。そこでおすすめなのは、論文の最後にまとめられている「結語」や「まとめ」といった部分を読むことです。

ここには、研究の目的や研究結果から最終的に言えることが簡潔に書かれています。なかには、丁寧に研究結果を指導現場で活用する方法について提案しているものもあります。ただし、多くの論文では指導現場での活用方法についてまでは述べられていません。したがって、論文の研究結果を指導現場に取り入れるには本書のように論文の内容をブレイクダウンしたものが必要になるでしょう。

また、学会などで研究者とディスカッションをして指導現場での活用方法を検討することも有効でしょう。学会と聞くと、研究者の集まりでコーチには関係ないと思うかもしれませんが、日本バスケットボール学会には研究者以外にも多くのコーチやバスケットボール関係者が入会しており、学会大会やサマーレクチャーなどにおいてコーチたちは研究者とディスカッションをして指導現場での活用方法を導き出し、最新の研究結果を指導現場に取り入れています。

さらに、日本バスケットボール学会に所属する研究者は、実際に指導現場をもちコーチとして活躍している者も少なくないため、より現実的な活用方法を導き出すことができるでしょう。

（小谷）

### 論文の読み方

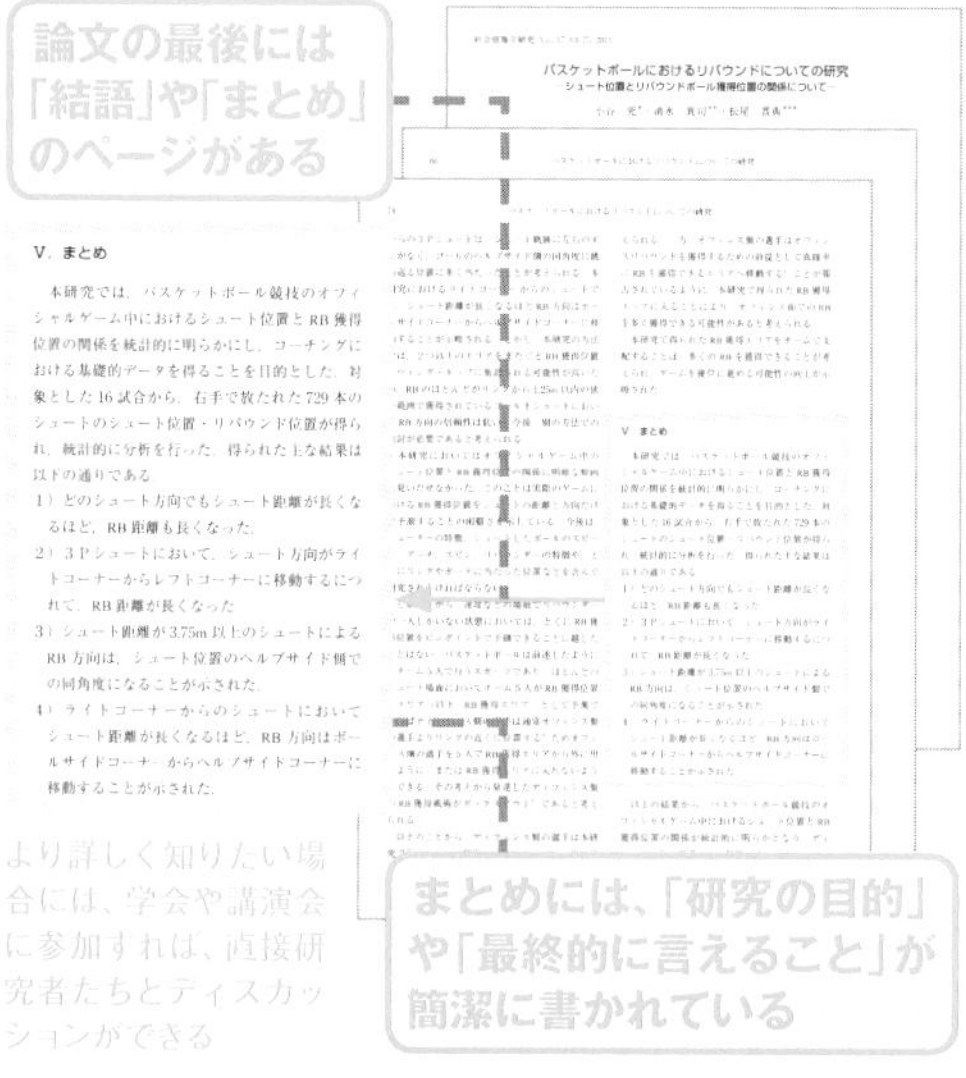

## コラム1

# 日本バスケットボール学会の設立

読者の皆さんは、日本にバスケットボールの学会があることをご存知でしょうか。2014年12月21日に日本バスケットボール学会が設立されました。バスケットボールの学会があるなんてと思われる方もいらっしゃるかもしれませんが、実は日本バスケットボール学会の設立は他の競技から比べると大きく遅れをとってしまったのです。例えば、日本ゴルフ学会は1987年、日本スキー学会は1990年に設立しており、日本テニス学会は1988年、日本バレーボール学会は1996年に前身となる研究会が発足しています。このように他の競技の学会が1980年代から1990年代にかけて活発に活動を展開するなか、バスケットボール界においても学会設立に向けた大小さまざまなレベルでの話が持ち上がっていたようです。しかし、残念なことに具体的な動きにまで発展することはありませんでした。バスケットボールの研究をする大学院生たちは、テニスやフットボールなどを研究する同僚が日本テニス学会や日本フットボール学会などで研究成果を発表する様子を、指をくわえて眺めるしかありませんでした。しかし、2014年に日本バスケットボール学会が設立され、状況は一変しました。現在、日本のバスケットボール研究は活発に展開されています。日本のバスケットボール研究者が、目に見える形で日本のバスケットボールの発展に貢献する日もそう遠くないことでしょう。　（小谷）

# 第1章

# パフォーマンスの科学

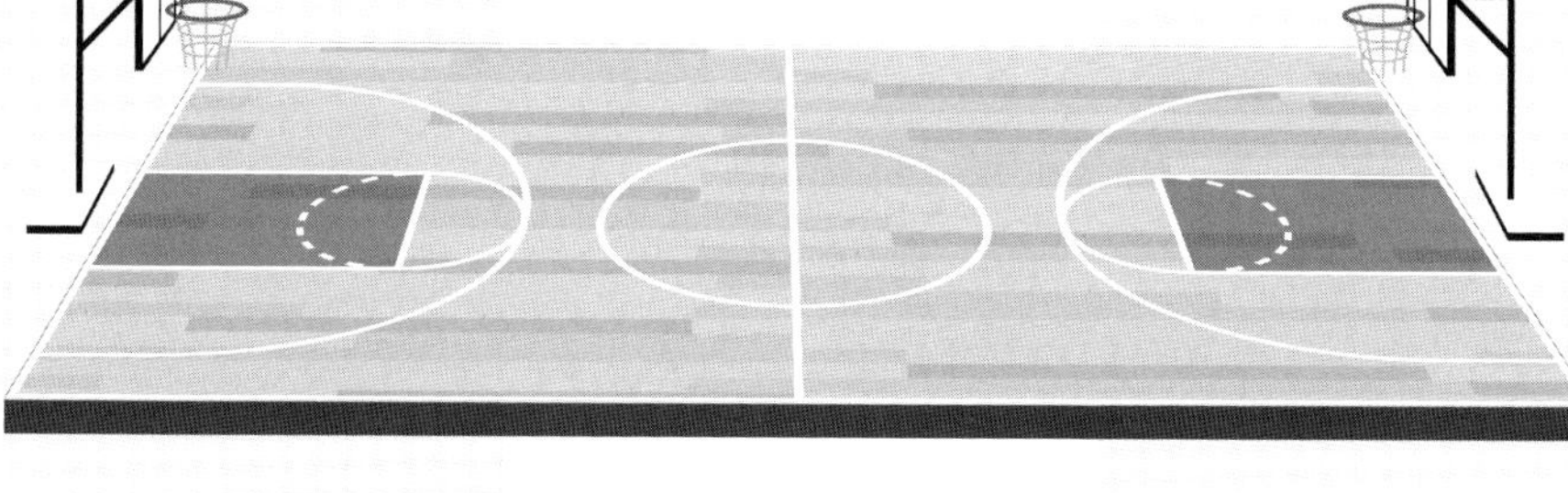

# バスケに必要な走力とは

## 試合で動かない時間は3%以下

バスケットボールでの競技時間中は、得点後や失点後もプレーが止まることなく、攻撃と防御が交互に連続的に続いていきます。

バスケットボールの試合における移動距離に関して分析した研究によると、勝利したチームの移動距離平均は約5,606m、負けたチームは約5,568mでした。そして最も移動距離の長い選手は勝ったチームで5,896.5m、負けたチームで5,748.6mであり、この2選手とも各チーム最多得点者でした。このことから、多く得点を挙げる選手は豊富な運動量が必要であることがわかります。

では、この試合中の「移動」はどのような速さなのか、どのくらいの強度によってできあがっているのでしょうか。

バスケットボールの移動速度における研究では、1試合を通して最も少ない数値を示したのは「立っていること」で、全時間の約3%以下でした。

また、試合中の約70%が、2.0m/秒以下の「歩いている」及び「ジョギング」程度の速さだったことから、バスケットボールの試合中においては、完全に動きが止まっている時間帯は極めて少なく、試合中のほとんどを緩やかなスピードで移動していることがわかります。

さらに毎秒3~5m以上の「走っている」状態は約25%程度で、試合中の運動の内訳としては、歩き:走り=2:1であると示されています。

図1は試合中の移動速度をポジション別に示した

ものです。これを見ると、ガードやフォワード、センターなど、どのポジションにおいても、激しい動きや緩やかな動き、走りのない動きの割合が同様の傾向であることが示されています。

これらのことから、バスケットボール選手は、完全に止まって休息をとるのではなく、歩きながら体力の回復を図る高い間欠的運動能力が求められることがわかります。

## バスケットボールにはインターバルトレーニングが必要

バスケットボールにおけるパフォーマンスを向上させるためのトレーニングとして、ただ走り続ける持久走ばかりでなく、トップスピードの移動と緩やかなスピードでの移動を繰り返すインターバルトレーニングのような内容が必要であることが考えられます。

このようなトレーニングをすることによって、完全に静止するのではなく、歩きながら休息をとることになり、より試合の動きに近い状況を作り出すことがで

図1 ポジションごとの移動速度の分布

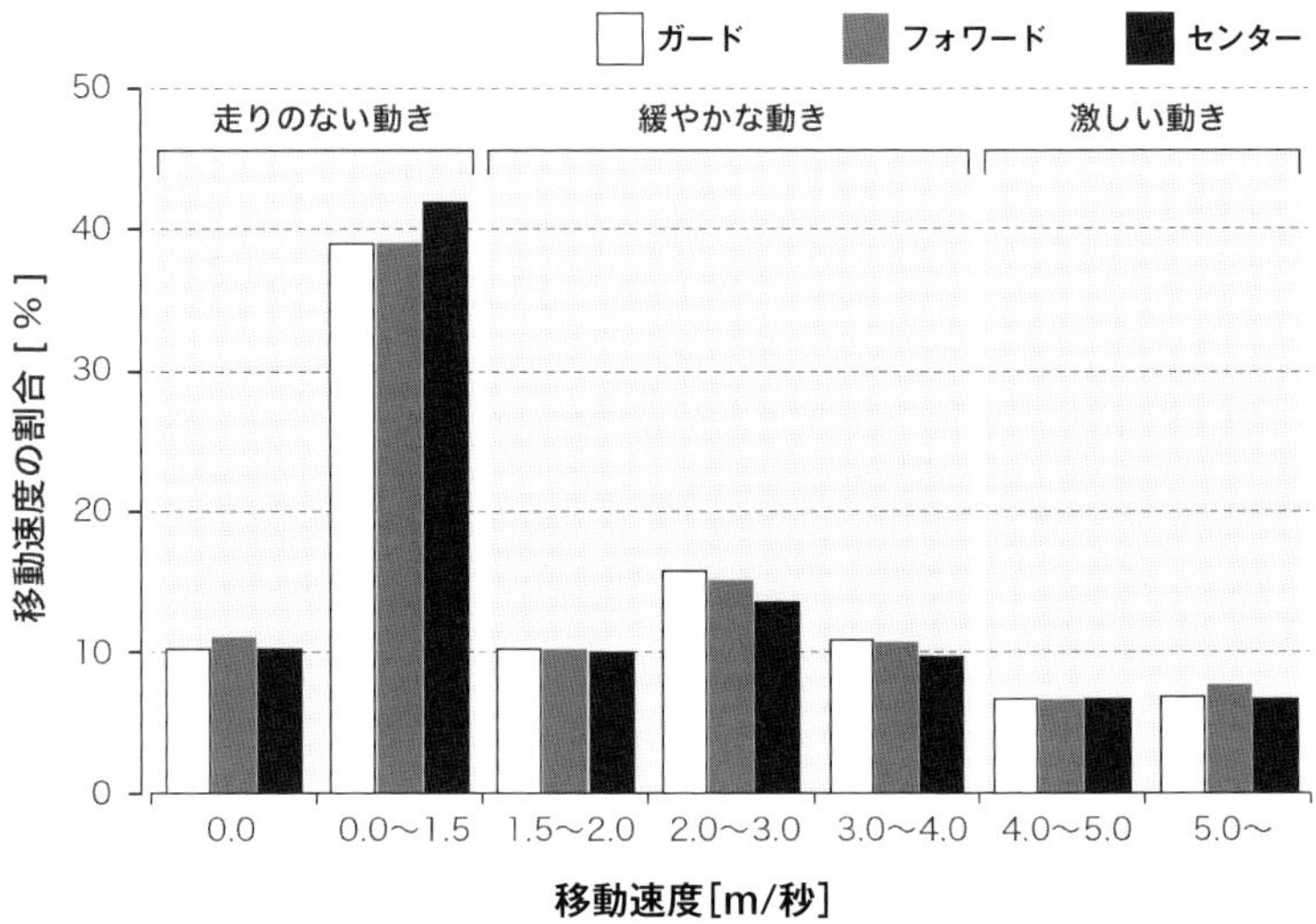


2015「日本女子トップレベルのバスケットボール選手における試合中の移動距離及び移動速度」より抜粋

## 図2 Yo-Yo持久力テスト

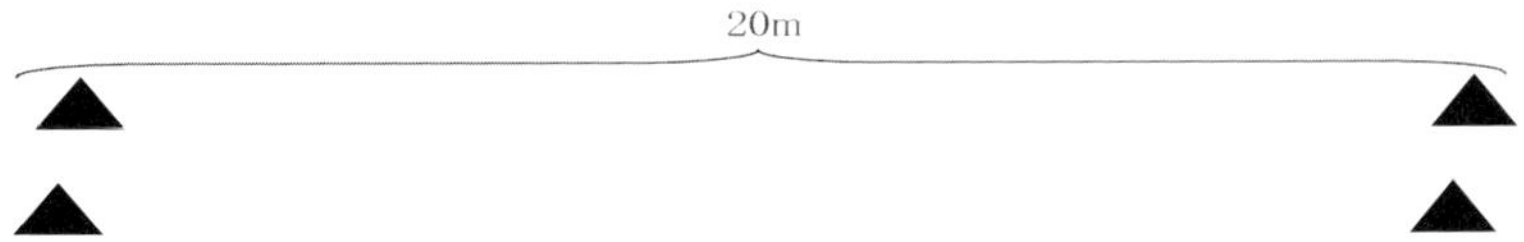


スタートラインから最初のシグナルで走り出し、次のシグナルで20m先のマーカーに着くように、走るスピードを調節します(※注1)。20mのマーカーをターンして、次のシグナルまでに最初のマーカーに戻ります。

## 図3 Yo-Yo間欠性持久力テスト

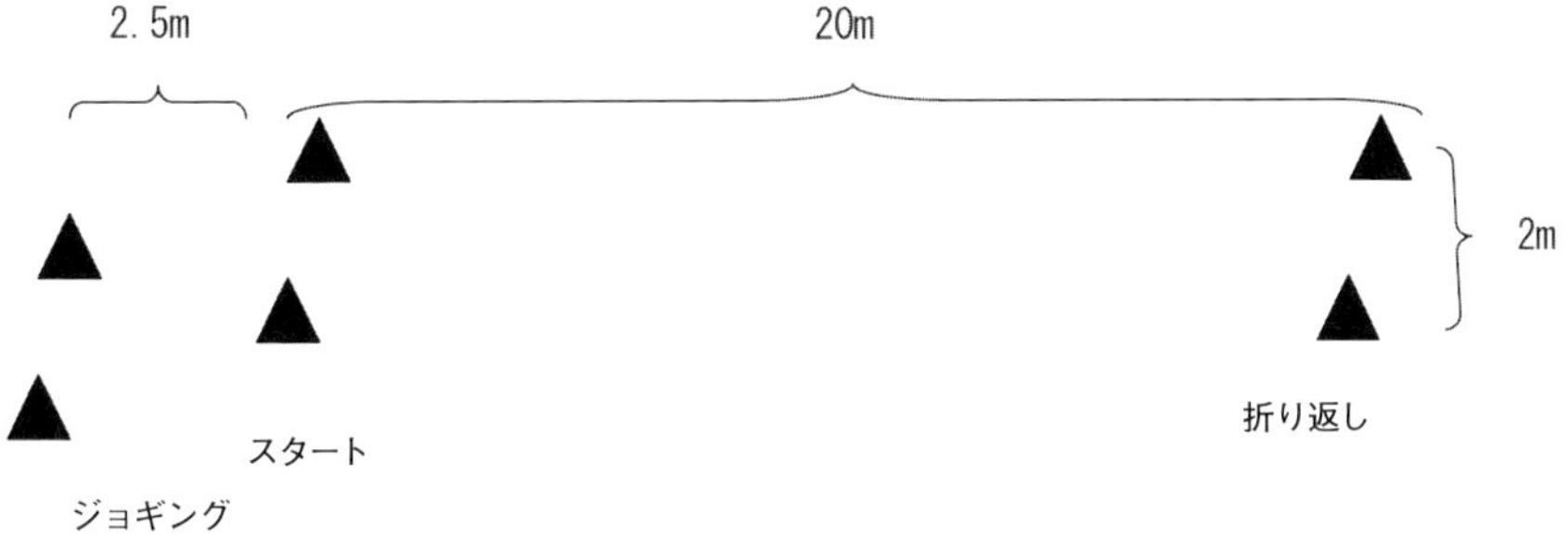


スタートラインから最初のシグナルで走り出し、次のシグナルで20m先にマーカーに着くように、走るスピードを調整します(※注1)。20mのマーカーをターンして、次のシグナルまでにスタートラインに戻ります。スタートラインに戻ったら、ジョギングで2.5m先のマーカーをターンし、ジョギングでスタートラインに戻ります。

## 図4 Yo-Yo間欠性回復力テスト

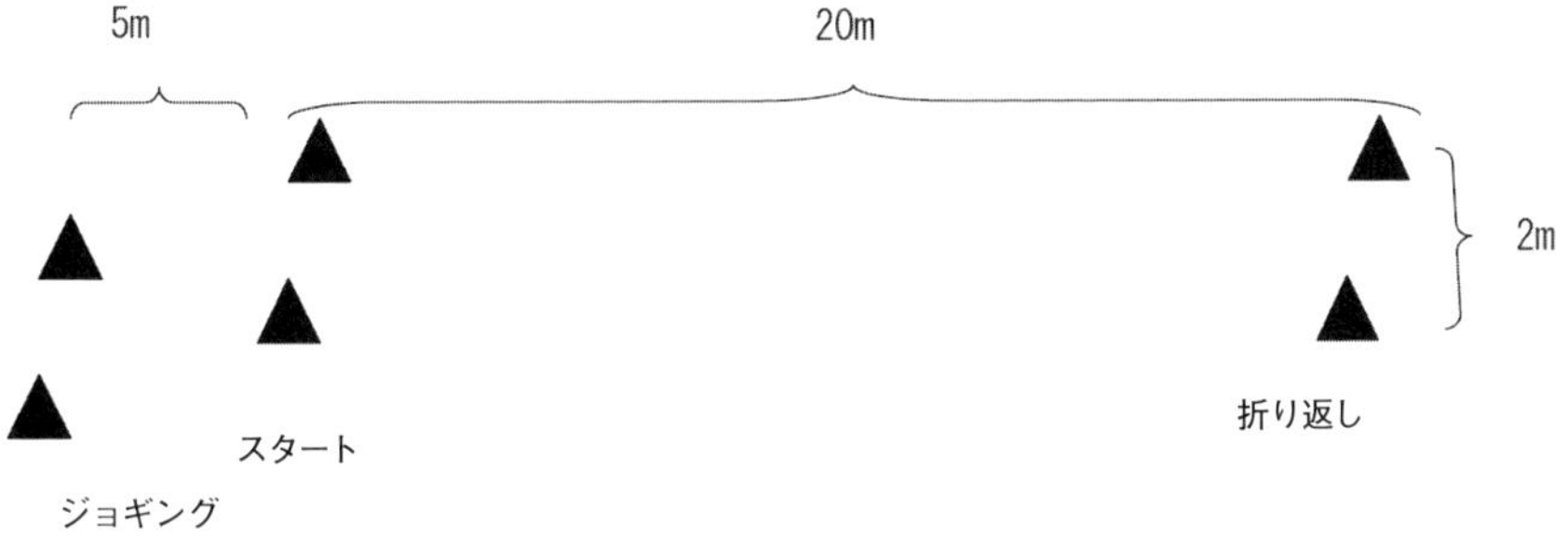


図3のYo-Yo間欠性持久力テストとほとんど同じ方法で、ジョギングが5mになります。

※注1:折り返し点に早く到達しても、止まってシグナルを待つ必要はありません。また、遅れてもペナルティはありません。

きるでしょう。

また、間欠的運動能力を把握するためのテストとして、Ｙｏ－Ｙｏテストがあります。

Ｙｏ－Ｙｏテストは、

①休みなく長い距離を走り全身持久力を評価するＹｏ－Ｙｏ持久力テスト（図２）

②動きのなかで短い休息が含まれる間欠性持久力を評価するＹｏ－Ｙｏ間欠性持久力テスト（図３）

③短い休息でスピードを回復させる間欠性回復力を評価するＹｏ－Ｙｏ間欠性回復力テスト（図４）

の３種類があり、すべてのテストで２つのレベルがあります。

またＹｏ－Ｙｏテストでは、科学的な結果をもとに、最大酸素摂取量を推定することもできます。なかでも、Ｙｏ－Ｙｏ間欠性回復力テストは、日本で最もよく用いられている持久力を評価するテスト20ｍシャトルランや直線疾走、敏捷性を評価する方向変換走との関連があり、男子選手、女子選手ともに同じ傾向がみられています。

Ｙｏ－Ｙｏ間欠性回復力テストは、男女バスケットボール選手ともに、間欠的運動能力を評価することに適しており、トレーニングとしても使用することができることを紹介しておきます。

（山﨑）

**参考文献**

山田　洋・小山孟志・國本亮介・長尾秀行・三村　舞・小河原慶太・陸川　章（2015）日本女子トップレベルのバスケットボール選手における試合中の移動距離及び移動速度．東海大学スポーツ医科学雑誌，27，p 29-36.

福塚優樹・大場　渉・奥田知靖（2007）バスケットボール選手の試合中における運動率に関する研究－Time motion分析を用いて．スポーツ方法学研究．21（1），p51-54.

大場　渉・奥田知靖（2007）バスケットボールにおける選手及びボールの移動距離と移動速度に関する研究．スポーツ方法学研究，20（1），p 71-84.

大場　渉・奥田知靖・菅　輝・塩川満久・沖原　謙（2011）バスケットボールゲームにおける高校女子選手の移動行動に関するゲームパフォーマンス分析．沖縄大学人文学部紀要，第13号，p 17-27.

山﨑紀春・河村剛光・青木和浩・中嶽　誠（2017）大学女子バスケットボール選手における方向変換走能力の特徴．バスケットボール研究（3），p43-51.

# バスケに必要な敏捷性を鍛えるには？

## 「速さ」を鍛えるSAQトレーニング

敏捷性とは、身体の位置および移動方向の速やかな転換能力、つまり動作の素早さに関する能力のことを指します。

バスケットボールでは、攻守がめまぐるしく変わる速い展開に競り勝つために、速く走ることや素早い状況判断とそれに合わせた動作の素早さが求められます。また直線的なスピードに加えて、素早い巧みなフットワーク動作が必要不可欠になります。

この敏捷性能力を高めることで、自分のイメージ通りのタイミングや速度で正確に動くことができるようになってくるでしょう。また動作の正確性だけでなく、「いかに速く動くことができるか」や「ある動作をいかに速く行えるか」というのは、どのスポーツにおいても共通して常に考えられている課題です。

「速さ」を鍛えるトレーニングには、1980年代後半、アメリカで誕生したSAQトレーニングがあります。SAQとは、速さの三要素とされる「Speed」「Agility」「Quickness」の頭文字をとったもので、脳からの命令が神経を介し筋に伝わるまでの伝達速度をあげる神経系のトレーニングと位置づけられています（日本SAQ協会）。

さらに、各競技の専門的な動きに着目し、どのような場面でどのような速さが必要なのかを考え、それに応じた動作を的確に行うことがSAQトレーニングには重要であるとされています。

## SAQトレーニングの代表例はラダートレーニング

SAQトレーニングには、「縄梯子の上を様々なステップで移動するラダートレーニング」や「床上数センチから30cm程度のバーやハードルを越えるミニハードルトレーニング」、「ゴムチューブの牽引によって速い動きを習得するバイパートレーニング」、「重量のあるボールを使ったメディシンボールトレーニング」などがあります。

このなかでも、球技スポーツを中心に導入されているのがラダートレーニングです。

バスケットボール選手を対象とした研究でもトレーニング効果が認められており、6週間～2ヶ月の継続が必要であることが報告されています。また、ラダートレーニングは、競技スポーツのトレーニングとしてだけでなく、体力づくりとしても一般大学生にも効果があり、小学生児童では、50m走や立ち幅跳び、反復横跳びの向上に効果があったことも報告されています。

40ページで、代表的なラダートレーニングをいくつか紹介します。まずはこれらを見てください。

全ての種類において、前進だけでなく後進をしたり、横を向いて(左右とも)行ったりすることで身体の前後左右のバランスもよくなります。またトレーニングの種類も豊富になったり、神経系のトレーニングとしてより効果的に行うことができます。

紹介した内容以外にも足の動きをじゃんけんの「グー・チョキ・パー」にして、「チョキ・パー・グー」のように順番を変えてみたり、「グー・チョキ・パー・チョキ」と4つにして行うこともおすすめです。

「グー・チョキ・パー」は小学生でも理解できるのでどのカテゴリーでも取り入れられますし、盛り上がりながらトレーニングができます。さらに「ケン・ケン・パ」を利用して行うことも可能ですし、ラダーの長さによっても様々に工夫することができます。

限られた本書の中で全てのトレーニングは紹介できませんので、皆さんがたくさんのアイディアを取り入れ、メニューを広げていってください。　（山﨑）

## 図1 スラロームジャンプ

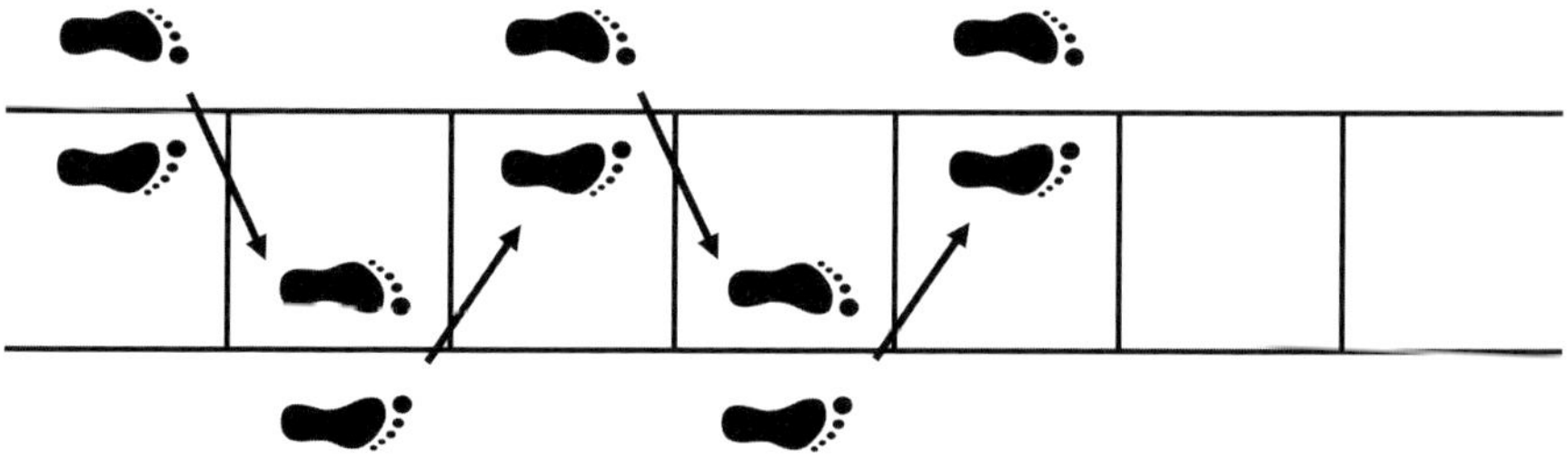

足をそろえて、両足で左右にジャンプしながら進む
片足だけに体重がかかったり、着地の時に片足ずつにならないように注意する

## 図2 クイックラン(基本的な前方向のランニング)

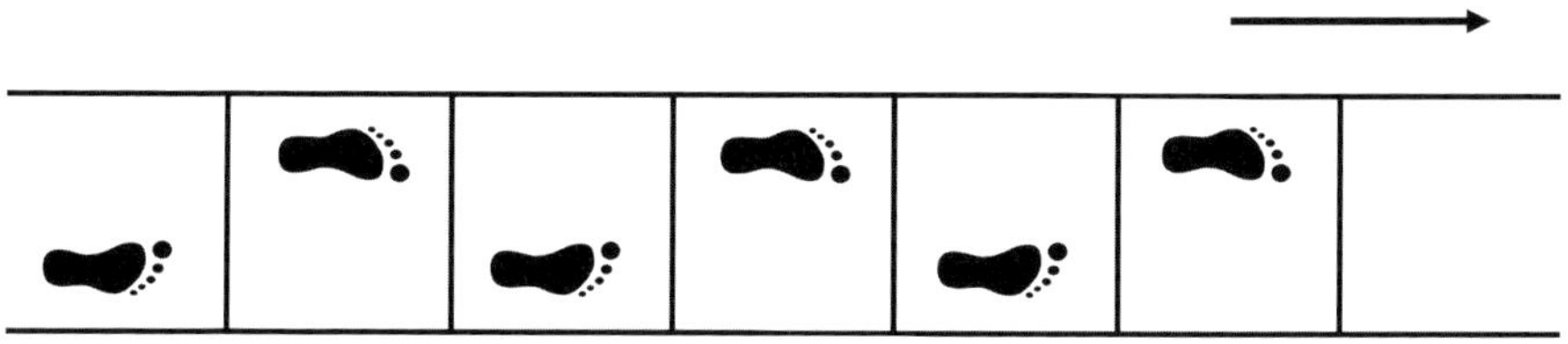

とにかく速く走ること
膝を高く上げるのではなく速く振り下ろすという意識で行う

## 図3 ラテラルラン

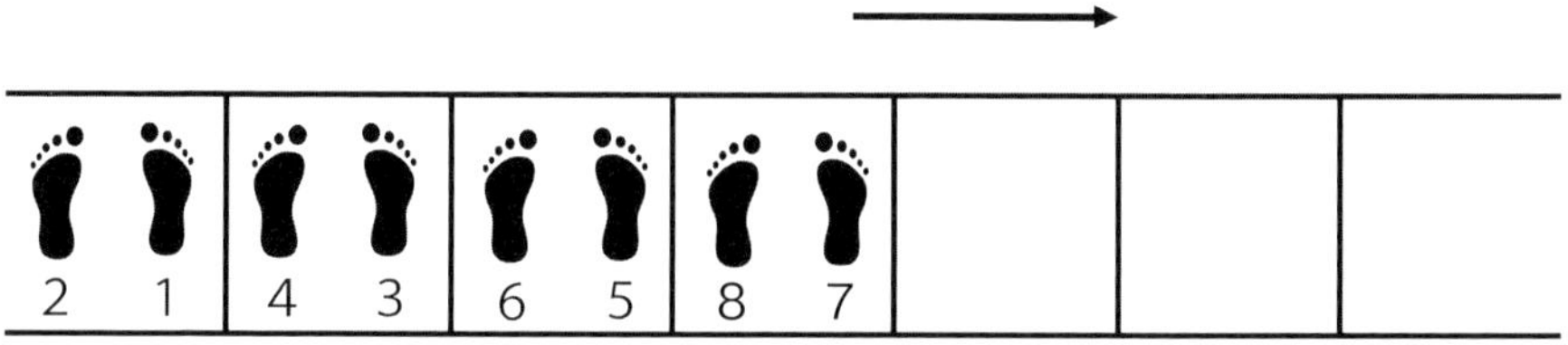


横向きで行う
1マスに2歩ずつ足を入れて、横にできるだけ速く走る
膝を高く上げるのではなく速く振り下ろすという意識で行う

## 図4 パラレル

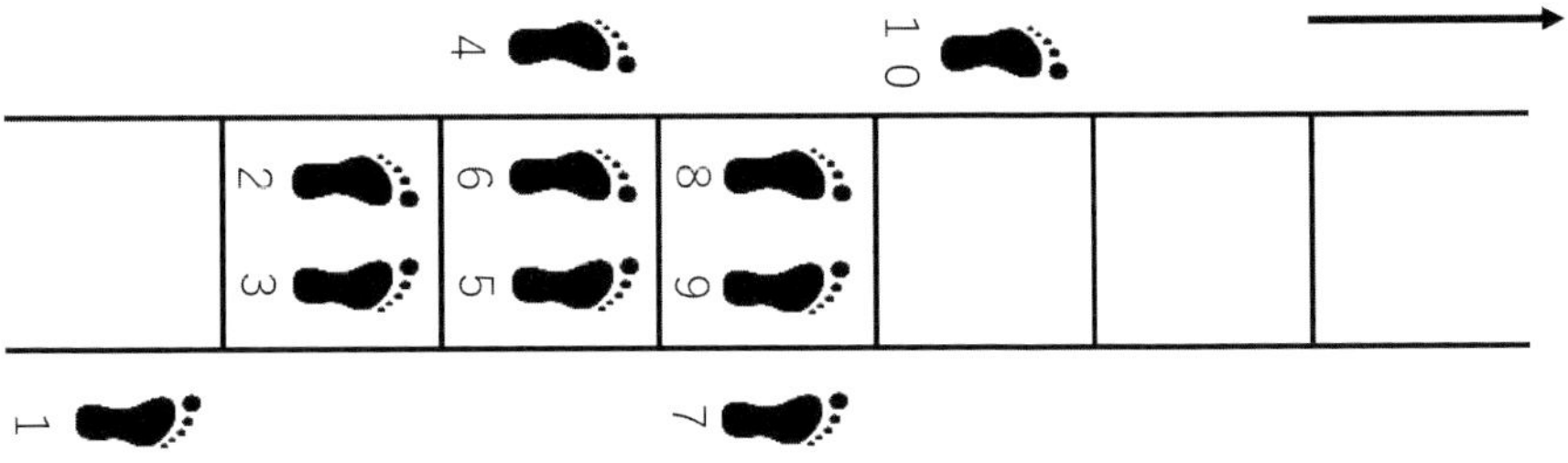


1マス外に1回ステップし、マス内で2回ステップする
これを左右で繰り返し行い、マス外にステップする時に前へ進む

## 図5 1イン2アウト（2イン1アウトはこの逆）

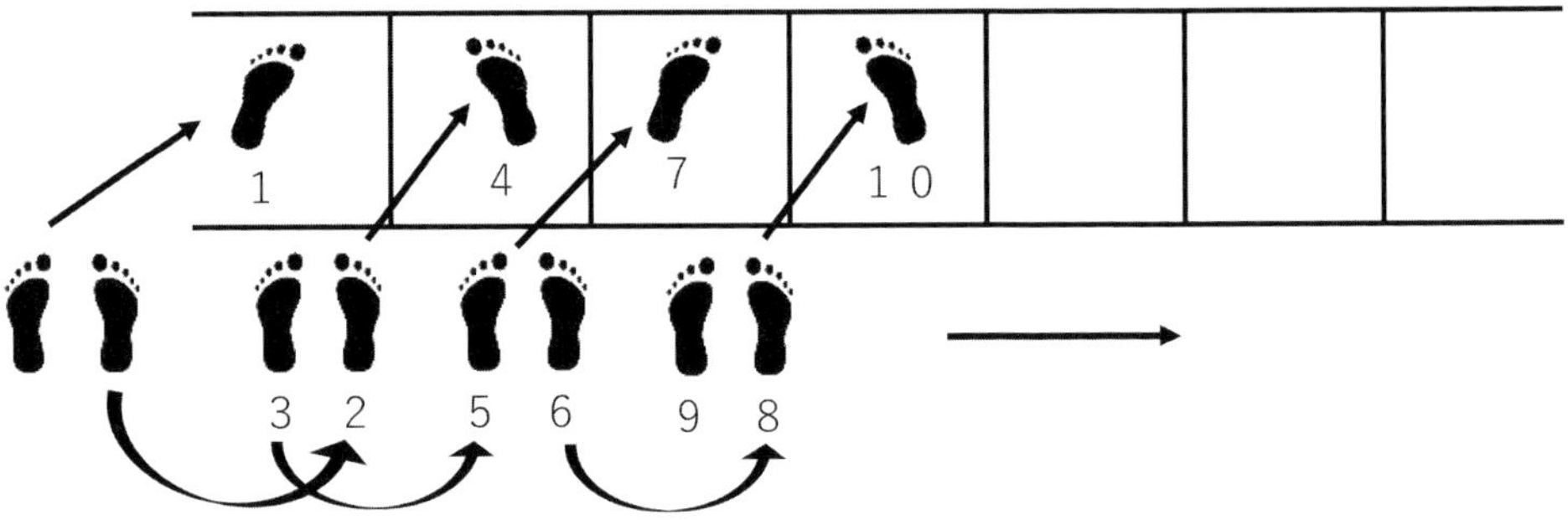


横向きで行う
腰をひねって、片足をクロスさせてマス内に1ステップ（1イン）
マス内に入れてない片足から、マス外に2ステップ（2アウト）
はじめの足と逆足でマス内に1ステップ（1イン）
同じく、マス内に入れてない片足から、マス外に2ステップ（2アウト）
マス内に1ステップ（1イン）の時に次のマスへ進む

**参考文献**


犬塚剛弘・原　丈貴（2009）大学生バスケットボール選手の敏捷性能力に及ぼすラダートレーニングの効果ー有効性とトレーニング期間に関する検討ー．島根大学教育学部紀要（自然科学），第43巻，p137-143.
原田　剛・鳥賀陽信央・金高宏文・山本正嘉（2007）中学生女子バスケットボール選手を対象としたラダートレーニングの効果．スポーツトレーニング科学8, p5-12.
山本正彦・木村瑞生（2011）10週間に及ぶラダートレーニングが一般男子大学生の敏捷性に及ぼす影響．東京工芸大学工学部紀要，34(1), p27-34.
池田哲雄（2007）スポーツ・パフォーマンスが劇的に向上するＳＡＱトレーニング．日本ＳＡＱ協会編，ベースボールマガジン社，東京.
日本ＳＡＱ協会（1999）スポーツスピード養成ＳＡＱトレーニング．大修館，東京.
非営利活動法人日本ＳＡＱ協会．ジュニアのＳＡＱトレーニング、群馬県榛名町での取り組み.

# 素早いサイドステップをするためには？

## サイドステップの動力源は「走る」「跳ぶ」と同じ下肢の伸展筋群

ディフェンスの基本の動きとして、サイドステップは欠かせない動作です。

例えばディフェンスで相手の動きを止めるためには、相手よりも早く次の場所に移動しなければなりません。相手よりも早く次の場所に動くということは、「踏み出しのスピードを上げる、速くする」という意味と、「動作にかかる時間を短くして早く動く」という、2つの意味があります。

大きなスピードを生み出す「速さ」に関してですが、前方向に速く走る情報や上方向に大きな速度を使って高く跳ぶ情報は数多く見つけられます。ところが、横方向への素早い動作である「速いサイドステップ」の情報は、とても少なくなります。

しかし横方向への動きは、前方向や上方向への動きと大きな動力源は共通しています。それが下肢の伸展筋群です。サイドステップのスピードを上げるためには、この部位の強化が効果的であり、必要となるのです。

## 股関節内外転の力も欠かせない

サイドステップは脚を横に開く、「股関節の外転動作」を伴います。そのためトレーニングの専門書などでは、股関節の内外転に関わる筋群の強化が重要とされていることがあります。

　しかし実際にはそうではなく、サイドステップのスピードと比例して力が大きくなっていたのは、股関節および膝関節の伸展と、足関節の底屈の力なのです（図1）。

　つまりサイドステップの跳び出しのスピードを生み出す動力源は、股関節の外転による力ではなく、下肢三関節の伸展の力であったということです。

　ここで誤解しないでもらいたいことは、股関節の内外転の力も、サイドステップには欠かせない力だということです。ある研究では、サイドステップのスピードに関わらず、股関節の内外転は比較的大きな力を発揮していることが示されています。

　もう少し詳しく説明しましょう。

　この股関節の外転筋力は、大きなスピードを生み出す直接的な動力源ではありません。しかし股関節の外転筋力は、伸展筋群によって生み出されたスピードを、横方向に発揮するために重要な役割を果たします。それは横へ動こうとして身体を傾けた際に、体幹で直立状態を保てるように調整することです。

図1 サイドステップ動作におけるスピード生成の動力源
左下に挙げた動きがサイドステップのスピードに影響する

また股関節の内転筋群は、サイドステップで離地のとき、次の動きに向けて脚全体をステップした方へ引き寄せるときに重要になります。

つまりより素早いサイドステップをするためには、下肢の伸展筋群の強化によって「速度を生成する大きな動力源」を備えることに加えて、「発揮した力を狙った方向へ向ける」技術が必要になるのです。

トレーニングをする場合、「絶対的な動力源の出力を上げること」に加えて身体の片側を壁につけたり、チームメイトに腰や肩に負荷をかけてもらったりして、横方向への力の発揮方法を確認するトレーニングを取り入れることが必要になります。

## 動作時間の短縮には低い姿勢

ここからは、1歩の動作にかかる時間を短くするためにはどうすればよいのかを説明します。

バスケットボールでは、低い姿勢のままサイドステップ動作をするように指示されることが多いでしょう。この指示は確かにそのとおりで、ディフェンス能力を比較した研究では、能力が高い人たちのほうが重心の位置が低かったと報告されています。

「低い姿勢を維持できる」ことは、脚を広げて屈曲させた姿勢を取っていることになります。その状態で横へ動く準備ができていれば、後は踏み切る側の下肢が伸展方向に力を発揮するだけで横方向へ力が働くため、素早くサイドステップをすることができます。

一方で、身体重心が高い位置にある「脚が伸展された状況」で構えていると、横に動くためには一度脚を大きく屈曲してから次の動作に移る必要があります。もちろんこの動きによって反動動作を用いた方が大きな力を発揮できますが、そのために時間がかかってしまっては、バスケットボールでの実践的な動きにはなりません。

「時間的な素早さと1歩で生み出す速さを最大限にできるバランスの取れた姿勢」を取ることが、素早いサイドステップにつながるのです。

（稲葉）

## 素早いサイドステップをするために

### 1. 動力源である筋力を鍛える

- 股関節の伸展に関わる筋群
- 膝関節の伸展に関わる筋群
- 足関節の底屈に関わる筋群

### 2. 発揮した力を横方向へ向ける

- 片側を壁につけるなどしたトレーニングの工夫

### 3. 重心の低い姿勢を維持する

- 脚を広げて屈曲させた姿勢を取る

時間的な早さと1歩で生み出す速さを最大限にできるバランスの取れた姿勢を取ることが重要

**参考文献**

1. Inaba, Y., Yoshioka, S., Iida, Y., Hay, D.C., and Fukashiro, S. (2013). A biomechanical study of side steps at different distances. Journal of Applied Biomechanics, 29 (3): 336-345.
2. 小山孟志, 有賀誠司, 陸川章, 長尾秀行, 小河原慶太, 山田洋 (2015) バスケットボール選手におけるサイドステップ動作の運動学的特徴. 東海大学スポーツ医科学雑誌, 27:21-27.

# 「跳べる」バスケットボール選手とは？

## ジャンプの高さは離地の速度で決まる

「頭上の水平面のゴールにボールを投げ入れる」というバスケットボールの競技特性を考えると、ジャンプ（跳躍動作）は競技成績に大きく影響する動作の1つといえます。ここでは、ジャンプの基本的なメカニズムからバスケットボールにおける重要な要素まで、バイオメカニクスの視点からみていくことで「跳べる選手」について考えてみましょう。

図1は反動をつけた垂直ジャンプ動作における地面反力（地面に加えた力の反作用）の変化を示したものです。ジャンプのメカニズムを一言で表わすならば「地面に加えた力の反力で離地する動作」といえます。地面反力は図1のような変化をみせますが、最終的には身体が上昇する局面（正確には図のA - B）で、どれだけ大きな力を得られるかによって、離陸する際の初速度が決まります。そして滞空してからは物理の法則に従って上昇して落下します。ここで大事なことは、離地時の速度が大きいほど跳躍高が高くなるということです。

この本を読んでいただいている選手や指導者の皆さんには、いきなり細かな動作テクニックや特殊なトレーニングを探求するよりも、まずはジャンプ力を高めること。そしてそのためには、力の面積（力積）を大きくする必要があるということを理解していただきたいと思っています。そうすれば「ジャンプ力を向上させるためには、地面に大きな力を加えるために必要な筋力のトレーニングを積む」という事実とそのトレーニングの重要性を感じていただけると思います。

## 図1　反動がある垂直ジャンプ時の床反力(垂直成分)のイメージ

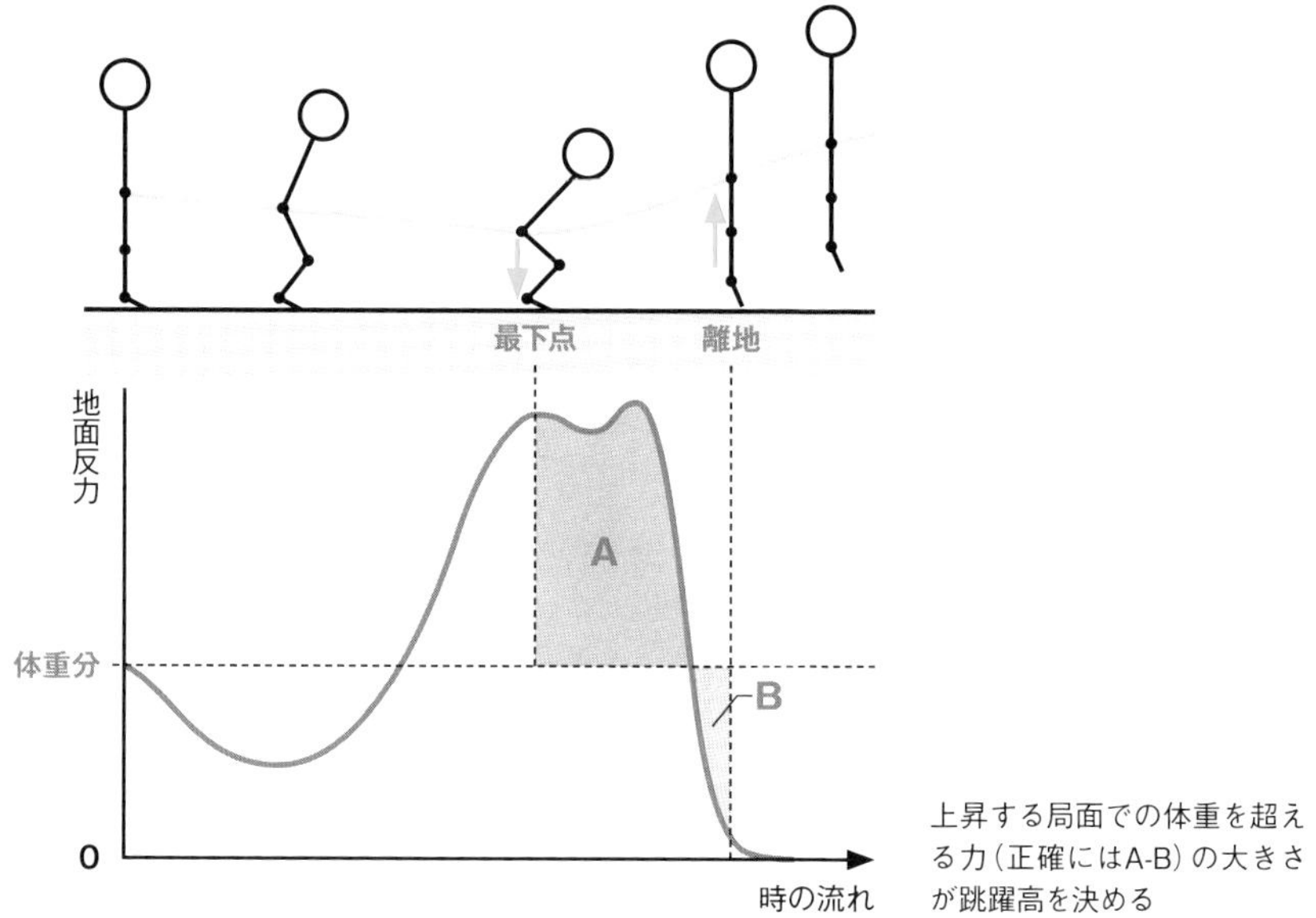

上昇する局面での体重を超える力(正確にはA-B)の大きさが跳躍高を決める

## 状況に合わせたジャンプ動作をするためには

一方で「高さ」だけなく「速さ」が重視されるのもバスケットボールにおける優れたジャンプの特徴です。

48ページの図2は様々なジャンプ動作の姿勢変化と地面反力のイメージを示したものです。Aのジャンプは、反動をつけた「カウンタームーブメント」と呼ばれる動作形式です。Bは「スクワットジャンプ」と呼ばれ、反動を使わない分Aのジャンプよりも跳躍高は減少しますが、動作時間は短くなります。例えばブロックアウトしてからリバウンド争いをする際に、この形式によく似たジャンプを使っているように思います。Cは落下してから着地後素早く跳ぶ「高くかつ速い」ジャンプで、「リバウンドジャンプ」と呼ばれます。これは例えば、チップリバウンドの際の連続ジャンプでみられるような動作です。Cのジャンプで注目したいのは、姿勢の変化が非常に小さいことと、沈み込む局面から大きな床反力を得ている点です。このジャンプでは、筋肉だけでなくアキレス腱などをうまく使うことで、エネルギー効率のよいジャンプができることも分かっています。

このようにジャンプ動作と一言にいっても、高さと速さの優先度によって、動作が大きく異なります。このことを理解していただければ、おのずとそれぞれに必要なトレーニングや動作練習、適したシチュエーションがみえてくるのではないでしょうか。

## 図2 様々なジャンプと地面反力(垂直成分)のイメージ図

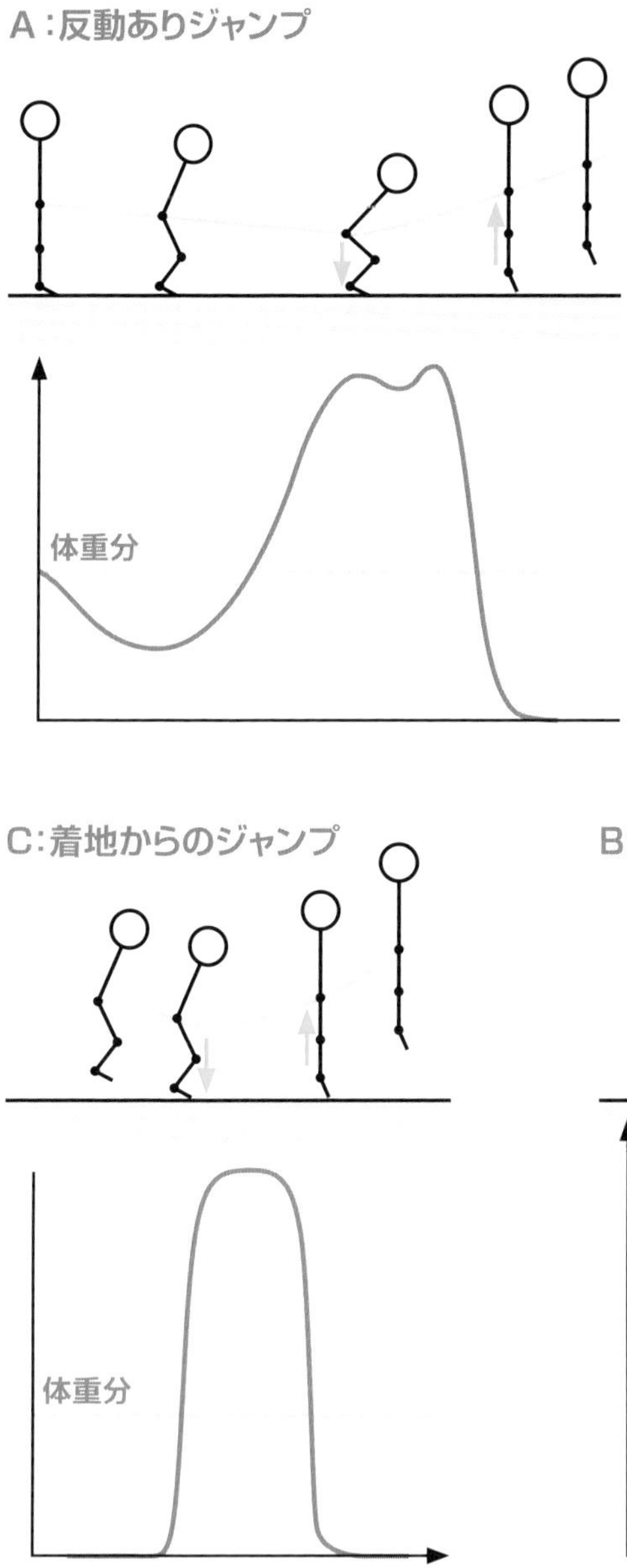

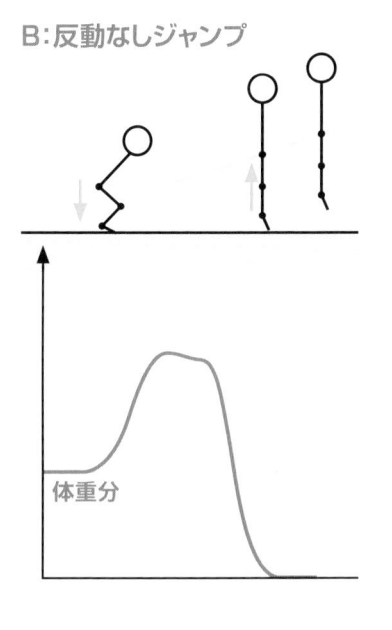


高さと速さの優先度によって、動作が大きく異なる

またバスケットボールでは、状況に合わせてジャンプ動作を変化させる必要があるため、この特性に注目した研究もなされています。

例えば陸上選手との比較研究では、バスケ選手は動作を切り替えてからのジャンプパフォーマンスに優れている可能性や、それには接地前の姿勢の修正が関わっていることが示されています。

実際のゲームでも「後手に回って接地後に動作を修正する」のではなく、「他の選手やボールの観察や予測をおこない、準備を怠らないこと」が重要ですし、それが臨機応変なジャンプに必要なポイントといえるでしょう。

## 「跳べる」選手になるために

ここまで、「バスケットボールでの跳べる選手とは」を考えてきましたが、「高さ」、「速さ」、「臨機応変さ」という能力が総合的に求められることが見えてきました。

自分や他の選手のジャンプ能力を評価する際には、単に「跳べる」「跳べない」と一括りにするのではなく、ジャンプの中の具体的にどの部分が優れている（劣っている）のかを冷静に分析する必要があります。しかし人間が運動を目で分析することには限界がありますので、正確な評価をおこなうために客観的な分析が必要になるかもしれません。

ストレングストレーナーやバイオメカニクス研究者などに依頼をして、自分自身やチームの測定をおこなってもらうことをお勧めします。

さらにジャンプ力だけでなく運動能力の全体の把握をすることで、自分で効果的なトレーニング計画を立てたり、コーチが有効な采配をしたりすることにつながっていくでしょう。

（飯田）

**参考文献**

1. 深代 千之. 反動動作のバイオメカニクス：伸張-短縮サイクルにおける筋-腱複合体の動態. 体育學研究. 2000;45(4):457-71.
2. 飯田 祥明, 中澤 公孝. バスケットボール選手の不確定状況下におけるドロップジャンプ能力. The Japan journal of basketball studies = バスケットボール研究. 2015(1):11-8.

# 速さを武器にするためには

## 速く走るとはスピードが高いこと

スポーツでのパフォーマンスに大きく影響する体力的要素の1つに、速く走れる能力があります。そしておそらくほとんどのチームが、トレーニングに走る練習を取り入れているでしょう。ここではトレーニング時に役立てられる、「速く走る」ことについて解説していきます。

### スピード＝走る歩幅（ストライド）×足の回転（ピッチ）

速く走ることは、スピードが高いことです。スピード（速さ）とは「距離（m）÷時間（S）」で表せ、方向に関係なく一定時間内にどれだけ移動したかになります。

体力テストで実施される20m走や50m走は、その距離を何秒で走ったかを計測しますが、「マルチステージ」や「レーンアジリティ」、「プロアジリティ」などの切り返し動作がある場合でも速さの考え方は同じになります。

スピードは走る歩幅（ストライド）×足の回転（ピッチ）で決まり、トレーニングではどちらも高めていくバランスが大切です。

さてストライドとピッチですが、スタート時の初速を得たい場合にはストライドよりもピッチになり、最大速度を作る加速局面ではピッチよりもストライドとなる傾向があります。しかし最大速度で走る場合に、ピッチとストライドのどちらが優勢になるかは、個人によって違います。

またピッチ増やストライド増は、接地時間が0・2

秒以下であることを踏まえると、両足が地面から離れる滞空時間との関係が大きいといえます。そのため、滞空時間を生み出すためには地面をしっかりと捉えるために必要な大殿筋やハムストリングスを鍛える必要があります。また脚を「前でさばく」ために、腸腰筋などを鍛える必要があります。

## ピッチは1秒間に4回転で充分

疾走時のピッチとストライドについて少し掘り下げていきます。

ストライドは身長の伸びが緩やかになる男女14歳～16歳位で疾走速度と共に増加し、その後は停滞や低下傾向になります。しかしより速く走りたいのであれば、身長より広いストライドを出せる必要があり、トレーニングをする必要があります。例えば身長180cmの人が100mを走る場合、ストライドが2・37mであれば10秒で、2・22mであれば11秒で走れることになります。

走るスピードは、歩幅(ストライド)×足の回転(ピッチ)で決まる

## 表1　世界トップレベル選手の形態と疾走時タイム、ストライド、ピッチ

| | トップA | トップB | トップC | 高校生の平均例（17歳男子） |
|---|---|---|---|---|
| 身　長 | 196cm | 186cm | 176cm | 170.5cm |
| 体　重 | 92kg | 80kg | 66kg | 61.9kg |
| 100mのタイム | 9秒58 | 10秒08 | 10秒07 | 14秒70 |
| ストライド | 2.43m | 2.08m | 2.11m | 1.89m |
| ピッチ | 4.28回/秒 | 4.76回/秒 | 4.71回/秒 | 3.49回/秒 |

もう少し詳しく説明しましょう。

身長160cmで50m走が7秒3（中学3年男子の平均的タイム7秒台）の場合のピッチは、①50m÷1・6m／歩（身長）≒31・3歩で歩数を求められ、②31・3歩÷7秒3≒4・3回／秒のように求められます。

では、世界で戦うトップスプリンターではどうなるでしょうか。表1を見ると、我々と極端な違いがないことがわかり、1秒間に4ステップで充分といえます。そのため、やみくもにアジリティ的トレーニングをしてもオーバーピッチとなり疾走能力への効果は薄いといえます。

走りは周期的な連続運動で、歩行と違う動作局面として両足支持期がありません。つまり、空中に浮いている時間があるということです。

通常のトレーニングでは短距離走や持久走で区別することなく、共通した意識で取り組むことがシンプルで効果的かと思います。そこで最後に、トレーニング時に意識したいポイントを表2にまとめて紹介しておきます。

（下嶽）

## 表2 走りのトレーニングのポイント

| | |
|---|---|
| **いい姿勢** | 「気をつけ」の説明には、背筋を伸ばす、胸を張る、あごを引く、真っすぐ前を見るとあります。耳たぶから外くるぶしまでが真っすぐで、地面に対して垂直、足、腰、胸で一番重い頭を支えているイメージです。目線を高く保ち、進みたい方向を示しましょう。 |
| **いい接地** | 地面をしっかり踏めること。疾走時の接地時間は速くなるほど短くなります。そのためイメージは硬いボール（ゴルフボールやスーパーボール）が弾む位で（小学生の50m走でも0.1秒台中盤から後半、トップレベルは0.1秒位でランニングでも0.2秒程度）、接地する動作は紙コップを上から真っすぐ踏みつける感じです。接地を急ぎ過ぎたり強すぎると空気の抜けたつぶれたボールのように潰れた接地になってしまうので注意しましょう。ブレーキの無いスムーズな移動を叶えることが目的です。<br>悪い動作の代表例は、①かかとだけ接地②つま先で突き刺し接地③動きがバラバラ接地（極端な動きが強調されすぎている）④外側（小指側）接地が挙げられます。短い接地の感覚を作るためにはSSC系のトレーニングが有効です。動作とつなげるには、モモ上げやトロッティングなどを行いましょう。 |
| **いいリズム** | 右足の接地から左足の接地までを1歩やストライドといい、同じ足の接地から再び接地までを1サイクルといいます。意識の仕方1つ目は、1サイクルのリズム（右・右・右・・）を接地で取ると足の運び方や足が流れる動きを直すことができます。2つ目は1歩の動きで（右・左・右・左・・）取ると、1側下肢接地時に逆脚のスイングを持ってくるタイミング（膝で逆脚膝を追い抜く）や適度なピッチを覚えることができます。3つ目は、両足が地面から離れている時にタイミングを取るという方法で、力みなくダイナミックな動きを作ることができます。 |
| **トルソーが移動するイメージ** | トルソーは頭・腕・足・脚を除いた胴体部分という意味です。短距離と長距離ではエネルギー供給系は異なりますが、最大スピードに対して何割の力で効率よく移動するのかということがトレーニングでは大切です。そのため、走る時の意識としてトルソーの移動イメージを持ちながら姿勢、接地、リズムで整えることができると、筋力トレーニングなどの体力トレーニングと融和しパフォーマンス向上につながると考えることができます。 |


**参考文献**
- 走る科学:小林寛道,スポーツ科学ライブラリー,1990.
- 跳ぶ科学:深代千之,スポーツ科学ライブラリー,1990.
- 文部科学省HP　http://www.mext.go.jp/b_menu/toukei/chous

# バスケにおける『方向を変える』とは

## 最高移動速度になる局面は2つ

バスケットボールは、28m×15mという比較的狭いコートのなかで選手が複雑に入り乱れてプレーするため、急ストップや急スタートを伴う方向変換が多くなります。

ある研究報告によると選手の最高移動速度が出現した場面や状況は、ファストブレイクなどの「ディフェンスからオフェンスへの得点の起点となる切り替え時」、シュート以外でオフェンスが終わってしまうターンオーバーなどによる「オフェンスからディフェンスへの切り替え時」の2つがありました。このことからバスケットボールにおいて「方向を変える」ためには、短い距離での疾走能力や加速、減速、方向変換の

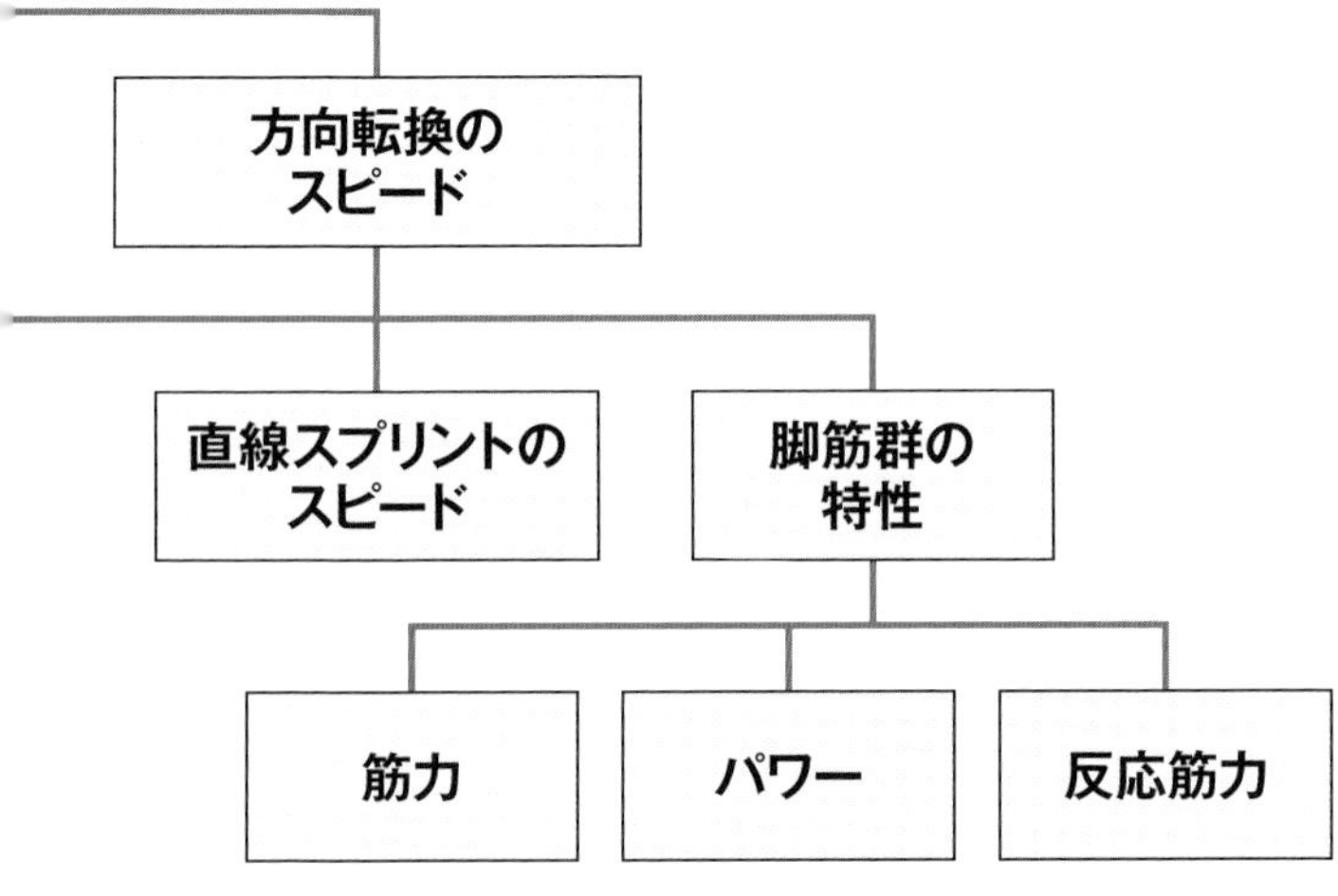

速さが必要不可欠な能力であることがわかります。

得点や失点にかかわる重要な場面に多く出現する素早く「方向を変える」能力は、アジリティ能力と言い換えることができます。アジリティ能力とは「ある刺激に応じて速度や方向を変える素早い全身運動である」と定義されており、図1はアジリティ能力に関連する多数の要素をまとめたアジリティパフォーマンスの決定論的モデルです。

このようにアジリティ能力には様々な要素が関連しますが、相手と対峙し対戦する競技であるバスケットボールは、ボールや対戦相手の動きという刺激に対する反応によって、変える方向や角度が左右されていきます。しかしその場面や状況は様々になります。

## トレーニングにも使える2つのテスト

まずは各選手がもつ「方向を変えるスピード」を知っておきましょう。これはチームの練習内容やトレーニング方法を考えるときに、重要な資料になりま

図1 アジリティパフォーマンスの決定論的モデル
(Young, W.B. et al)

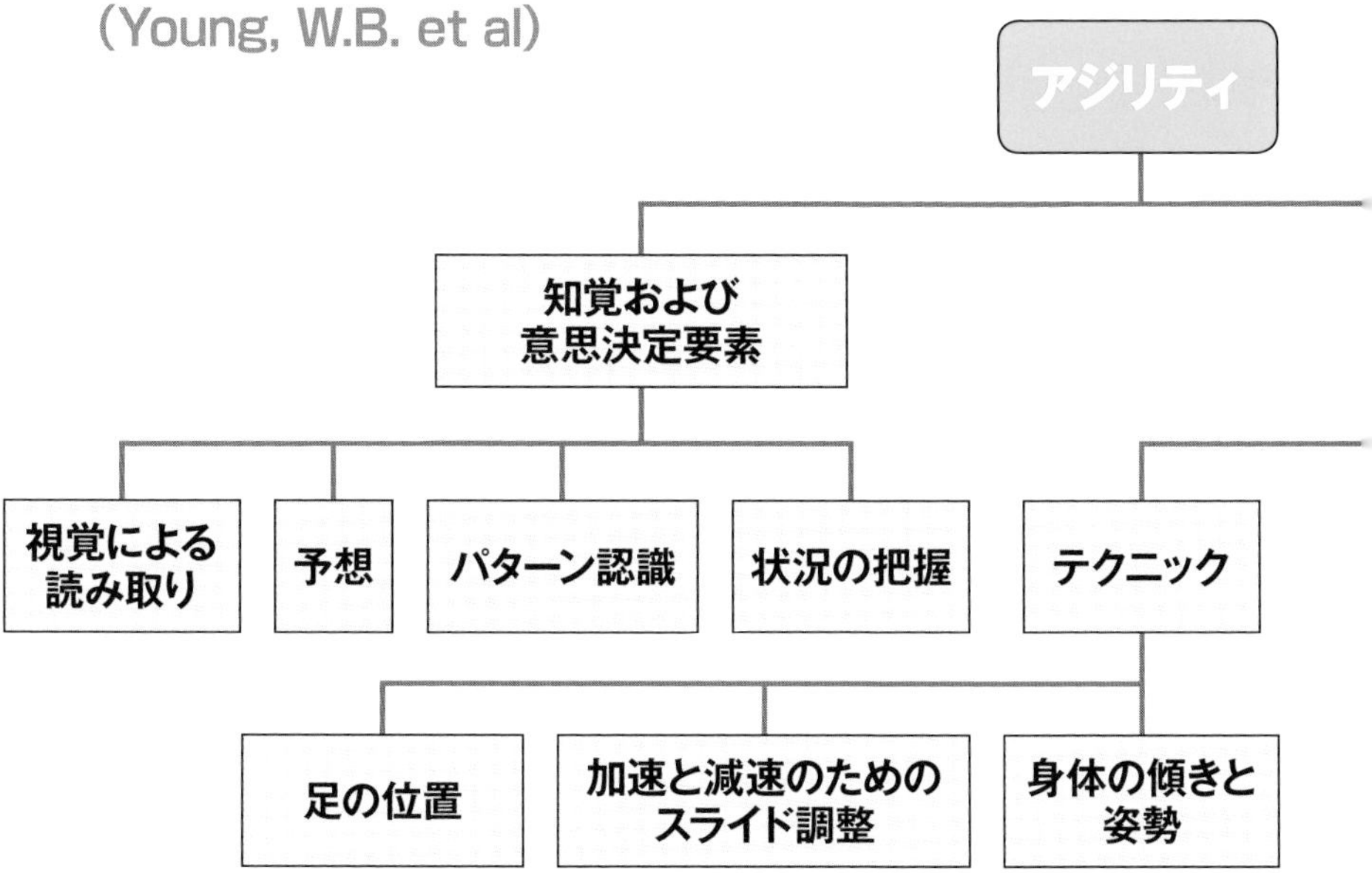

す。特にジュニアのクラスを指導する指導者にとっては、1人ひとりの選手がもつ能力を把握することで、選手それぞれの武器を作り出し、それが成功体験へとつながるのではないでしょうか。

方向を変えるスピード、つまり選手の疾走能力および方向変換を伴う疾走能力を評価するテストとして多く用いられているのが、方向変換走です。そのなかで簡単に行うことができ、NBAのドラフトCombineにも使用されている〝プロアジリティ〟(図2)と〝レーンアジリティ〟(図3)を紹介します。

プロアジリティは、180度の方向変換を2回行い、加速・減速・方向変換をより簡易的に評価することができるテストです。もう1つのレーンアジリティは、ゴール下にある長方形のペイントエリアを利用して行います。バスケットボールの試合により近い動作のなかで方向変換のスピードを評価することができます。

これらのテストですが、選手がテスト結果を気にするがあまり、この動きだけを習得しても意味がないため、取り入れ方には充分に注意をしてください。例えば体力づくりのような走るメニューが多くなるトレーニング期の前後や、試合にベストパフォーマンスが出せるような身体の状態を把握するために試合期の前に行うなど、選手の成長の指標として用いられるように実施するのがよいでしょう。

またこれらのテストは、ある研究報告から「直線疾走の速さ」や「反復横跳び」の強化にもなることがわかっています。そのため選手の能力を評価するだけでなく、日々のトレーニングとしても活用することができます。

（山﨑）

図2 プロアジリティ

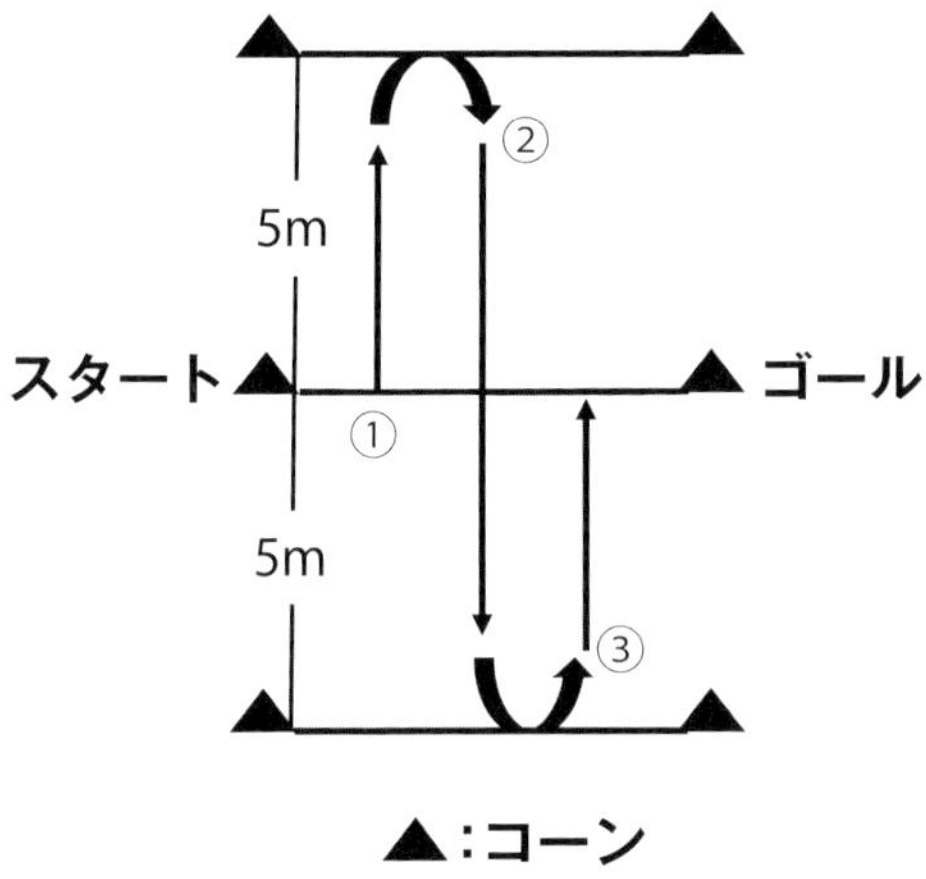

図3 レーンアジリティ

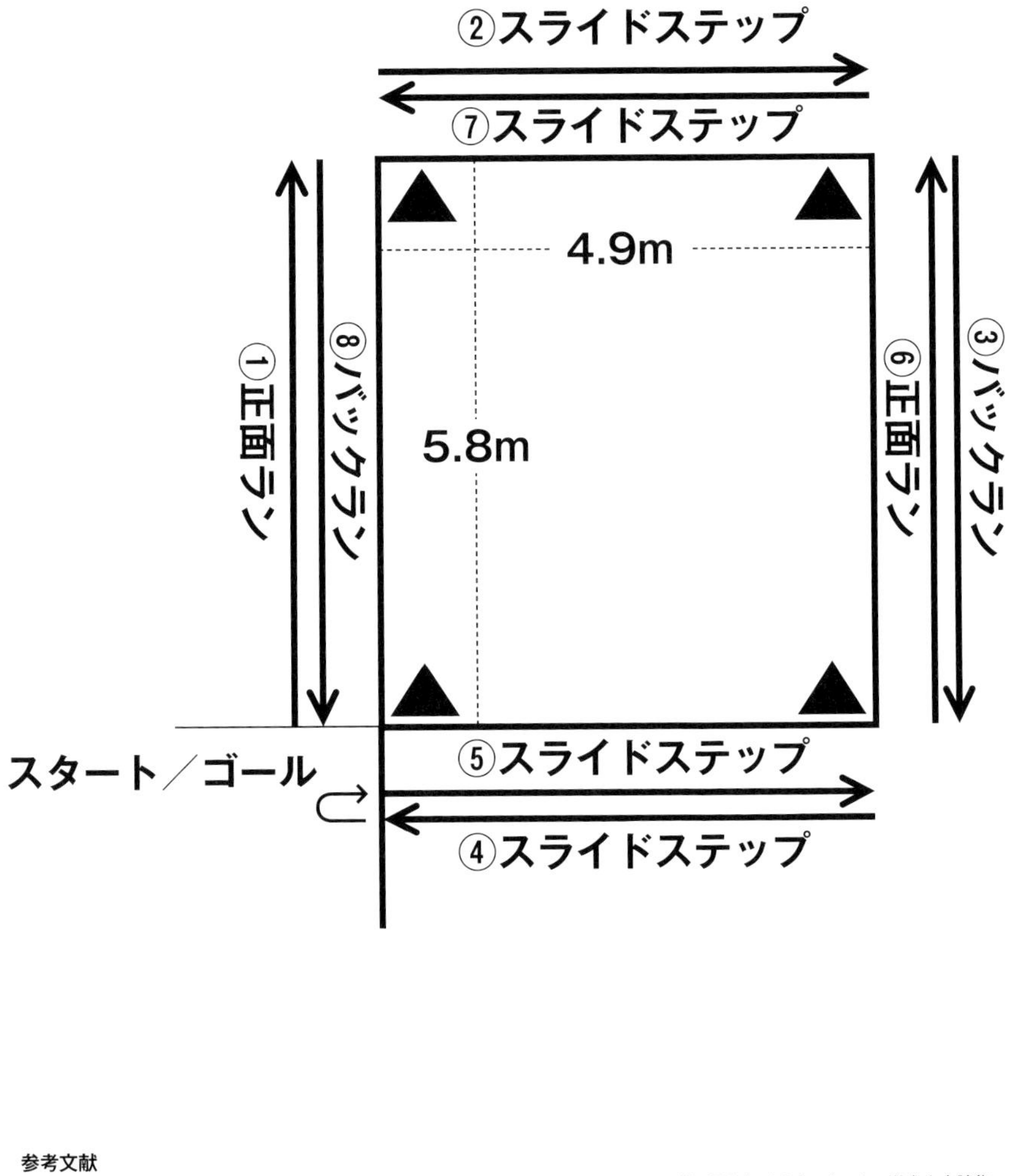


**参考文献**

大築立志・梁瀬素子・青木恵子(1986)球技における走方向変更の素早さとフットワーク. 第8回日本バイオメカニクス学会大会論集.

Young, W.B., James, R. and Montgomery. I. (2002)Is muscle power related to running speed with changes of direction? J. Sports Med. Phys. Fitness, 42, p282-288.

Matt Brughelli, John Cronin, Greg Levin and Anis Chaouachi. (2008)Understanding Change of Direction Ability in Sport:A Review of Resistance Training Studies. Sports Med. 38(12), p1045-1063.

山﨑紀春・河村剛光・青木和浩・中嶽　誠(2017)大学女子バスケットボール選手における方向変換走能力の特徴. バスケットボール研究(3), p43-51.

# 「体格的ハンディ」への思い込みを捨てるとより積極的にチャレンジできる

## 両手でシュートが当たり前の時代があった!?

「日本人は体が小さいから……」や「アメリカ人選手のように高くは跳べないから……」など、体格差を理由に海外の技術を積極的に取り入れないメンタリティが日本には未だにあるように感じます。しかし、そのような体格的なハンディは案外思い込みに過ぎないケースもあります。ここでは、日本人とワンハンドシュートの歴史的な関係から、体格的ハンディの問題を考え直してみましょう。

その前に、バスケットボールの母国アメリカの事情に触れておきましょう。

ワンハンドシュートは、1930年代半ばにスタンフォード大学でプレーしたHank Luisettiによって世に広められました。それまでは、「ミドルシュートやロングシュートは両手で打つことが最良のシュート技術」だと考えられていて、コーチの大半は片手でシュートすることを認めていませんでした。こうした常識を尻目に、Luisettiはワンハンドシュートを武器に得点を荒稼ぎしていきます。やがて、彼の活躍が噂をよんで、多くのコーチがワンハンドシュートの有効性に関心を示し、その技術を採り入れるようになったそうです。

Luisettiが得意としたワンハンドシュートは、ドリブル後にランニングステップでジャンプして空中でリリースする技術でした。今日でいうと、フローターシュートに近いものだったとイメージすることができます。

昭和初期の日本のチェストシュート
李想白(1930)指導籠球の理論と實際．春陽堂．を基に作図

舞台を日本に戻しましょう。アメリカと同じように、大正期から昭和初期頃の日本では、ミドルシュートやロングシュートを打つときの代表的な技術は、胸のあたりにボールを構えて両手でリリースするチェストシュートでした。

両手の下手投げのシュート（アンダーハンドシュート）もありましたが、打点が低くディフェンスにブロックされやすいという理由で、フリースロー以外ではあまり使われなかったそうです。

また当時、ゴール下ではワンハンドでシュートする選手はいましたが、それより離れたエリアからは両手のシュートが基本でした。片手でシュートすることは、「いい加減」な技術だと見なされていたようなのです。

やがて昭和10～20年代にかけて、チェストシュートよりも素早いモーションで、なおかつ高い打点でリリースできるワンハンドシュートの利点が、日本人の間でもささやかれるようになります。しかしアメリカ発祥のこの「新しい」技術は、アメリカ人よりも体格や手が小さく、筋力にも劣る日本人には習得できるはずがないと切り捨てられてしまったのです。

## ハワイ日系2世チームが日本のシュート技術を変えた!?

ところが戦後、とある出来事をきっかけに状況が一変します。

１９５０（昭和25）年のハワイ日系2世選抜チームの来日です。ハワイチームの選手たちは、まるで背中に目が付いているかのような華麗なドリブルワークを披露し、日本のバスケットボール関係者を唸らせました。

それよりも日本人が驚いたのは、アメリカと同じように、彼らは全員が巧みなワンハンドシュートの使い手で、素早いモーションから次々とシュートを決めてきたのです。

同じような体格の選手たちがワンハンドシュートを打っていたのを見て、日本人は自分たちでもこの技術を習得できるのだとはじめて知りました。ワンハンドシュートは体の大きい欧米人の専有物ではなく、日本人を含めて誰もが練習によって身につけられる技術だったのです。

その後、「思い込みの呪縛」から解かれた日本では、男子を中心にワンハンドシュートが普及していったことは言うまでもありません。

このように、日本人とワンハンドシュートの例を見ると、体格的なハンディはまったくの思い込みに過ぎなかったことがわかります。

先人たちが私たちに教えてくれているのは、コーチや選手の頭の中を支配する「思い込み」の怖さです。日本の女子選手の多くが未だに両手でシュートしているのも、これに当てはまるのかもしれません。

もちろん、流行に左右されずに身の丈に合った技術をチョイスすることも大切ですが、「とりあえずやってみよう！」という大胆なチャレンジ精神も必要ではないでしょうか。

（谷釜）

昭和30年代の日本のワンハンドシュート
青井水月(1959)バスケットボール．ベースボールマガジン社．を基に作図

**参考文献**

・谷釜尋徳(2010)大正期〜昭和前半期の日本におけるバスケットボールのシュート技術の変遷ー中・長距離からのワンハンド・シュートの変容過程ー．体育学研究, 55(1)
・二杉茂(2003)バスケットボールにおけるワンハンドショットの社会史的研究．神戸学院大学人文学部紀要, (23)

# 身長が高いほうが有利と言われるのはなぜ?

## 身長が高い選手の利点は「滞空時間」にもある

バスケットボールの競技特性上、背の高さや腕の長さが有利に働く場面が多いことは、多くの方が感じていることしょう。けれどもその理由をどれだけ掘り下げて理解できているでしょうか? 何となく「背が高い方が有利」と思うだけで、その理由まで深く考えたことはないかと思います。

バスケットボールは、「頭上の水平面のゴールにボールを投げ入れる」という競技特性があり、(ジャンプをしない状態だと)ゴールに近い位置で手を使えるため、背が高かったり、腕が長い選手の方が有利で当然と感じられます。その一方で身長が高いことは、ジャンプ力などの運動能力の面では不利に働くこともあ

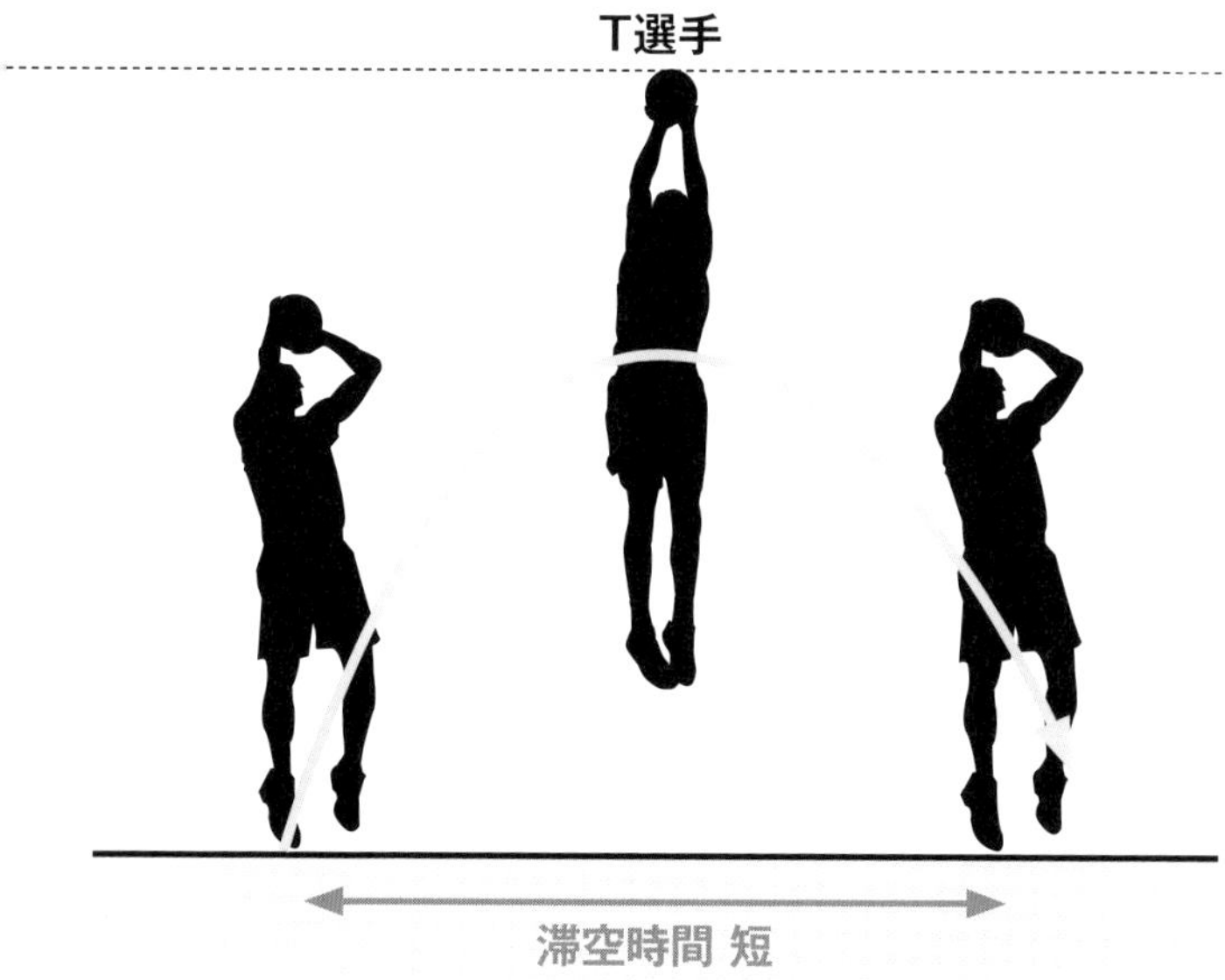

ります。体の組成が同じという前提では、身長が高いほど体重あたりの筋力が低くなる傾向があります（スケール効果「身長が低い選手の利点とは（P66）」を参照ください）。

さて、例えば同じ最高到達点のジャンプができる高身長選手（T：Tall選手）と低身長選手（S：Small選手）がいたとします。この時にT選手の優位性は皆無になってしまうでしょうか？　ここで着目してほしいのはジャンプにおける滞空時間です。跳躍高は滞空時間の2乗に比例します。すなわち同じ到達高に達するときに、高いジャンプが必要なS選手はT選手よりも滞空する時間が長くなります（図1）。

この「滞空している時間＝足が地面についていない時間」がバスケットボールの競技特性上非常に大きな意味を持つのです。そもそも、運動は地面などの外部に加えた力の反力によって生じます（P64図2）。滞空している状態は、基本的に外部に力を加えることができません（他選手との接触は除く）。そのため1度

## 図1　跳躍高と滞空時間

同じ高さへのジャンプでも、跳躍高によって滞空時間が異なる

図2 接地時と滞空時の比較

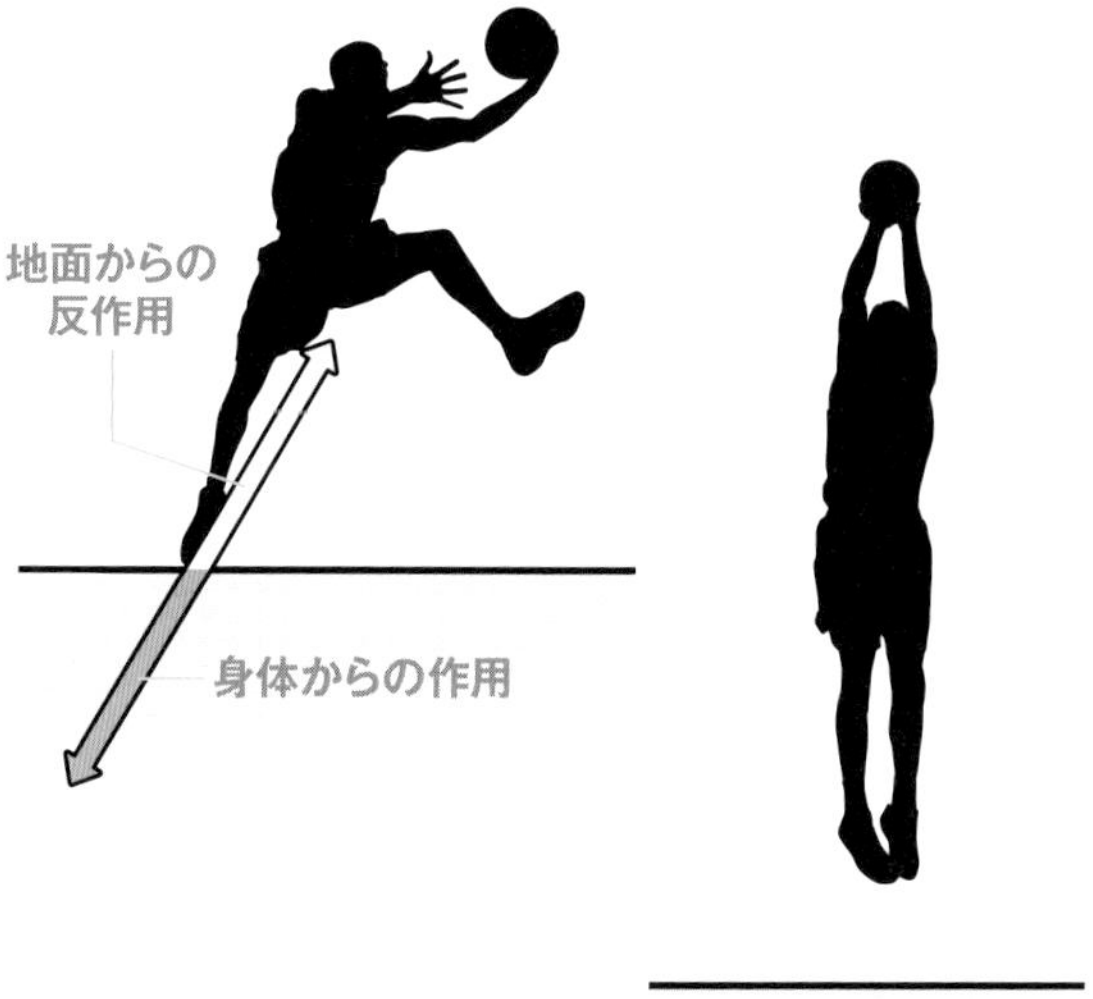


滞空状態では地面からの反作用が得られず、身体全体の運動を変化できない

滞空状態では反作用が得られない

ジャンプをしたら、空中で手脚を動かしてジタバタしたところで、着地して外部に力を加えられるようになるまでは身体全体の運動方向を変えられません。このように滞空というのは、運動を変更できないという点においてはウィークポイントとなる状態なのです。

ここでT選手とS選手がゴール近くでマッチアップしたシーンをイメージしてみましょう（図3）。T選手のシュートをS選手が最高点でブロックショットしようとするならば、先ほどの理由から、T選手よりも早いタイミングで「離地」する必要があります（図3-B）。もしT選手がこのS選手のジャンプを察知できれば、そのシュートをフェイクに変えて悠々とゴールを狙うことができます。逆にS選手がシュートをする場合、T選手は先行して跳ぶ必要はありません。むしろ遅れてジャンプをしてもブロックが間に合う可能性すらあります（図3-A）。このように滞空を「運動が変更できないリスクを有した状態」とするならば、身長の高さは同じ高さでせめぎ合う際のリスクを下げてくれるとも言えるでしょう。

## 高身長は絶対的に有利ではない!?

もちろん、高身長の選手にも弱点はあります。先ほど紹介したスケール効果によって、ジャンプ動作自体に時間がかかる傾向にあります。また跳躍高が低くなると、それに伴ってボールの位置変位が少ないためブロックの狙いをつけられやすくなったり、滞空時間の減少によってダブルクラッチのような空中での姿勢変更が難しくなったりします。

このように身長が高いということは確かにバスケットボールにおいて武器ですが、絶対的に有利なわけでありません。なぜ高身長が武器になるかを理解したうえで、自分の体型の特性を活かすための戦略を練り、練習・トレーニングを積むことが重要です。(飯田)

## 図3 身長差がある同到達高選手のマッチアップイメージ

**参考文献**
1. 水谷豊(2005)バスケットボールの創成. 体育学研究, 50(3):249 -258.
2 内山治樹, 小谷究編(2017)バスケットボール学入門. 流通経済大学出版会, 12. バイオメカニクス, 飯田祥明, 稲葉優希著, p. 171-185

# 身長が低い選手が有利な点とは

## ジャンプの最高到達点は、必ずしも身長通りではない

バスケットボールは、試合が終了した時点で得点が多いチームが勝つスポーツであることは言うまでもありません。しかし、得点するためには3・05mの高さに設置されたリングにボールを通さなければいけないため、同様に得点を争うサッカーや野球などのチームスポーツと異なり、「高さ」が直接的に関わってくるスポーツであると言えます。

身長の高い選手は、静止状態で腕を上げた際の到達点が高くなるため、大きなアドバンテージを持っていると言えます。

しかし、ジャンプした際の最高到達点は、必ずしも身長の高い選手のほうが高いということはありません。身長が低い選手であっても、高身長な選手以上に高くジャンプできれば、結果的にはより高い位置に到達することができ、静止状態での身長差によるディスアドバンテージを克服することができます。

それであれば、「高身長の選手が高いジャンプ力を身につければよいのでは？」と思われる方も多いでしょうが、実は高身長の選手が低身長の選手と同じだけジャンプするためには、かなりの努力が必要となるのです。

少し説明を加えます。

まず上方向へのジャンプの仕組みを考えてみましょう。上方向に跳ぶためには、下肢の三関節（股関節、膝関節、足関節）の屈伸動作を行う際に、伸展筋群が各

関節において力を発揮し、地面を下方向に押さなければなりません。そしてその反力（※1）として地面反力が身体に作用するため、身体は上方向に加速できます。

この身体に作用する地面反力が大きいほど、得られる加速度は大きくなるため（※2）、下肢の伸展筋群が大きな力を発揮できれば、より高くジャンプすることができます。この証明として、スクワットの最大挙上重量が大きいほど、跳躍高が高いことが報告されています。

もちろん、跳躍高にはジャンプ自体の技術なども影響するため、下肢筋力だけで跳躍高が決定するわけではありませんが、下肢の筋力が強いほど高い跳躍ができるポテンシャルが高くなると言えます。

## 身体が大きくなれば必要な筋力も大きくなる

ここで、身長の異なる2人の選手について考えてみます。

実際には、ヒトは立方体ではなく、2人の選手がいれば形態も異なりますが、考えやすくするために、選手を立方体として例えて考えていきます（P68図1）。小さい方のA選手の身長が1、大きい方のB選手の身長が2であったと仮定します。つまり、B選手の身長はA選手の2倍になります。もちろん対戦相手に2倍の身長の選手がいることはないと思いますが、ここでは計算を簡単にするためにそのように仮定しています。

この時、A選手の体積は1、B選手の体積は8となり、身長と同じ2倍ではなく8倍となります。これをスケール効果と言います。

体重も体積と比例して8倍になっているとすると、A選手とB選手が同じだけの跳躍高を獲得するためには、B選手はA選手の8倍のエネルギーが必要となります。これが先ほどの「高身長の選手が高いジャンプ力を身につければよいのでは？」に対しての答えの理由です。

単純に立方体の断面積で考えれば、体長が2倍にな

※1　ニュートンの運動法則：作用ー反作用の法則
※2　ニュートンの運動法則：加速度の法則

## 図1 身体の大きさが異なる2選手の比較

れば、断面積も4倍になるので、8倍のエネルギーを生成することは実現できそうに感じます。身長の2倍、体重の8倍という状況は非現実的ですが、例えば身長の1・25倍（160cmと200cm）であれば、1・25の2乗≒1・56倍の筋横断面積が必要となります。つまり、身長が高く身体の大きな選手は、身長が低い選手と同じだけの跳躍高を獲得するためにはその分だけ大きな力が発揮できるようなトレーニングが必要となってくるということです。

考え方によっては、これは身長の低い選手にとって少し有利な点と言えます。

（稲葉）


**参考文献**

1. Wisloff, U., Castagna, C., Helgerud, J., Jones, R., and Hoff, J. (2004). Strong correlation of maximal squat strength with sprint performance and vertical jump height in elite soccer players. British Journal of Sports Medicine, 38: 285-288.
2. Ham, D.J., Knez, W.L., and Young, W.B. (2007). A deterministic model of the vertical jump: implications for training. Journal of Strength & Conditioning Research, 21(3): 967-972.
3. 福永哲夫(2004)筋組織のバイオメカニクス, pp35-58. In:金子公宥, 福永哲夫編, バイオメカニクス—身体運動の科学的基礎. 杏林書院.

# 「小さいから走る」戦い方は本当に正しいのか？

## オリンピックで完全否定された日本の速攻

長身の選手がいないチームは、「小さいから走る」という戦い方をチョイスすることが多いように思います。「高さで勝負できない分、速さで勝負する」という考えは、確かに説得力を持っているかもしれません。しかし、この発想はバスケットボールのすべてのケースに有効に働くとは限らないようです。

かつての男子日本代表でも、ローマオリンピック（1960年）までは、海外の大型チームに対抗する最善の策は速攻を仕掛けることだと信じられていました。ローマオリンピックでは、日本はオールコートのプレスディフェンスを敷き、ボールを持ったら徹底的に走るという戦い方を採用しています。

ところが、ローマオリンピックで日本は全敗し（15位）、「小さいから走る」という作戦は完全に否定されてしまいます。金メダルに輝いたアメリカとの対戦結果は66対125で、ほぼダブルスコアの完敗でした。日本の最終成績は16チーム中15位ですが、16位のブルガリアは途中棄権しているので、事実上の最下位だったことになります。

4年後の東京オリンピック（1964年）に向けて、バスケットボール日本代表は苦境に立たされました。そんな中、東京オリンピックの監督に抜擢された吉井四郎氏は、「小さいから走る」という日本の伝統的な発想にこそ国際大会での敗因が潜んでいると考え、速攻にこだわる攻撃の方針を見直します。

吉井監督が速攻をメイン戦術から外したことには理由がありました。たとえ日本が徹底的に速攻を仕掛けても、ゴール下で待ち受ける海外のセーフティマンは日本の選手よりも長身です。ですからせっかく速攻のチャンスだったとしも、なかなかゴール下まで攻め込めず、確率の低いミドルシュートを打たされてしまいます。

反対に、日本がアップテンポなゲームをすれば、相手にも同じように速攻の機会を与える場面が増えますが、日本の小柄なセーフティマンを前に相手チームはゴール下で簡単にシュートできてしまうわけです。

欧米チームとの身長差が広がっていた当時、日本がお家芸としていた速攻主体の戦術は、日本国内やアジア諸国では通用しても、国際舞台では効率の悪い戦い方になっていました。

## スローテンポな攻撃で世界レベルに急接近!?

もう1つ、吉井監督は日本代表に新しい風を吹き込みます。ローマオリンピックのスコアを細かく分析した吉井は、日本の敗因は身長差だけではなく、海外チームとのフィールドゴール成功率の差にあると導き出しました。3ポイントシュートが存在しない時代、効率のよい攻撃をするには、できるだけゴールの近くでシュートしなければなりません。ところが、ゴール下には海外の2m級のビッグマンが待ち構えていました。

この点を克服するために吉井監督は試行錯誤を繰り返し、ついには日本に合ったフォーメーションプレーを考案します(72ページの図はそのベーシックパターン)。時間を使ってスクリーンとパスで相手を揺さぶり、ゴールの近くでシュートチャンスを作ることがコンセプトでした。速攻ではなく、むしろ時間をかけてパスをつないでいくという、それまでの日本代表とは一味違う組織的なオフェンスです。だからといって、日本がまったく速攻を出さなくなったわけではありません。吉井は選手に対して、チャンスがあれば速攻を狙うように指導していたそうです。ただ速攻だけにこだわらず、スローテンポな攻撃を織り交ぜてゲームを操ろうとする柔軟な思考がそこにはありました。

ディフェンス面にも工夫が凝らされていました。東京オリンピックに向けて、日本はアメリカ人コーチPete Newellのサポートを受けて、何種類にもおよぶプレスディフェンスを準備します。その狙いは、ギ

ミーティングをする吉井監督と選手たち
日本体育協会編(1965)第18回オリンピック競技大会報告書. 日本体育協会.

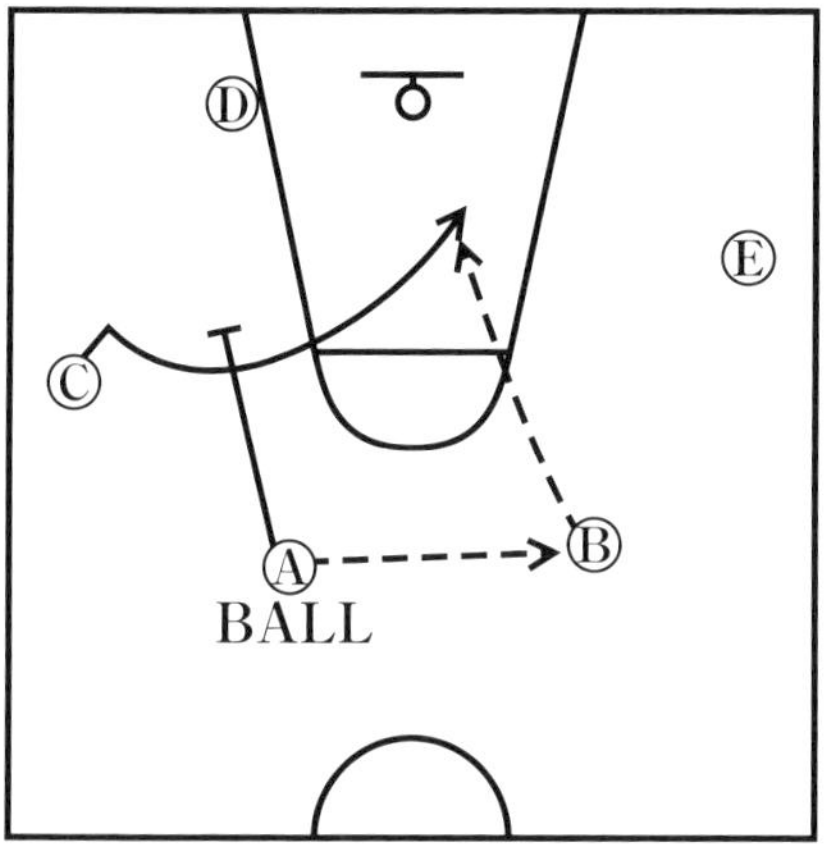


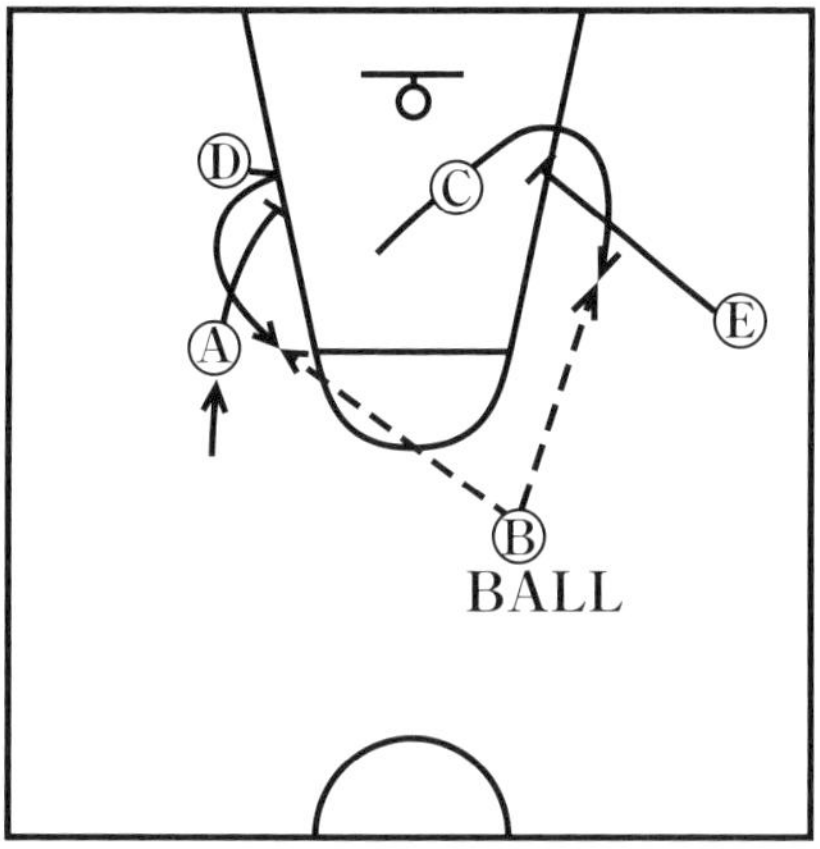

ャンブルしてボールを奪おうとすることではなく、粘り強くディフェンスして簡単にシュートさせずに時間を浪費させることにありました。そうすれば相手はショットクロックを気にしますし、苦しまぎれにシュートを打てば、当然シュートの成功率は下がるからです。

そうして迎えた東京オリンピック本番、地元の声援にも後押しされた日本代表は、速攻に頼らないスローテンポな攻撃とプレスディフェンスを武器に果敢に戦い、4勝5敗で見事10位に入ります。日本の目標は入賞(6位)を果たすことでしたが、ローマオリンピックの結果と比べれば大躍進だといえるでしょう。

歴史的な視点から検証すると、「小さいから走る」という考え方は、どうやらすべてのケースに当てはまる万能薬ではないようです。従来のセオリーを鵜呑みにせず、明確な根拠をもって新たな方向性を開拓しようとする姿勢は、現代のコーチも忘れずにいたいものです。

（谷釜）

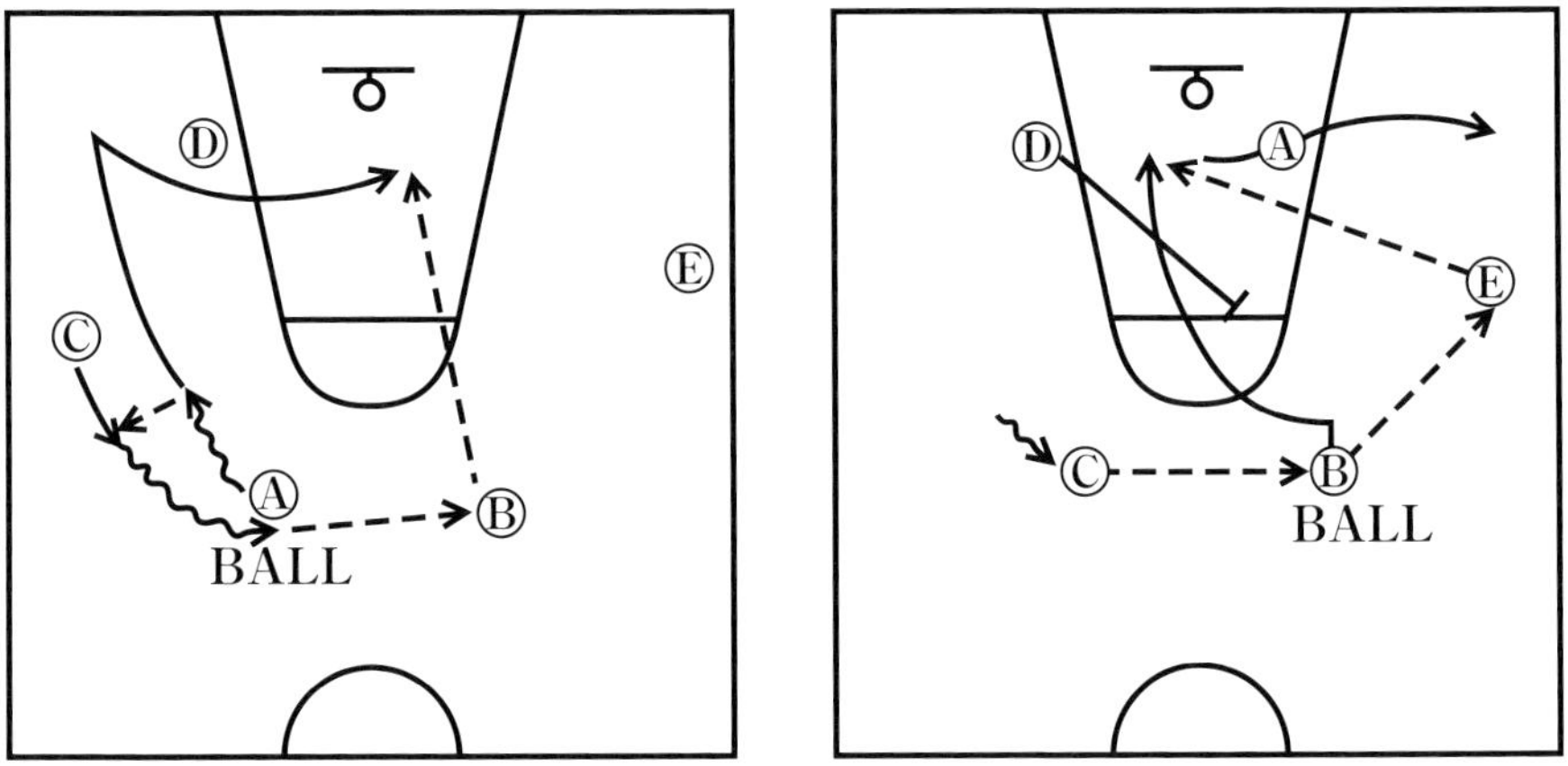


東京五輪で採用されたフォーメーションの一例
吉井四郎(1987)バスケットボール指導全書2:基本戦法による攻防．大修館書店．

**参考文献**

・谷釜尋徳(2018)オリンピック競技大会におけるバスケットボール日本代表チームの強化の実際—ローマ大会(1960)から東京大会(1964)まで—．バスケットボール研究,(4)
・吉井四郎(1965)バスケットボール．日本体育協会編,東京オリンピック選手強化対策本部報告書．日本体育協会．

## コラム2

# バスケットボールの研究者になろう

男女ともに人気のあるバスケットボールの競技者数は、他の競技と比較しても多いです。しかしBリーグが誕生し、女子にはWJBLがあるといっても、バスケットボールプレーヤーを仕事にできるのはほんの一握りの人たちだけです。バスケットボールプレーヤーとしてではなくとも、大好きなバスケットボールに関わる仕事に就きたいと考える人は少なくないでしょう。高校生がバスケットボールに関わる仕事としてよくあげるのは、部活動のコーチやトレーナーです。しかし、バスケットボールに関わる仕事はBリーグのオフィスや各チームのオフィス、アナリスト、バスケメディア、バスケショップ、ウエアメーカー、ボールメーカー、アカデミーコーチなど、他にも数多く存在します。そのなかの1つにバスケットボールの研究者があげられます。大学の教員としてバスケットボールの研究をする方法の他にも研究所の研究員としてバスケットボールの研究をする方法もあります。実際に、理化学研究所でバスケットボールについて研究する研究者もいます。研究分野によっては研究結果が直接的に競技力向上や普及、発展につながるものもあります。バスケットボールの研究者もバスケットボールに関わるやりがいのある仕事の1つといえるでしょう。

(小谷)

第2章

# オフェンスの科学

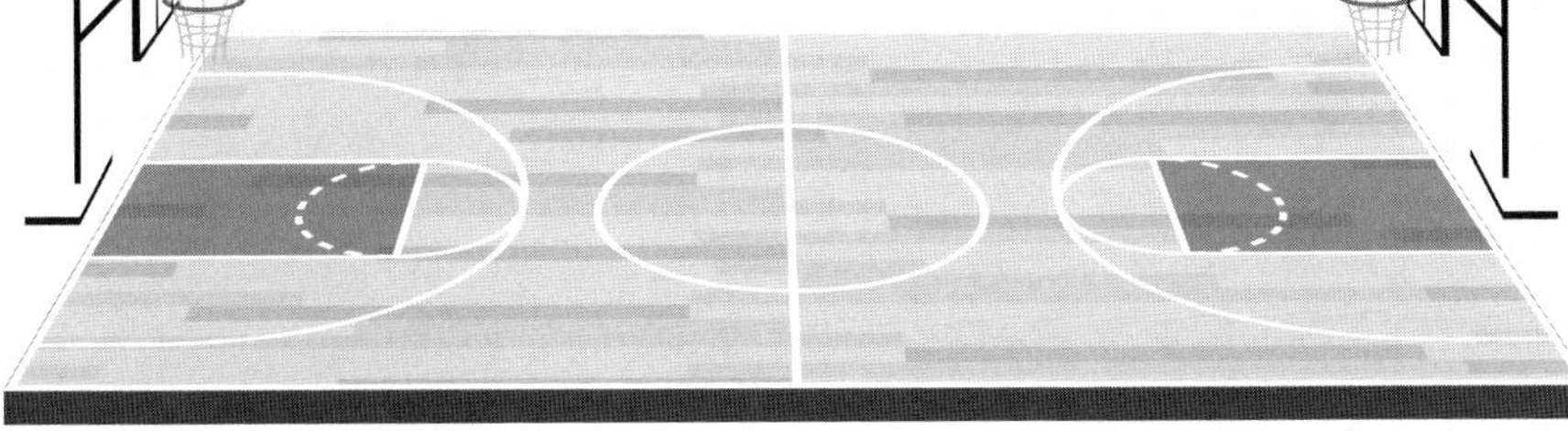

# よいシュートの投射条件とは?

## 3回転／秒のバックスピンが理想

バスケットボールの試合でより多くの得点を取るためには、シュートを打つ回数を増やすことに加えて、打った回数に対する成功率を高めなくてはなりません。「よいシュート」の定義はいろいろ考えられますが、ここでは「成功率を高められるシュート」を「よいシュート」と定義します。

世界最高峰のアメリカプロバスケットボールリーグ選手を見てもわかるように、シュートフォームは選手によって特徴が大きく異なるため、最適なフォームの定義をすることは容易ではありません。一方で、ボールの軌道については、物理学的に成功率の高い投射条件について定義することが可能です。

ここでは成功率を高めるための投射条件について、科学的に可能な範囲で説明したいと思います。

選手の手から放たれたボールの軌道は、放たれた瞬間の投射条件によって決まります。投射条件とは、①リリース速度、②リリース角度、③リリース高、④回転数（と方向）のことです。

また、ボールの回転については、まだ明らかになっていない事も多いですが、バックスピンをかけた方が、リングやボードとの衝突後も考慮すると成功率が高くなると言われています。そしてバックスピンの回転数は、1秒当たり3回程度が最適であることも示唆されています。この理由ですが、バックスピンがかかった状態でボールがボードと衝突すると、図1のような力がボールに対して加わり、スピンがかかってい

## 図1 ボールの回転による軌道の変化

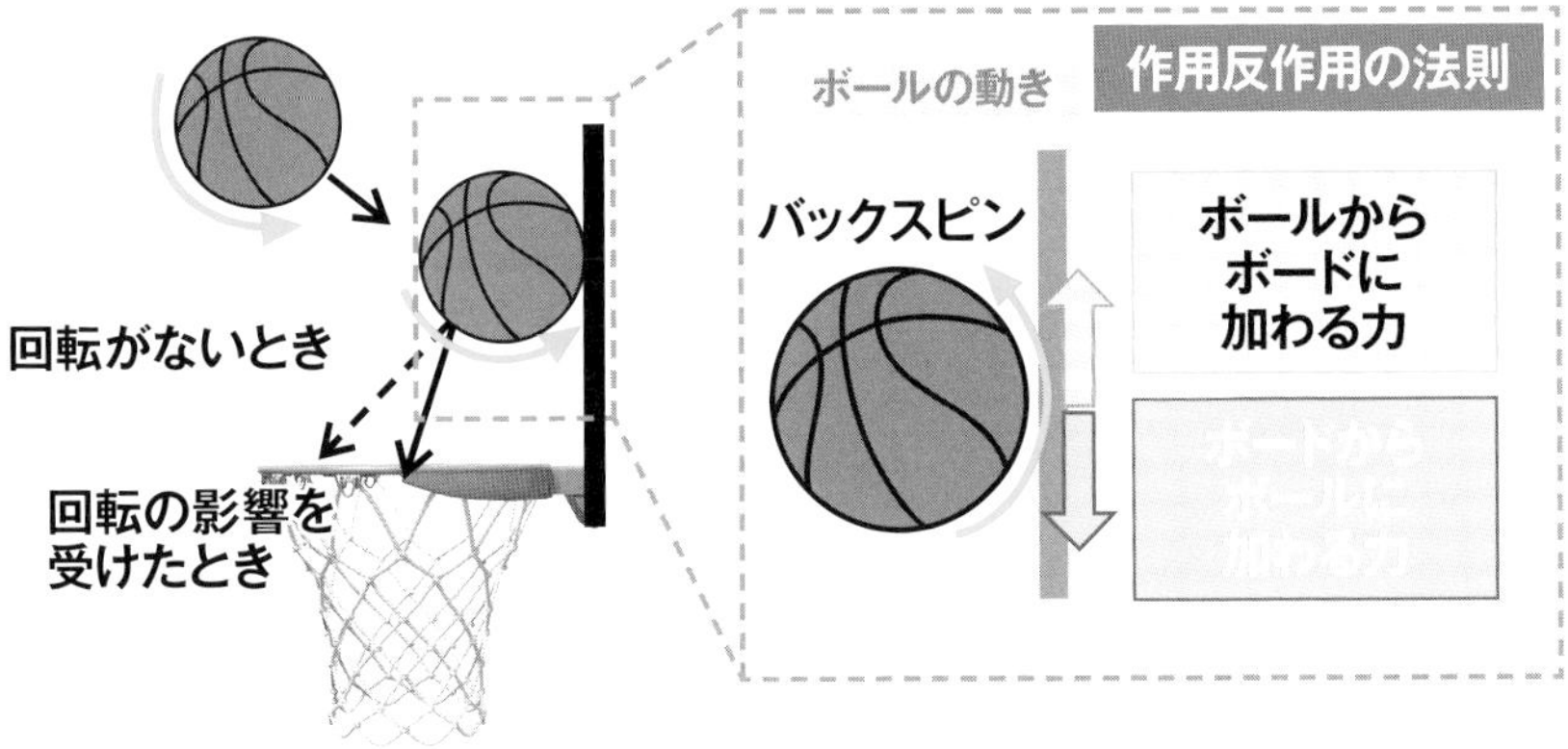


ない状態よりも衝突後の軌道がリングに向かいやすくなるからです。

さらに空中での軌道もボールに回転がかかることにより、揚力を受けて軌道が落ちにくくなることがわかってきています。

いずれにしても、シュートの成功率を向上させるためにはバックスピンをかけることが有効であるということは一致した見解と言えそうです。

## 高い位置からシュートを放つほうが有利

次に、①リリース速度と②リリース角度、③リリース高について説明します。

シュートの距離やリリース高が変われば、最適なリリース角度とリリース高も変わるため、最適なリリース角度を一律に定義することはできません。そのため、全ての選手に対して、ある角度を目指してシュートをリリースするように指導することは理想的ではないでしょう。特に、リリース高は、選手の身長によっても大きく左右されるので注意が必要です。

さて、選手の平均的なリリース高とシュート距離を定めることができれば、およその最適なリリース角度は計算によって求めることができます（図2）。

また、選手のシュート時の投射条件を繰り返し正確に測定することができれば、最適な投射条件も計算から求めることもできます。

図2についての説明は図の下の説明を見てください。いずれにしても大事なことは、「シュートを楽に打てる」投射条件を選択することになります。

リリース角度は高い方がリングへの入射角度も大きくなりますが、必要以上に高めるとその分リリース速度も大きくしなければなりません。すると、選手がボールを飛ばすために発揮しなければならないパワーも増えてしまい、その結果として軌道のばらつきが大きくなってしまいます。

しかしなるべく高い位置からシュートを放つことによって、リリース速度もリリース角度も最低限に抑えることができます。このような意味では、NBA選手のように身長が高く筋力も大きい選手たちは、遠くからのシュートであっても大変楽にシュートを打てていることになります。

身長の高い選手はそのアドバンテージを利用して、身長の低い選手は高い跳躍力を身につけてリリース位置を高めることが、投射条件を考慮しても、試合中にディフェンスにブロックされないためにも効果的でしょう。

（稲葉）


**参考文献**

1. Silverberg, L., Tran, C., and Adcock, K. (2003) Numerical analysis of the basketball shot. Journal of Dynamic Systems, Measurement, and Control, 125(4): 531-540.
2. Okubo, H., and Hubbard, M. (2006) Dynamics of the basketball shot with application to the free throw. Journal of Sports Science. 24(12): 1303-1314.
3. Tran, C., and Silverberg, L. (2008) Optimal release conditions for the free throw in men's basketball. Journal of Sports Science. 26(11): 1147-1155.
4. Inaba Y., Hakamada, N., and Murata, M (2019) Computation of Optimal Release Parameters of Jump Shots in Basketball. In: Sport Science Research and Technology Support. icSPORTS 2016, icSPORTS 2017. Communications in Computer and Information Science, 975: 164-175.

## 図2 リリース速度、リリース角度、リリース高の選択について

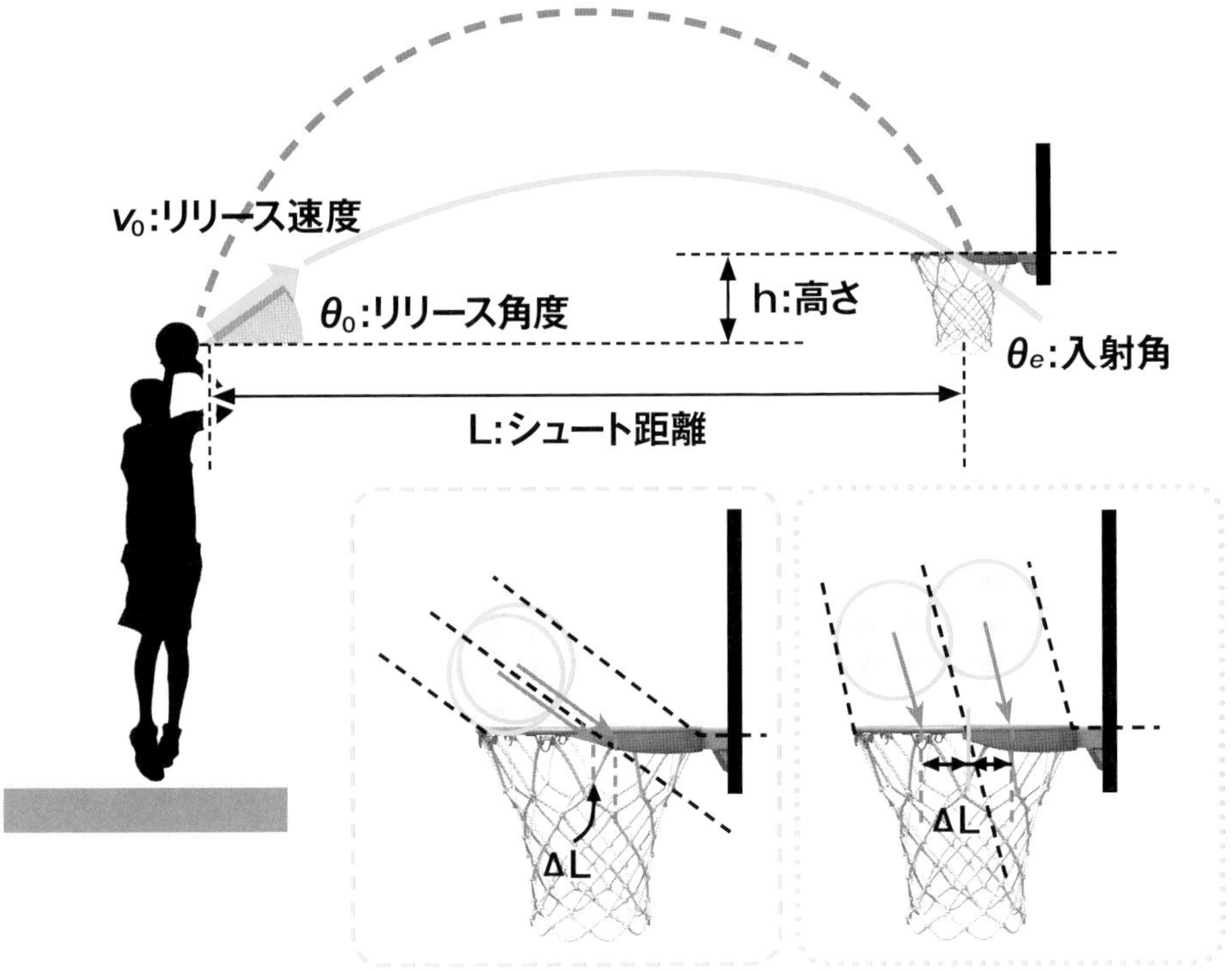


## 図2の解説

入射角度はリリース角度、シュート距離、リリース高、リングの高さまでの距離から求めることができます(※1)。入射角度が大きい方が、シュートが入る軌道の範囲(ΔL)が広くなるので、入射角度を大きくする=投射角度を大きくすることは、シュートの成功率を高めるうえで1つの重要な考え方です。しかし入射角度を大きくすると、それに伴ってリリーススピードも大きくしなければならず、結果的に再現性が低下する可能性があります。ある研究ではそれを考慮して、最適な投射角度(※2)を提案しています。

そしてリリース高が高くなると、リングの高さまでの距離(h)が小さくなるので、速さ最小の角度も小さく抑えられることがわかります。

※1 $\theta_e=\arctan(\tan\theta_0-\frac{2h}{L})$

※2 mimimum-speed angle $\theta_{0m}$ (速さ最小の角度) $\theta_{0m}=45°+\frac{1}{2}\arctan(\frac{h}{L})$

# 高精度のシュートを打つには？

## 高精度のシュートを打つために

バスケットボールで対戦相手に勝利するには、相手より1点でも多くの点数を取ることが求められます。オフェンスで点を取るためには、「シュートを打つ」ことが不可欠であり、よいシュート（成功率を高められるシュート）を打つために、バックスピンやリリース角度などが重要であることは76ページからの「よいシュートの投射条件とは？」で紹介したとおりです。また「楽にシュートを打つ」ことの重要性も触れており、いかに無駄な、そして余分な力を入れずにシュートをするかが、高精度のシュートを打つためのポイントといえます。それらの点について、少し詳しく解説します。

## フリースローの連続成功記録

ロボットのようにリリース速度、リリース角度、バックスピンを正確無比にコントロールすることができれば、100発100中でシュートを成功させることも可能かもしれません。実際、アルバルク東京所属のAIロボット「CUE3」が、2019年5月17日にフリースローを2020本連続で成功させて「ヒューマノイドロボットによる連続フリースロー最多成功数」としてギネス登録されました（写真1）。

このように、ロボットであれば機械的にモーターを制御することで、ほぼ100％の確率でシュートを決めることが可能です。「人間はロボットじゃないから無理でしょ……」と思われるかもしれませんが、

1993年に医師のトム・アンバリー氏がフリースローを2750本連続で成功させて、ギネス登録されています。所要時間は約12時間とのことで、疲労をものともせず注意・集中力を保ちながらシュートを決め続けられたことは、驚愕の一言に尽きます。

## リリース角度をコントロールする

シュートを打つ時に、「ループ（正しくはアーク：arc）を高くしろ！」と指導された人も多いのではないでしょうか。では、どの程度のリリース角度でシュートを放つと精度が高まるのかを考えてみましょう。

日本バスケットボール協会が発行している指導教本では、推奨されるシュートのリリース角度は、フロア（水平面）に対して50度～55度と記されています。この角度がよい理由として、①シュートを打つ時の初速が小さくなりコントロールしやすくなる、②リングにボールが入る時の角度（入射角）がシュートの入り

写真1 ギネス記録挑戦中のAIロボット「CUE3」

画像提供：トヨタ自動車株式会社

やすい45度前後になる、ことが挙げられます。最適角度はシュートの距離やリリース高によっても前後しますが、個人のシュート特性を捉える目安として有用な指標です。最近では、スマートフォンのアプリ（"HomeCourt"など）や動画機能を用いて、手軽に投射角度やボールの軌跡を計測することができます。これらを活用し、リリース角度のブレを少なくすること、また時にはフローターシュートなどで角度変化を加える練習を取り入れることも有効でしょう。

NBAのスーパースター、ステフィン・カリー選手の試合前のシューティングを見ると、リリース角度を極端に上げたループシュートや、リリースのタイミングが速いクイックシュートを打っていることがあります。一見するとふざけて打っているのかな？と思ってしまいますが、様々なリリース角度やタイミングで打つことで、どのような姿勢や状況でも高精度のシュートが打てるための「リリース感覚」を研ぎ澄ましているのかもしれません。

## 無駄な、そして余分な力を入れない

1点を争う競った試合でフリースローを獲得した際、「リラックスして打て！」とアドバイスをされた経験はないでしょうか。極度の緊張とプレッシャーの中では、普段以上に力んでシュートを打ってしまうことがよくあります。

この時に「リラックスしろ」「肩の力を抜け」と言われても、うまく力を抜くことができません。力を抜いたつもりでも、筋肉の電気的な信号を記録する装置（筋電図）を通して見ると、余分な筋活動が残っていることがあります。このように、極度の緊張とプレッシャー、いわゆる「あがり」の状態では、主に動く筋肉（主動筋）と、その筋と反対の動きをする筋肉（拮抗筋）の両方が同時に活動してしまうことが分かっています。主動筋と拮抗筋が同時に活動すると、関節が固まってしまい適切な力の調整ができなくなり、非効率な動きとなってしまいます。

このような時には「力を思いっきり入れてから、抜く」ことをお勧めします。例えば肩の力を抜きたいときは、両肩を思いっきり上げて数秒ほど維持してから、ストンと力を抜くことで力みのない初期状態へと「リセット」しやすくなります。シュートの精度や安定性を高めるためには、無駄な、そして余分な力を入れないことが重要です。そのためにも、自分に合った調整方法を見つけておくことが大事です。

NBA史上最もフリースロー成功率が高かったリック・バリー選手。フリースロー成功率90%を記録したこの選手は、なんとアンダーハンド・スロー（下投げ）でフリースローを打っていました。このように、万人に共通する「ベストな打ち方」が存在するわけではありません。近年では多様なシュート理論を目にすることが増えてきましたが、個人の身体的・形態的特性や成長・能力に応じて、理にかなった最適なシュートの打ち方を模索していくことが重要といえるでしょう。

（岩見）

緊張やプレッシャーの影響を低減する自分に合った調整方法を見つけましょう


**参考文献**

1 Knudson, Duane. (1993). Biomechanics of the Basketball Jump Shot—Six Key Teaching Points. Journal of Physical Education, Recreation & Dance. 64: 67-73.

2 Okazaki, Victor & Rodacki, Andre & Satern, Miriam. (2015). A review on basketball jump shot. Sports Biomechanics. 14: 1-16.

3 日本バスケットボール協会編（2014）バスケットボール指導教本（上巻）. 大修館書店, p.108.

4 Yoshie, Michiko & Kudo, Kazutoshi & Murakoshi, Takayuki & Ohtsuki, Tatsuyuki. (2009). Music performance anxiety in skilled pianists: Effects of social-evaluative performance situation on subjective, autonomic, and electromyographic reactions. Experimental brain research. 199. 117-126.

# シュートの成功率を上げるリングの見方

「どこ」よりも「どのように」

シュートを打つ際に見ている場所は、リング手前、リングの中央、リングの奥など様々な位置があるかと思います。しかしある研究では、「どこを見ているか」よりも「どのように見ているか」のほうが大事であり、それがシュートの成功に最も関連しているという結果が出ています。

的を狙っている時の選手の視線の動きについて興味を持った研究者は、バスケットボールにおいてもフリースロー時の視線の調査を行いました。この研究では、フリースロー成功率が高い選手と低い選手がそれぞれフリースローの時に「どこを見ているか」と「どのように見ているのか」を調査しました。

調査の結果、フリースロー成功率が高い選手の成功したシュートでは、他に比べて、シュート動作が始まる前に見始めたリング位置から視線を動かさず長く（1秒以上）見ていることがわかりました。この理由としては、シュートを打つ際に必要な情報の取得や準備を、リングを長く見ることによって適切に行うことができるようになるからだと考えられています。

この特徴は他の的を狙う種目（射撃、ダーツ）においてもみられることから、フリースローの成功にはどこを見るかということよりも、長く1点を見続けることが大切だとわかります。そしてこの特徴的な視線の動きは、「Quiet Eye」と呼ばれています。

## 図1 フリースロー時の視線測定映像（図中央の緑十字が実験対象者の視点）

## 図2 シュートの成功率に影響する視線

ボールを動かす前からリング１点を見続ける　　身体が動いてもできる限り同じ場所を見る

## シュート精度を上げるQuiet Eyeトレーニング

長く1点を見続けるという特徴的な視線の動き「Quiet Eye」は、ジャンプシュートの時にも観察されています。

ジャンプシュートは、選手によってシュートフォームが異なり、またディフェンスがいるため、フリースローのように簡単にはいきません。その中でシュートが成功した時の特徴を調べると、シュートをする腕を伸ばすまでリングの1点を長く見ていることがわかりました。ジャンプシュートの時も、長く1点を見続けるということがシュート成功に関わっているのです。

このQuiet Eye（QE）はトレーニングすることによって、シュート成功率の向上につながります。あるバスケットボール選手に対して、フリースロー前にQuiet Eyeをトレーニングしていったところ、2シーズン後にはシュート成功率が向上しました。一方で体育の授業で、競技としてバスケットボールを経験したことがない初級者に対しては、1点を長く見る時間は増加しましたが、シュート成功率は向上とまでは至りませんでした。これは、初級者は見ることに加えて、適切で安定した動作を学ぶ必要があるからでしょう。

表1はバスケットボール経験のない大学生20名に行ったQEトレーニング群と技術トレーニング群に分けて行った内容になります。

QE群は「Quiet Eye」の獲得を目的に、CT群はフリースローのシュートフォームの獲得を目的に、1日120投のトレーニングを3日間実施しました。その結果、QE郡のフリースロー成功率はCT郡を約11%も上回ったのです。またプレッシャー下でのシュートでは、QE群は成功率が低下しませんでしたが、CT群は約7%の低下がみられました。このことから、QEを獲得している選手は不安の高まる状況でもフリースローの精度を維持できるといえます。

ジャンプシュートの精度を高めるトレーニングとしても、QEトレーニングが有効である可能性が報告されています。しかし213名の大学生を対象に行った実験(表2)では、初級者グループには即時的な効果がみられましたが、中級者グループでは、そこまでの効果が得られなかったのです。そのため中級者以上にQEトレーニングを行う場合は、トレーニングの回数を増やすか、ディフェンスのいる環境でQEトレーニングを実施する必要があると考えられます。(永田)

## 表1 バスケットボール未経験者に行った内容

| 段階 | QEトレーニング | CTトレーニング |
|---|---|---|
| 1 | フリースローラインで肩幅程度のスタンスを取る | フリースローラインで肩幅程度のスタンスを取る |
| 2 | 「リング以外は何もない」と唱えながら3回ボールをつく | 「リング以外は何もない」と唱えながら3回ボールをつく |
| 3 | 手のひらではなく、指先でボールを保持する | 手のひらではなく、指先でボールを保持する |
| 4 | リングの手前に約1秒間視線を向ける。その間は「集中」と言い続ける | シュートスタンスを取って焦点を合わせる |
| 5 | シュート動作では膝を曲げて全身を活用する。ボールが視界を遮ることがあるが、この間は無理にリングを注視する必要はない | シュート動作では膝を曲げて全身を活用する |
| 6 | ボールをリリースした後はリングにフォロースルーを残すように心がける | ボールをリリースした後はリングにフォロースルーを残すように心がける |

## 表2 ジャンプシュートの精度アップのために行った内容

| 段階 | QEトレーニング | CTトレーニング |
|---|---|---|
| 1 | ラインでスタンスを取り、できるだけ早くリングの前面に視線を向ける。ルーティンを実行する場合でもリングの前面に視線を向ける | フリースローラインでスタンスを取り、ルーティンを実行する |
| 2 | ボールをセットしたら、リングのどこか1箇所を約1秒間以上見続け、「リング以外は何もない」と唱える | リングに焦点を合わせた後は右手の指先でボールを保持し、左手はボールに添える。右腕の肘がリングに向くようにL字を作る |
| 3 | セットシュートやジャンプシュートをする。ボールと手が体の中心線を通るようにする。ボールが視野に入るとリングが遮られる | 脚、膝、腕、指先からボールに力を加えてボールに飛ばす |
| 4 | シュート動作は迅速かつ滑らかに行う | 指先がリングに向くようにフォロースルーをする |
| 5 | シュートをするために腕が伸展している間は、無理にリングを注視する必要はない | シュートを打つことに対して、前向きかつ自信を持つ |


**参考文献**

- Vickers、J. N. (1996). Visual Control When Aiming at a Far Target. Journal of Experimental Psychology: Human Perception and Performance、22(2)、342-354.
- Vickers、J. N. (2007). Perception、cognition & decision training: The Quiet Eye in action. Champaign、IL: Human Kinetics.
- Harle、S. K.、& Vickers、J. N. (2001). Training quiet eye improves accuracy in the basketball free throw. The Sport Psychologist、15、289-305.
- 永田直也・古橋義則・武田直之・小山哲・猪俣公宏 (2009). バスケットボールフリースローにおけるQuiet Eyeトレーニングの効果. 中京大学体育学論叢、50(1)、23-29.
- 水﨑佑毅・中本浩揮 (印刷中) 視線行動の変容に着目したトレーニング方法の可能性. バスケットボール研究、5.

# シュート前の動きを同じにしよう

## プリ・パフォーマンス・ルーティンとは？

フリースローを打つとき、どんなことを注意していますか？ シュート動作のスムーズさや、先に取り上げたリングの見方を注意している人がいると思います。また、「普段通り、いつも通り」などと、心の面も考えている人もいるでしょう。一方で、フリースローを打つ際には何も注意していない、気にしていないという人もいると思います。

いいシュートを打つためには人それぞれ注意すべき点があると思いますが、ここではシュート成功率と関係している方法「プリ・パフォーマンス（ショット）・ルーティン」について紹介します。

プリ・パフォーマンス・ルーティンとは、あるプレーを行う前にする一定の動作のことを言います。バスケットボールでは、フリースロー前に行うドリブルや手の中でボールをスピンさせる動作がこれに当たります。NBAでは投げキッスや頬を触るなど、特徴的な動きをしている選手もいます（左上のイラスト）。

みなさんのフリースロー前の動作は一定でしょうか？ この動作が一定かどうかでシュートが入るかどうかが決まるかもしれません。

NBAカンファレンスセミファイナルにおけるフリースローを調査した研究では、フリースロー前の動作が一定だった場合の成功率が83・77％、そうでなかった場合が71・43％と約12％も差があることを報告しています。また、フリースロー前の動作が一定である

図1 特徴的なプリ・パフォーマンス・ルーティン

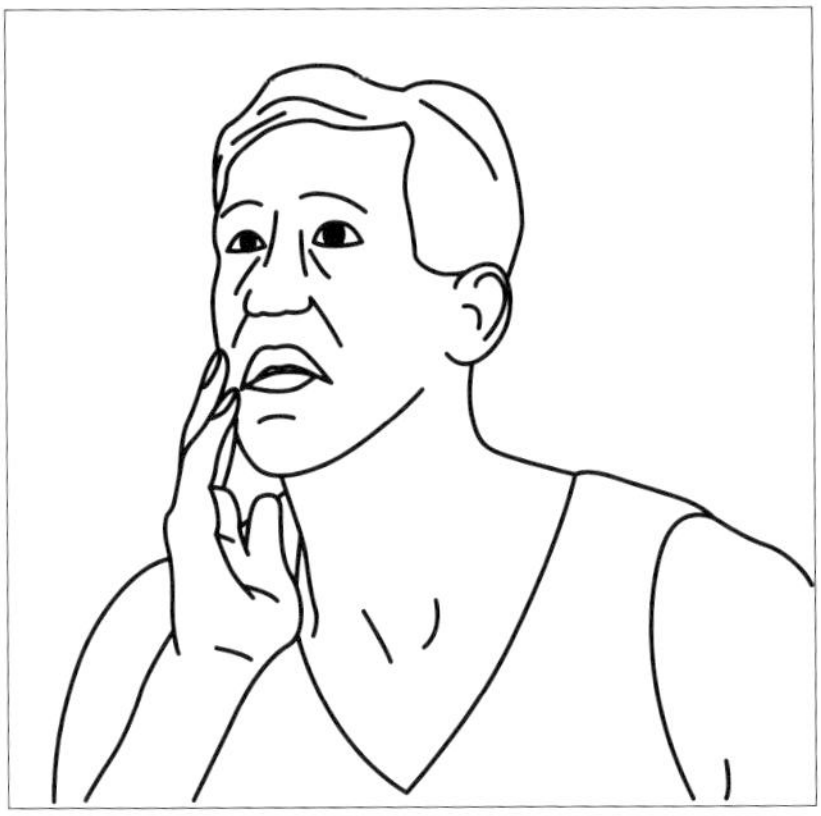

図2 フリースロー前の動作が一定の場合とそうでない場合の成功率
（Lonsdale & Tam [2008]より筆者作成）

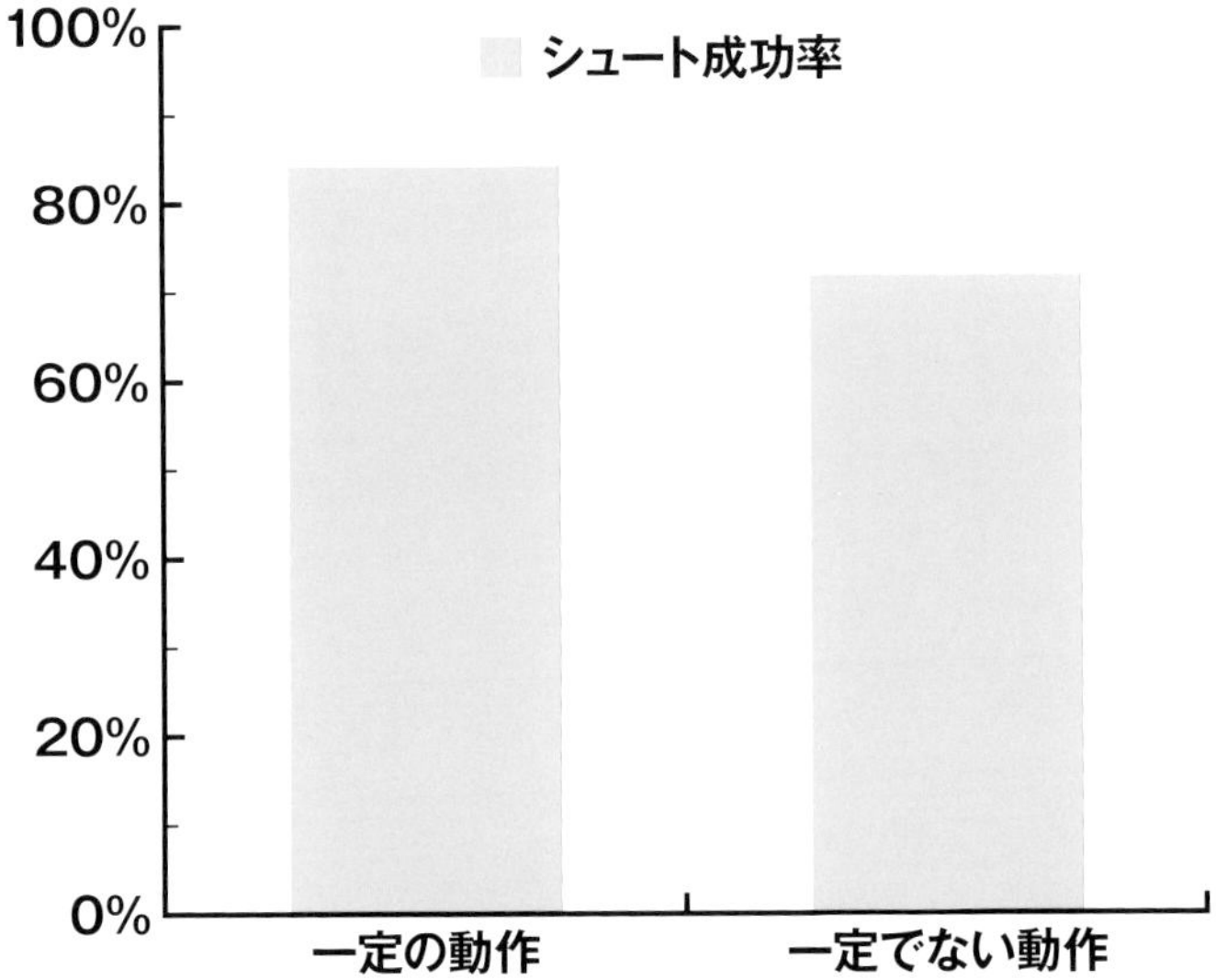

だけでなく、同じ時間・タイミングで実施することも大事だとする研究もあります（P89図2）。

なおプリ・パフォーマンス・ルーティンの効果はバスケットボール以外に、ゴルフのパッティングやラグビーのキックなどで観測されています。そして他の競技でも、すべて「同じ動作を続ける」ことが大切だとされています。

## シュート成功率が上がるワケ

プリ・パフォーマンス・ルーティンは、なぜシュート成功に関連があるのでしょうか。様々な視点からその効果が考えられています。

まず、フリースロー前に動作を一定にしようとする行為は、選手を雑念から解放すると考えられています。不安や先のミスにとらわれることは、適切なプレーを妨げ、更なるミスを生み出すことにつながります。これに対して同じ動作をしようとすることは、ネガティブな考えではなく動作をすることに意識が向くことで、シュートを打つことに集中できるようになります。

また、試合を決めるような場面でもいつもと同じ動作ができるということは、選手に「緊張に負けていない」「いつも通りの自分でいられる」という考えをもたらし、自信につながると考えられています。

それから、同じ動作をすることが、「シュート成功のために最適な力量や投射角などの数値」や、「最適な身体の動かし方」を思い出させ再現させるための引き金になっていると考えられています。

人はこれまでの経験から、シュート成功に最適な各種数値（力や角度）や身体の動きを記憶しています。プリ・パフォーマンス・ルーティンの同じ動作は、この記憶に働きかけ、「この位置はあの時と同じだよ」と最適な数値や身体の動きを呼び戻してくれるのです。

この他にも、ウォーミングアップの役割を果たして動きをスムーズにしてくれる、などの効果があると考えられています。

このように様々な効果が認められるプリ・パフォーマンス・ルーティンをぜひ使ってみてください。

## 試合前のウォーミングアップにも同じ効果がある!?

同じ行動を続けるという意味では、フリースローを打つ直前というひとつのプレーだけでなく、試合前のウォームアップを一定にするなどの方法も効果がある可能性があります。試合前のウォームアップを同じにすることで先に挙げたプリ・パフォーマンス・ルーティンの効果が得られるとすると、試合に対する不安が低下し、自信を持って臨めるのかもしれません。また試合前と同様に、「試合当日は何時に起きるか」、「何時に会場入りするか」、「前夜のリラックスした過ごし方」、「試合前1週間はどのように調整するか」など、試合当日や前夜、試合までの1週間などの過ごし方を決めておくことも効果があるかもしれません。

しかし、この効果については、研究という分野からの調査は難しく、科学的根拠はいまのところありません。

試合での勝敗やよいパフォーマンスを行うまでに数多くの要因が存在するため、効果を証明することが難しいからです。

やることを細部まで決めることはお勧めしません。それは、もし決めた通りに進められなかった場合、そのことが不安の原因となる可能性があるからです。ルーティンとして行う内容は、ある程度の幅を持たせた方がいいでしょう。

これらシュート直前よりも時間の幅があるものについては、選手・指導者に実践していただき、有用性をそれぞれで判断していただきたいと思います。（永田）


**参考文献**

1. Lonsdale, C., & Tam, J. T. M. (2008). On the temporal and behavioral consistency of pre-performance routines: an intra-individual analysis of elite basketball players' free throw shooting accuracy. Journal of Sports Sciences, 26(3), 259?66.
2. Wrisberg, C. A. & Pein, R. L. (1992). The preshot interval and free throw accuracy: an exploratory investigation. The Sport Psychologist 6:14-23.
3. Southard, D. & Miracle, A. (1993). Rhythmicity, and motor performance: a study of free throw shooting in basketball. Research Quarterly for Exercise and Sport 64: 284-290.
4. Moran, A. P. (1996). The Psychology of Concentration in Sport Performers: A Cognitive Analysis: Improving concentration in sport, 1: assumptions, exercise and techniques: 167-200, UK, Psychology Press.

# ドリブルの左右差とリズムを紐解く

## 音楽の研究から考察する左右差がパフォーマンスに与える影響

「ドリブルの巧みさ」といわれても、1人ひとりが異なるイメージを思い浮かべると思います。なぜならドリブルの巧みさには、様々な要素があるからです。

例えば「移動スピード」や「円滑性」については研究がなされ、姿勢や筋肉の活動などの側面から「巧みさ」のメカニズムが明らかにされているようです。

ただし、これらはあくまでドリブルの巧みさの1つであり、他にも多くの要素が存在します。ここでは、科学的な解明が進んでいないドリブルの「左右差」と「リズム」について、バスケットボール以外の動作を用いた研究結果から考えていきたいと思います。

「左右のドリブルを同じようにつけるように」というフレーズを耳にしたことがある方も多いでしょう。しかし意味を深く考えることなく「利き手だけでなく、反対の手も使えた方が便利」と解釈して練習に励んできたのではないでしょうか。

この「左右差」ですが、ドラムの高速打ちを研究した論文から非常に興味深い知見が得られています。

研究グループは「片手ずつで打った時の最高速度の左右差」が熟練したドラマーでは小さいことを発見し、さらにこの左右差が左右交互に打動作を行なった際の最高速度に影響を及ぼしていることを報告しています。つまり片手での打速度に左右差が少ないほど、両手で交互に打ったときのパフォーマンスが高いということです。

## 図1 個人間リズム引き込み現象のイメージ

それぞれ自分の意図したリズムで運動を行っていても、他の人の動きや音など外部からの情報に引き込まれ、知らず知らずのうちに自分で意図していない動きを行っている特性がある。これが独特なリズムを持つドリブルなどが守りにくいと感じる理由だと推察できる。

バスケットボールでは素早くクロスオーバーを繰り返し、相手をかわすテクニックをよく目にします。ドリブルもドラムと同様に、肘と手首の伸展がメインとなる動作です。

クロスオーバーのような素早い両手でのドリブルにおいても、左右の差が両手でのパフォーマンスを制限している可能性を、頭の片隅においた方がよいかもしれません。

## 独特なリズムが生み出されるヒント

ある選手のドリブルに対して「リズムが独特で守りにくい」と感じたことはないでしょうか。

この現象のメカニズムですが、バスケットボールを題材にして明らかにした研究例はまだないようです。ただし、様々なリズム動作の研究によって、人間は外部のリズミックな情報（音や他者の動きなど）に知らず知らずのうちに引き込まれ、自身の意図しない運動を行ってしまうという特性があることが分かってい

**図2 個人内引き込み現象の例**（Sleimen-Malkoun et al. 2014から作図）

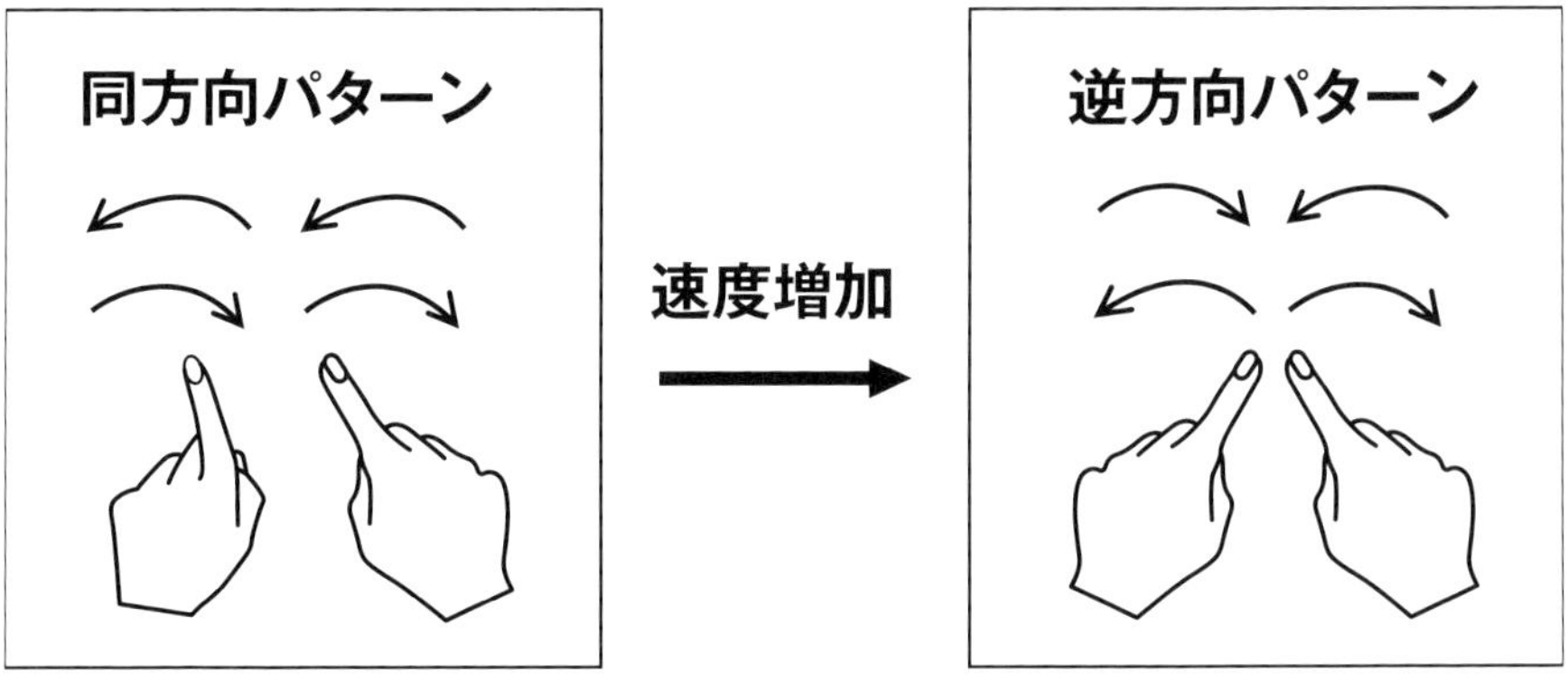


リズミックな運動の速度を上げていくとある特定のパターンになってしまう

ます(P93図1、図2)。

独特なドリブルのリズムでプレーする選手をディフェンスする難しさには、このような科学的な背景が隠れているのかもしれません。また、ダンサーと非ダンサーのリズム動作を比較した研究では、ダンスの経験を積むことで陥りやすいリズムへの「引き込み」に比較的抵抗できるようになると示されています。

これらの知見をバスケットボールに転用して考えるならば、独特のリズムで守りにくいドリブルをできる選手は、習熟によって「普通は陥ってしまう運動パターン」に抵抗できるようになり、相手が作れないリズムを作れるようになった状態にあると推測されます。

ここでは、あえてバスケットボールの研究ではなく、音楽やダンスといった他のジャンルの研究知見を紹介し、ドリブルにおける左右差とリズムの意味について考えてみました。もちろんドラムやダンスの動作の理論をバスケットボールのドリブルに直接応用はできませんが、時にはバスケットボール以外の運動に関する科学情報にも目を向けることで、プレーや指導の視野が広がるかもしれません。

(飯田)

熟練したドラマーの左右差が少ないことや、ダンサーは引き込みに抵抗しやすいなど、バスケットボール以外のことから得られるヒントも多い


**参考文献**

1. Fujii K, Yamada Y, Oda S. Skilled basketball players rotate their shoulders more during running while dribbling. Perceptual and motor skills. 2010;110(3):983-94.
2. 岩見 雅人, 田中 秀幸, 木塚 朝博. 速度変化を伴うボールバウンシング課題の動作円滑性の評価. バイオメカニズム. 2014;22:167-76. doi: 10.3951/biomechanisms.22.167.
3. Fujii S, Oda S. Tapping speed asymmetry in drummers for single-hand tapping with a stick. Perceptual and motor skills. 2006;103(1):265-72.
4. Fujii S, Kudo K, Ohtsuki T, Oda S. Intrinsic constraint of asymmetry acting as a control parameter on rapid, rhythmic bimanual coordination: a study of professional drummers and nondrummers. Journal of neurophysiology. 2010;104(4):2178-86.
5. 三浦哲都, 工藤和俊, 大築立志, 金久博昭. 全身リズム動作における動作モード.

# ドライブが得意なプレーヤーの特徴

## クロスオーバードライブとストレートドライブ

ゴールに近ければ近いほどシュートの成功率が高くなるため、シュートはなるべくゴールの近くで打ちたいものです。そしてゴールの近くでシュートを打つための方法のひとつとして、ドライブがあります。

ドライブは、ボールを持ったオフェンスプレーヤーがドリブルによってディフェンスプレーヤーを抜き去ってゴールの近くに侵入するプレーであり、プレーヤーとして身につけておきたいプレーのひとつです。ここでは、ドライブが得意なプレーヤーがどのように動いているかを紐解いていきたいと思います。

ドライブには、一方の足をもう一方の足の前に交差させて1歩目を踏み出す「クロスオーバードライブ」（写真1）と交差させない「ストレートドライブ」（写真2）の2つがあります。ドライブの得意なプレーヤーは、不得意なプレーヤーよりもクロスオーバードライブの1歩目とストレートドライブの2歩目、すなわち、一方の足をもう一方の足の前に交差させるクロスオーバーステップの局面において重心の移動距離が長く、速度が速くなります。

なおドライブの得意なプレーヤーと不得意なプレーヤーとで、ストレートドライブの1歩目における重心の移動距離と速度に違いはありません。

## 相手をいつどこで抜き去るのか？

次に、ドライブの足の動きに着目すると（P98図

1）、クロスオーバードライブではドライブの得意なプレーヤーは、不得意なプレーヤーよりも1歩目で足を大きくリングに向かって踏み出します。しかし、ストレートドライブにおける2歩目は、ドライブの得意なプレーヤーと不得意なプレーヤーとで、歩幅や足を踏み出す角度に違いはありません。

一方、ストレートドライブでは、1歩目の足を踏み出す角度に違いはないものの、ドライブの得意なプレーヤーのほうが不得意なプレーヤーよりも1歩目を大きく踏み出します。つまり、ドライブの得意なプレーヤーは、ストレートドライブにおいて1歩目の歩幅を大きくとってディフェンスプレーヤーとのズレを作り、2歩目で加速してディフェンスプレーヤーを抜き去っていると考えられます。

したがって、ドライブの指導でよく強調される「1歩目」は適切であることが考えられます。

ただし、ストレートドライブにおける1歩目は、リングに向かっていればいいというわけではないのかもしれません。また、1歩目を強調するあまり、踏み出した足の着地がかなり前方（大股）になってしまうと、ブレーキがかかりスピードが得られないため、あ

写真1 クロスオーバードライブ

写真2 ストレートドライブ

図1 踏み出し角度

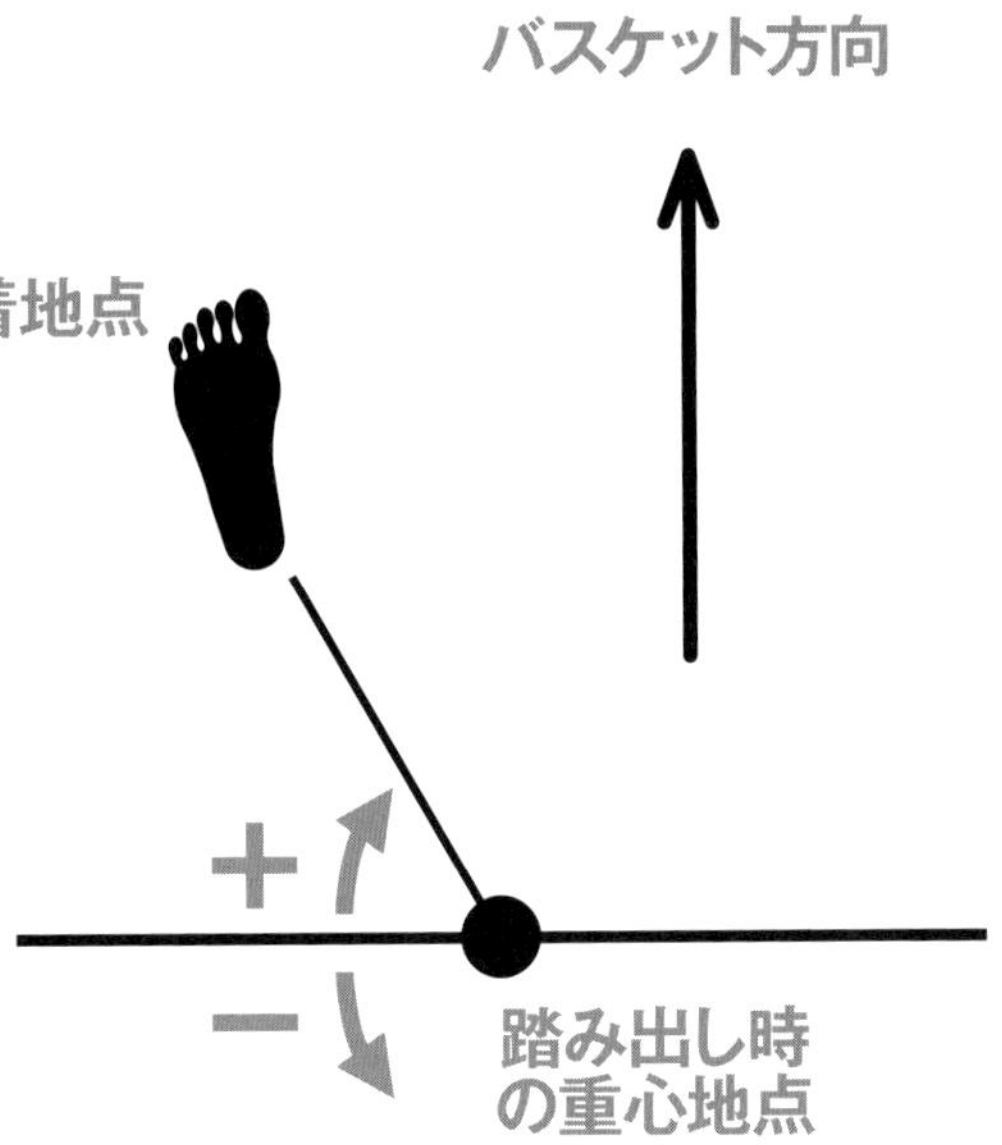


くまで身体的特徴に合わせて足を踏み出すことが求められます。

さて、ドライブのボールの突き出し位置（図2）に着目すると、クロスオーバードライブにおいてドライブの得意なプレーヤーのほうが不得意なプレーヤーよりも、リングに向かって大きくドリブルを突き出します。ストレートドライブではドライブの得意なプレーヤーと不得意なプレーヤーとにドリブルの突き出しでは違いがありません。したがって、ドライブの指導でよく強調される「ドリブルを大きくリングに向かって突き出す」ことはクロスオーバードライブにおいて適切であると言えます。

このように、ドライブの得意なプレーヤーは、クロスオーバードライブにおいてリングに向かって1歩目を大きく踏み出し、ドリブルもリングに向かって大きく突き出しており、1歩目で重心を速く大きく移動させています。一方、ストレートドライブでは、1歩目を大きく踏み出し、2歩目で重心を速く大きく移動させているのです。

（柏倉）

図2 ボールの突き出しの距離と角度

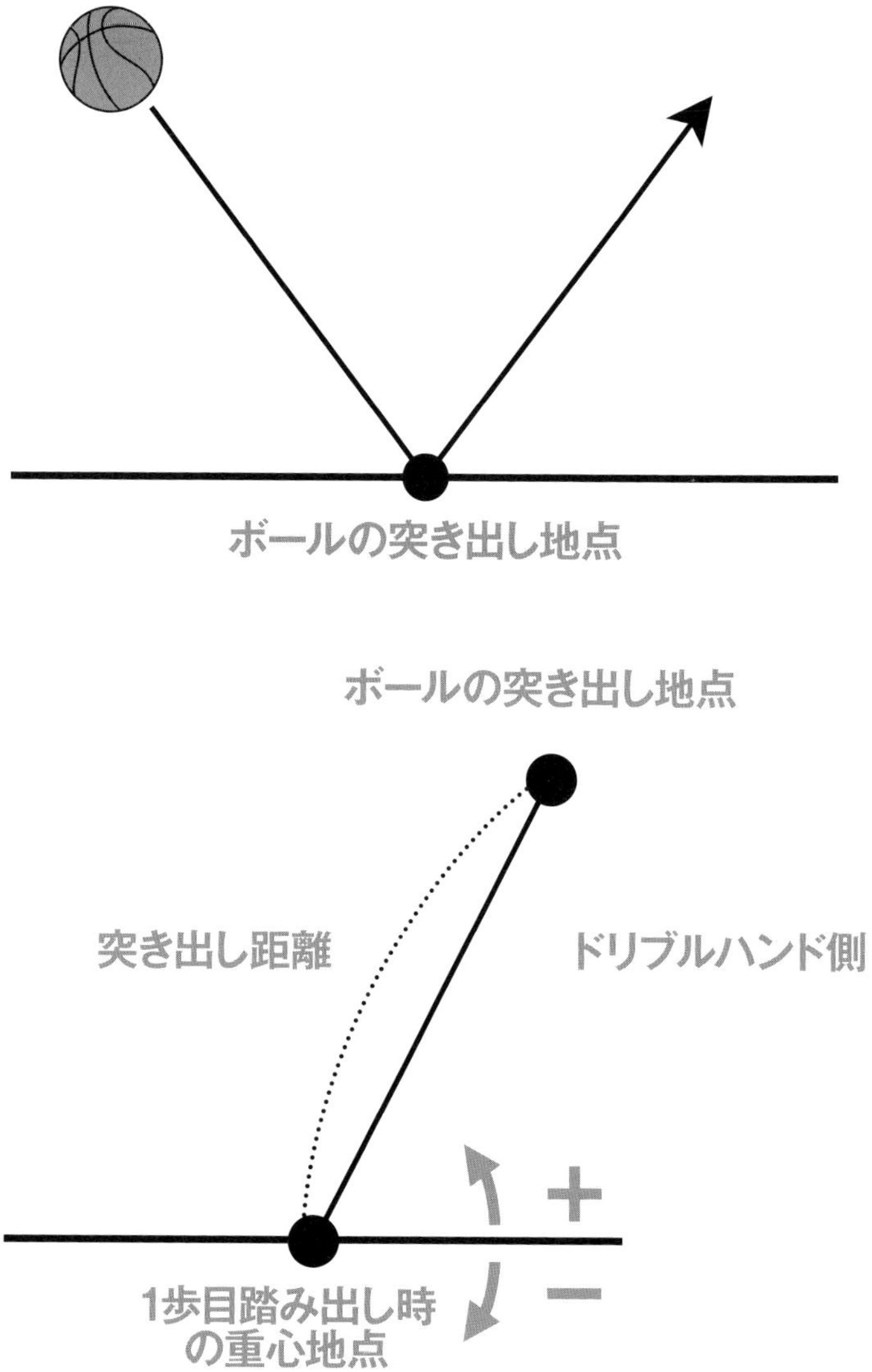


**参考文献**
土肥崇史, 内山治樹（2017）バスケットボール競技における個人戦術行為としてのドライブ動作に関する研究―「つく」技術に着目して―.コーチング学研究, 31（1）:31 - 42

# カットされにくいパスの3つのポイント

## パスの速さを高めると同時にキャッチの技術も必要

バスケットボールのパスにおける「成功」とはなんだと思いますか？

最終的によいシュートを実現させることが「成功」であることは間違いありませんが、その前提として相手にボールを奪われないようにパスを出さなければなりません。相手に奪われずに味方にボールを渡すことこそがパスの「成功」ではないでしょうか。

そこでパスをカットされないための方法を考えてみましょう。

まず、パスの速さを高めることは1つの有効な手段でしょう。単純にボールが手から離れている時間が短くなれば、ディフェンスの手に妨害される可能性が

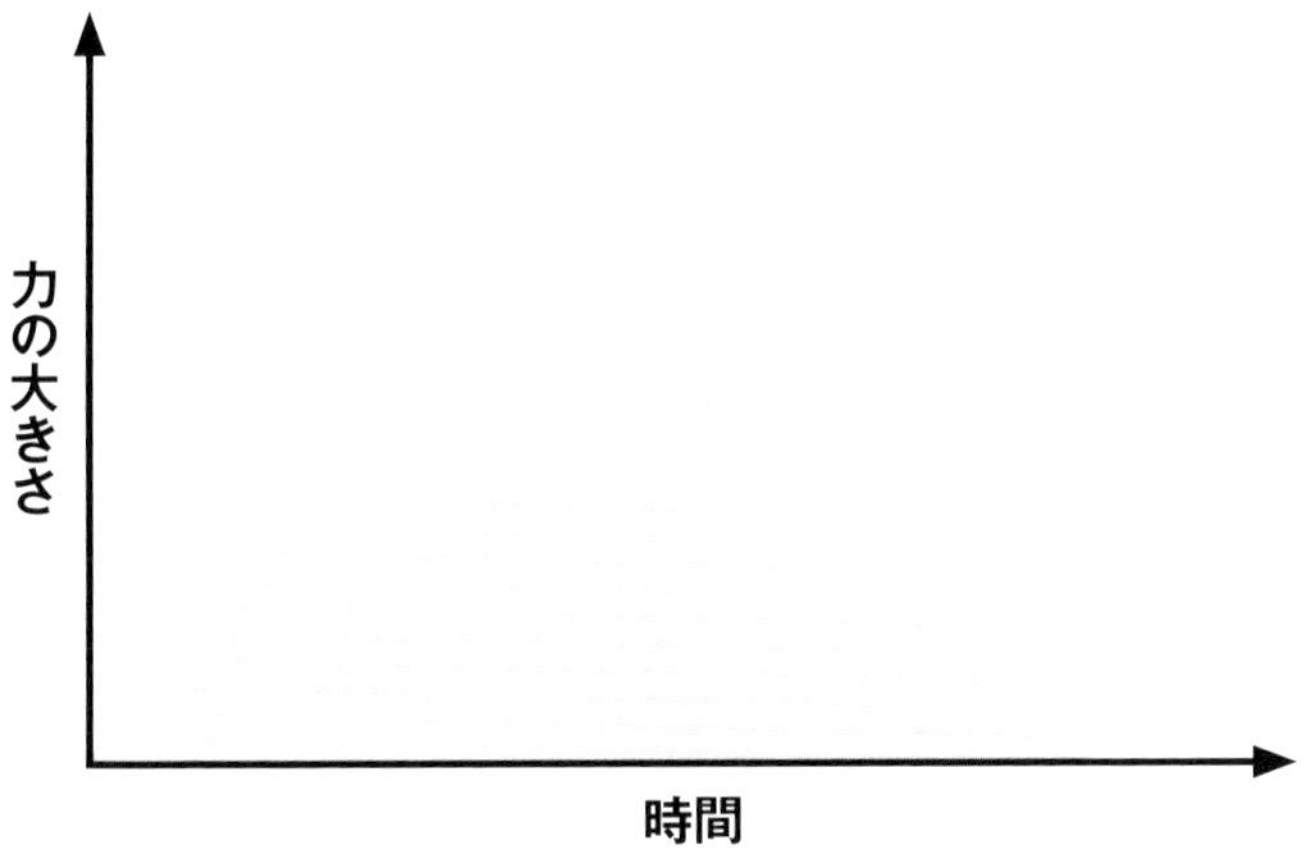

低くなるからです。一方でパスの速さが上がると、味方のオフェンスもキャッチしにくくなるというリスクをはらんできます。これを防ぐためには、味方選手が速いパスをキャッチするための動作を身につけておく必要があります。

図1は同じスピードのボールを異なる受け止め方でキャッチした場合に、手にかかる力を模式化したものです。

飛んでいるボールに限りませんが、物体の勢い（重さ×スピード）が同一の場合、力の大きさが描く面積は同じになるという物理的な法則があります。そのため短い時間でのキャッチでは大きな力が生じているのに対し、長い時間をかけてキャッチした場合は比較的、かかる最大の力を押さえることができています。

ボールを迎えに行って引き寄せるような動作をおこなうと、長い時間でボールを受け止めることができ「柔らかなキャッチ」ができるということです。

図1 ボールを受け止める時間と力の波形イメージ

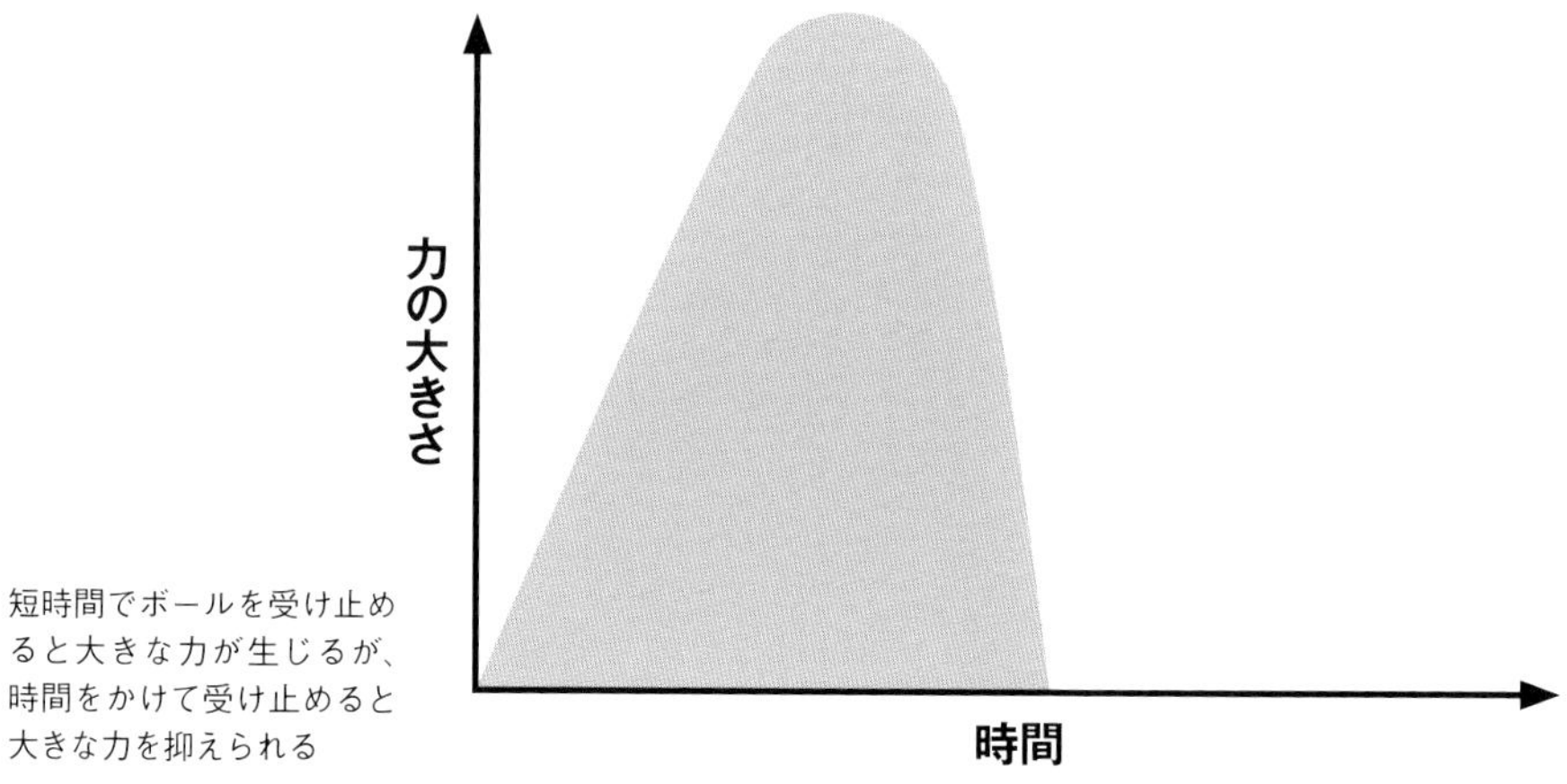

短時間でボールを受け止めると大きな力が生じるが、時間をかけて受け止めると大きな力を抑えられる

また、人間は動きを観察することで、ボールの軌道を予測できることが示唆されています。

試合を盛り上げるパスの1つであるノールックパスやビハインドバックパスは、単に派手でカッコいいのではなく、パスのコースを予測されにくい非常に合理的なテクニックといえるのです。逆にこのようなテクニックを用いても、ディフェンスにコースやタイミングを予測される動きになってしまっては意味がありません。

ここでは「カットされにくいパス」をテーマに科学的な情報を紹介してきました。もちろん、これらの科学的な背景を知っているだけでパスが上達するわけではありません。

既存のパススキルを見直すきっかけや、新たなパススキルが登場した際にその優位性を理解する材料にすることで、指導や練習の効率化に繋げていただければと思います。

（飯田）

## 反応時間は選択肢が多いほど長くなる

さて、いくらスピードのあるパスができたとしてもモーションが大きく時間がかかるフォームでは、ディフェンスに軌道を予測され、コースに先回りする時間的余裕を与えてしまいます。

人間は、選択肢がない単純な反応であっても、身体全体が動くまでにはおおよそ0.3秒から0.4秒かかります。したがって、それくらいの素早いモーションでのパスを出せれば、マッチアップしている目の前のディフェンスは予測や反応をすることが難しくなります。

さらに、人間の反応時間は選択肢が多いほど長くなるという特性（図2）も理解しておくべきでしょう。

バスケットボールの場面に置き換えると、パスしか出さないと分かっているプレーヤーのパスには素早く反応できますが、それ以外のプレーも選択できる選手のパスには素早く反応できないのです。

図2 選択反応時間と反応選択肢の関係(Schmidt 1994 P.20より)

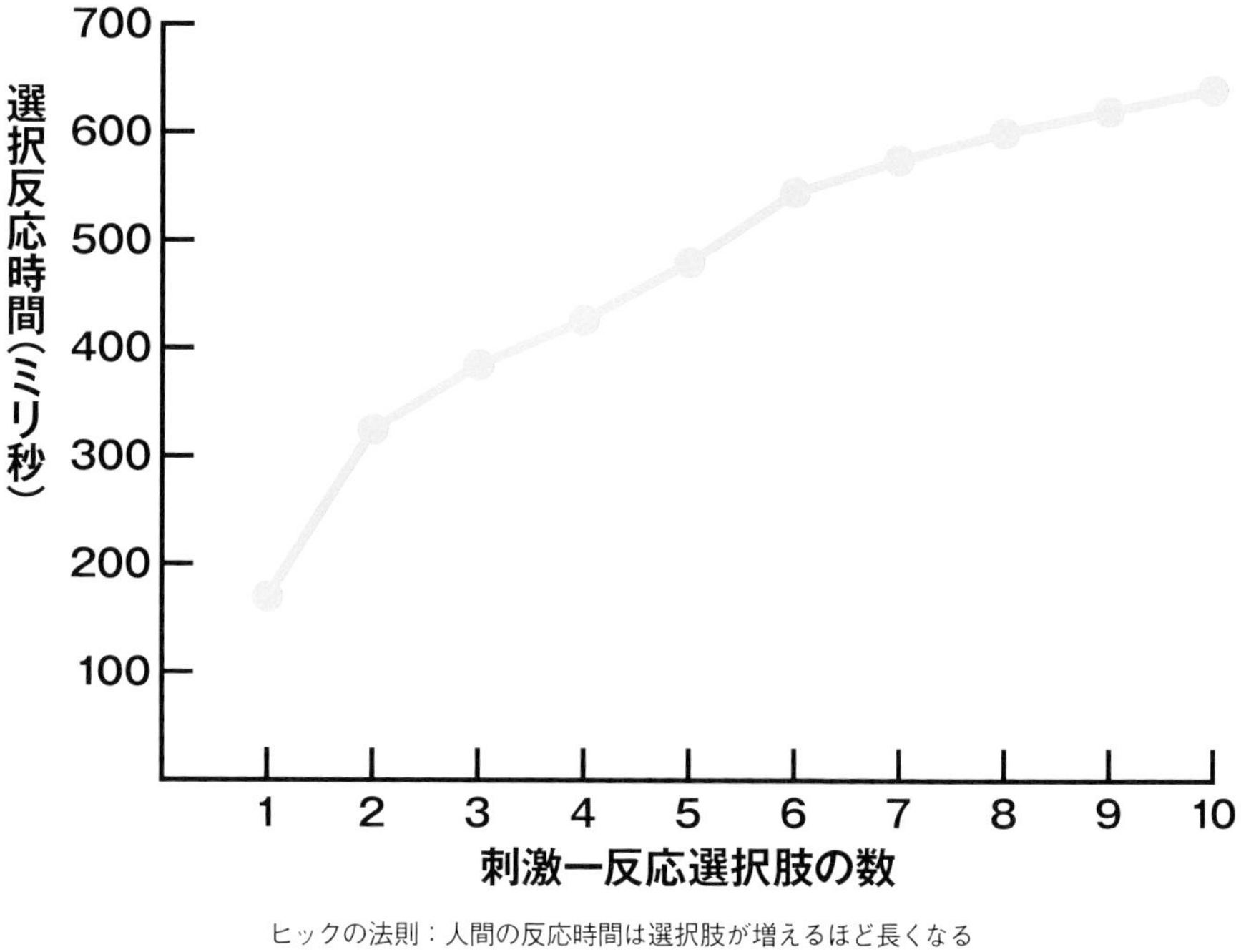


ヒックの法則：人間の反応時間は選択肢が増えるほど長くなる

人がある物事に反応する時間は、選択肢が多いほど長くなる。例えばパスしか出さないとわかっている相手へのディフェンスは反応がしやすいが、ドライブやシュートなど複数の選択肢があると、その分反応が遅くなる。この特性を考えると、パスの成功率を上げるためには、相手に「パスをするな」と単純な選択をされず、常に「何をしてくるのかな？」と、複数の選択肢を持っていると思わせることが重要になる。

**参考文献**

1. Schmidt RA, 調枝孝治(1994)運動学習とパフォーマンス:理論から実戦へ. 大修館書店, p.309
2. 石橋千征, 加藤貴昭, 永野智久, 仰木裕嗣, 佐々木三男(2010)バスケットボールのフリースローの結果予測時における熟練選手の視覚探索活動. スポーツ心理学研究, 37(2)：101-112

# 時間をかけない攻撃ピック&ロール

## 8秒や24秒ルールで有効なピック&ロール

1対1で目の前のディフェンスプレーヤーとの関係性を崩すことができれば、相手チームのディフェンスを崩壊させ、得点につながる可能性が高まります。しかし、ディフェンスプレーヤーのディフェンス力が高ければ、1対1でディフェンスプレーヤーとの関係性を崩すことは簡単ではありません。そこで、他のオフェンスプレーヤーと協力してディフェンスプレーヤーとの関係性を崩すことが求められます。

他のオフェンスプレーヤーと協力してディフェンスプレーヤーとの関係性を崩す方法として「ピック&ロール」があげられます。ピック&ロールとは、ボールを持っていないオフェンスプレーヤーが、ボールを持っているオフェンスプレーヤーをマークするディフェンスプレーヤーの動くコースに立って、ディフェンスプレーヤーの動きを妨げることです。ディフェンスプレーヤーとの関係性を崩すプレーで、近年、国内外問わず、ゲームのあらゆる場面で目にすることができます。

図1-1 ピック&ロールの動き

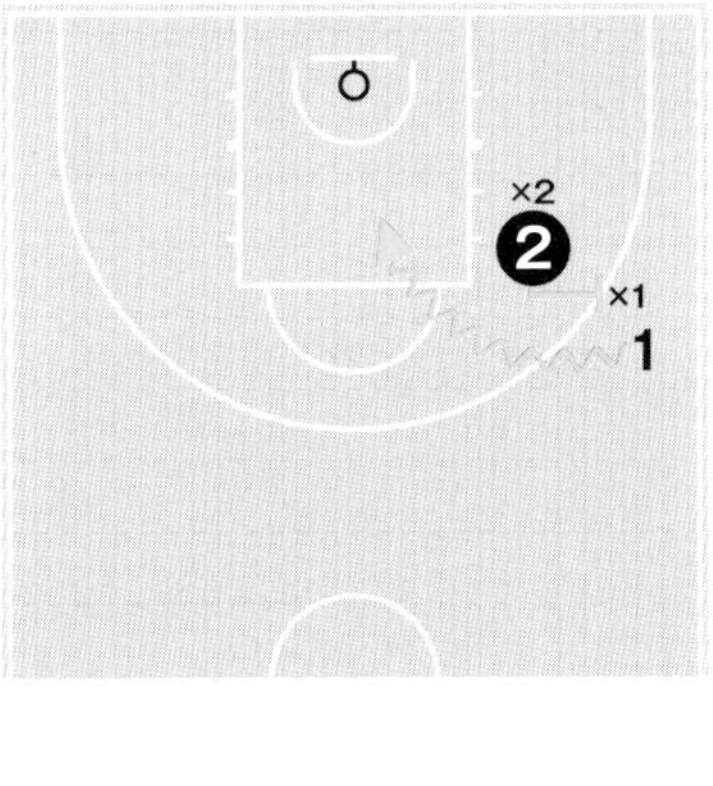

図1-2 ピック&ロールの動き

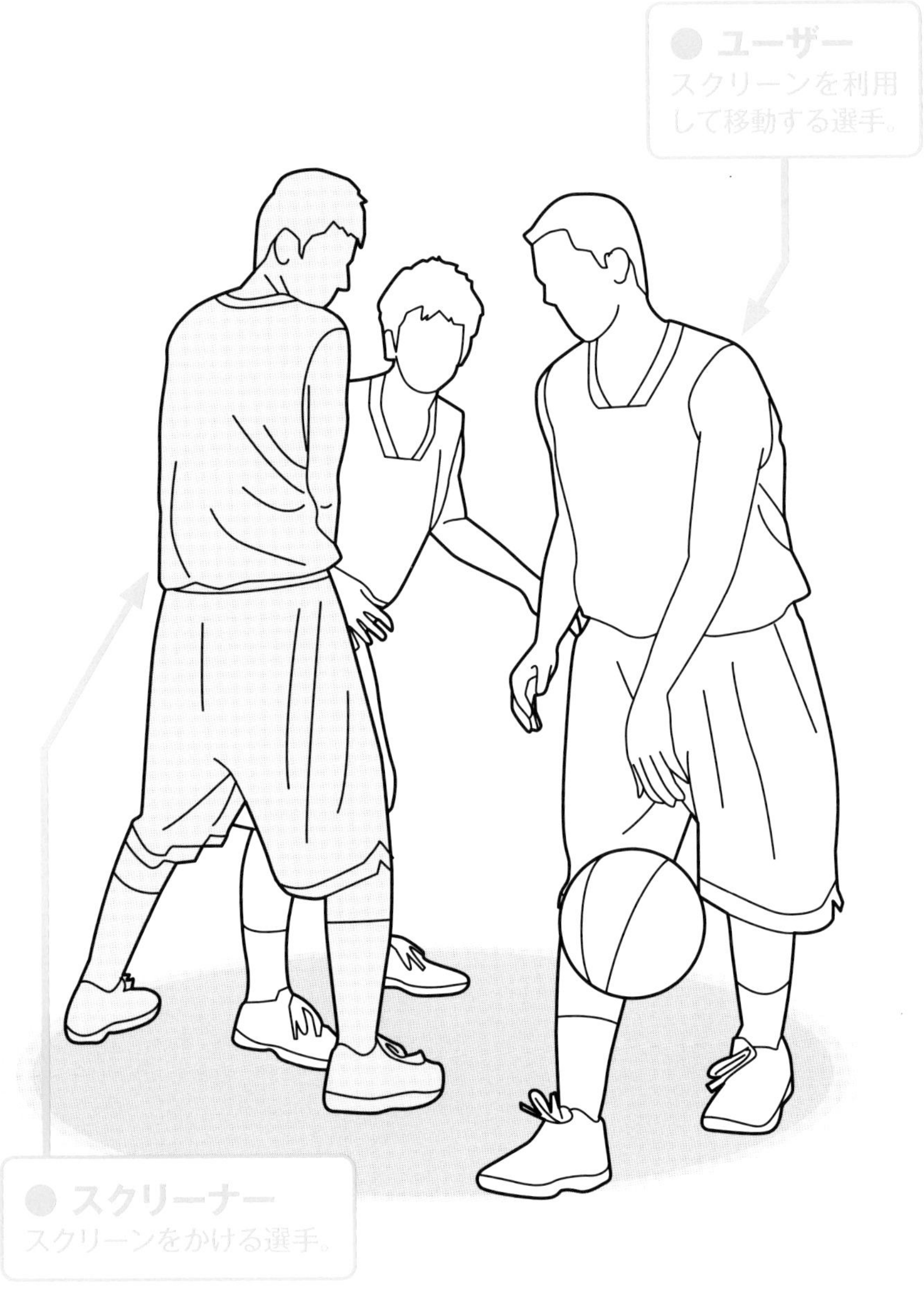
● ユーザー
スクリーンを利用
して移動する選手。
● スクリーナー
スクリーンをかける選手。

さて、ピック&ロールにおいてスクリーンがセットされてから、ユーザーがシュートしたり、パスするまでにどのくらいの時間がかかるのでしょうか。ロンドンオリンピックヨーロッパ大陸予選から10ゲームを抜き出し、ゲーム中に起こった714回のピック&ロールを分析した研究によると、ピック&ロールの平均所要時間は3秒以内でした(表1)。したがって、ピック&ロールは、他の戦術と比較して短時間でプレーを完了させることができると言えるでしょう。

## ピック&ロールはバックコートでも有効

バスケットボールには時間制限ルールがあることから、短時間でプレーを完了させることができるピック&ロールは大変有効に機能します。

ピック&ロールに大きく関わる時間制限ルールとしては、バックコートで保持したボールを8秒以内にフロントコートに運ばなくてはならない「8秒ルール」と、保持したボールを24秒以内にシュートしなく

**表1 ピック&ロールにおける所要時間の一例(秒)**

**スペイン VS ポルトガル**

| 1P | | 2P | | 3P | | 4P | |
|---|---|---|---|---|---|---|---|
| スペイン | ポルトガル | スペイン | ポルトガル | スペイン | ポルトガル | スペイン | ポルトガル |
| 1.74 | 3.08 | 2.79 | 2.58 | 2.58 | 2.46 | 2.01 | 1.59 |
| 2.97 | 3.18 | 1.72 | 2.10 | 3.73 | 1.68 | 2.37 | 6.10 |
| 4.48 | 2.58 | 3.16 | 2.71 | 1.08 | 4.26 | 1.57 | 1.94 |
| 3.34 | 4.04 | 3.14 | 2.64 | | 3.43 | 1.41 | 1.74 |
| 2.67 | 1.6 | 2.14 | 3.42 | | | 2.42 | 2.12 |
| 1.45 | 1.85 | 2.48 | 1.80 | | | 3.02 | |
| 2.20 | 3.34 | 2.52 | 2.25 | | | 2.99 | |
| 3.83 | 3.72 | 2.49 | 1.93 | | | 1.68 | |
| | 2.68 | 2.89 | 1.48 | | | 2.56 | |
| | 1.97 | 3.42 | 1.45 | | | 1.67 | |
| | 2.14 | 2.61 | 1.21 | | | 1.42 | |
| | 3.77 | 5.20 | 2.35 | | | | |
| | 2.41 | 2.87 | 3.88 | | | | |
| | 2.44 | | 1.49 | | | | |
| | 3.17 | | | | | | |

てはならない「24秒ルール」があげられます。

「8秒ルール」に関わる場面としては、バックコートでボールを持っているプレーヤーにディフェンスプレーヤーがプレッシャーをかけてきた場面です。プレッシャーをかけるディフェンスプレーヤーにスクリーンをかけることで、ボールを持っているプレーヤーをプレッシャーから解放することができます。場合によっては、アウトナンバーで攻めきってしまうことも可能です。バックコートでのプレーを制限する「8秒ルール」においても、3秒以内でプレーを完了させることが可能なピック&ロールは有効に機能します。

ピック&ロールは比較的どのような場面でも用いることができる戦術ですが、「24秒ルール」に関わる場面としては、ショットクロックが少なくなってきた場面です。3秒以内でプレーを完了することが可能なピック&ロールは、ショットクロックが1桁になった場面でも十分に使用することが可能です。通常のオフェンスにおいてピック&ロールを使用しなくても、プレッシャーがきつくてうまくボールをフロントコートに運べない場合やショットクロックが残り少ない時に利用できるようにしておくと便利かもしれません。

（柏倉）

図2 バックコートでのピック&ロール

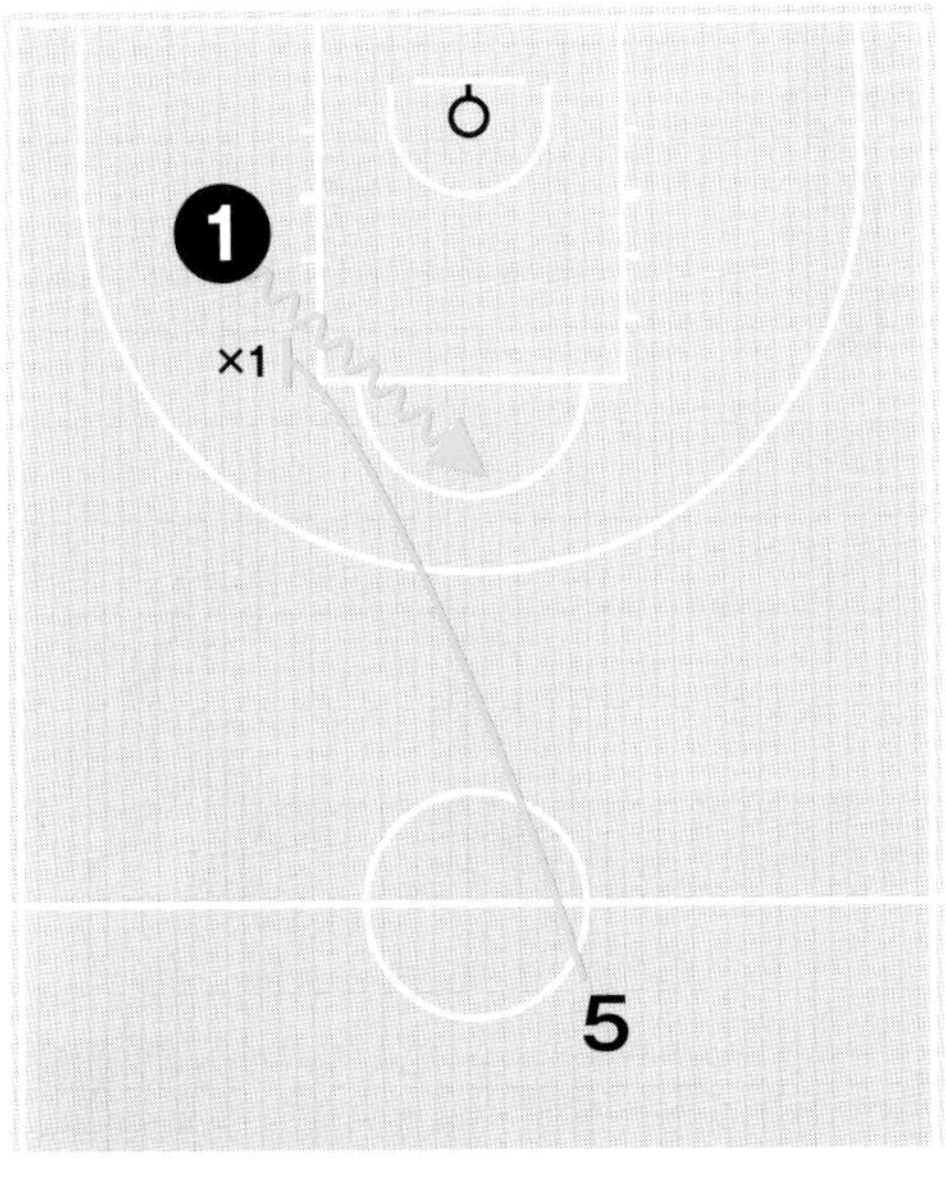


参考文献
佐々木瑛, 内山治樹, 吉田健司(2015)バスケットボール競技におけるピックプレーのメカニズムに関する記述分析的研究. コーチング学研究, 28(2) : 115 - 127.

# ピック&ロールでのスクリーナーの動き

## スクリーンをセットする動きは3つ

今日、NBAやBリーグ、国内外を問わず、全てのレベルのゲームにおいてピック&ロールが多用されています。もちろんピック&ロールは5対5の中で展開されますが、プレーに直接的に関わるという意味では、スクリーンを使うユーザーとスクリーンをセットするスクリーナーの2人のオフェンスプレーヤーによって構成されます。

ここではピック&ロールを構成する2人のプレーヤーのうちスクリーナーに着目して、効果的なピック&ロールを成立させるスクリーナーの動きについて紹介します。

スクリーナーがスクリーンをセットする前の動きは大きく3つに分けることができます。

①**「ステイ系」**。スクリーナーが移動することなく静止し、ユーザーがドリブルを駆使してディフェスプレーヤーをスクリーンにあてる。

②**「ラン&ウォーク系」**。スクリーナーがユーザーをマークするディフェンスプレーヤーに向かって走ったり、歩いたりして接近し、スクリーンをセットする。

③**「フェイク&スクリーン系」**。「ラン&ウォーク系」のように走ったり、歩いたりしてユーザーのディフェンスプレーヤーに接近してスクリーンをセットするものの、その前にフェイクを入れてから動き出したり、オフボールスクリーンからピック&ロールのスクリーンに向かう。

の3つです。

効果的なピック＆ロールを成立させるためには、スクリーナーの動きが重要になる

ピック＆ロールに対するディフェンスでは5人のプレーヤーが関わって得点を阻止する方法がとられることもありますが、やはり重要になるのはユーザーとスクリーナーをマークするディフェンスプレーヤーになります。なぜなら、ショウやスイッチなど、この2人のディフェンスの方法が数多く採用されているからです。またショウはハードショウやフラットショウなど、スイッチにしてもスイッチアップのように、さらに細かく分類されます。

このように、ユーザーとスクリーナーをマークする2人のディフェンスは様々な方法を駆使してピック＆ロールの阻止を図るため、ユーザーとスクリーナーの2人がピック＆ロールを成立させるうえで重要度が高いことが理解できます。こうしたディフェンスの方法に対して「ラン」や「フェイント＆スクリーン系」では、スクリーナーをマークするディフェンスプレーヤーを引き離し、ピック＆ロールの対応を困難にします。

## 「ラン&ウォーク系」が最も有効

それでは、スクリーナーのスクリーンをセットする前の動きとしては3つのうちどの動きが効果的なのでしょうか。

2006年、2010年、2014年に開催されたFIBAワールドカップの3大会におけるベスト4に残った各チームの準々決勝以上3ゲーム、計24ゲームを対象に調査した研究によると、「ステイ系」や「フェイク&スクリーン系」よりも「ラン&ウォーク系」の成功率が高くなりました。

つまり、スクリーナーが移動することなく静止し、ユーザーがドリブルを駆使してディフェンスプレーヤーをスクリーンに当てるのではなく、スクリーナーが移動してユーザーをマークするディフェンスプレーヤーに接近して、スクリーンをセットすることが有効になります(図1)。

「フェイク&スクリーン系」よりも「ラン&ウォーク系」の成功率が高くなった要因については今後の研究

図1 ディフェンスプレーヤーに接近してスクリーンをセット

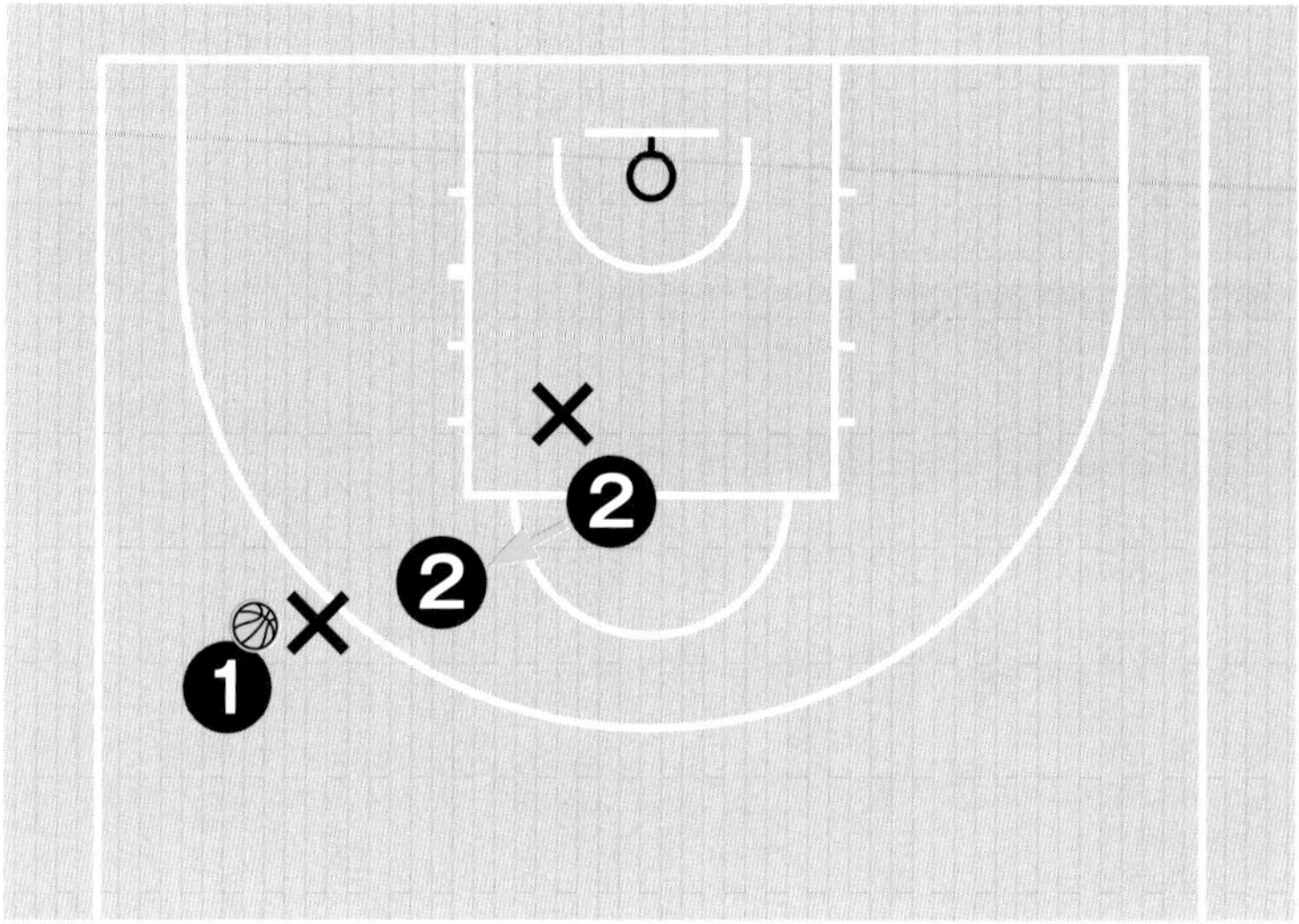


● オフェンス　✕ ディフェンス　← 人の動き

図2 ラン&ウォーク系のピック&ロールの動き

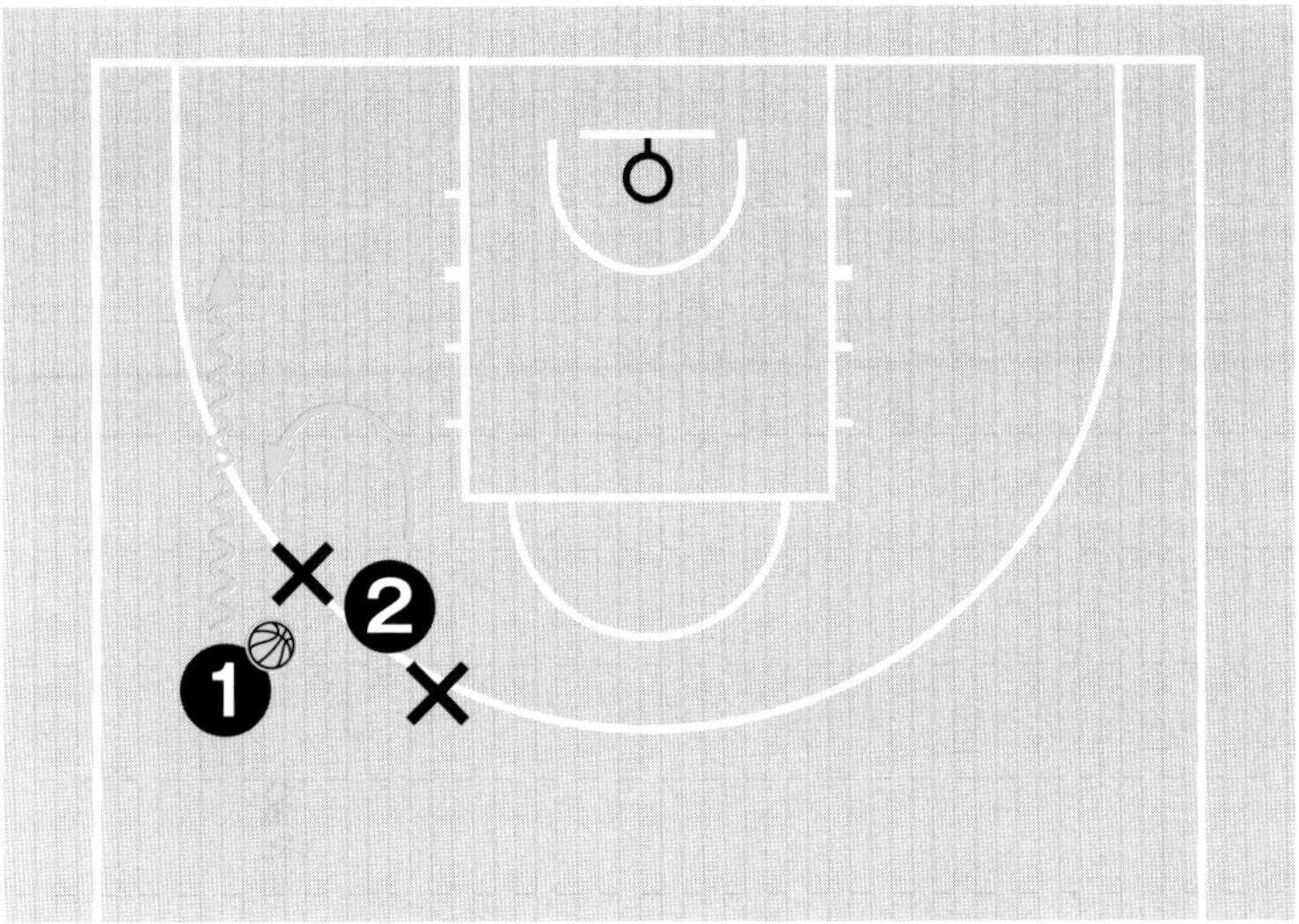


が待たれます。ですが、ピック&ロールのスクリーンをセットする前にオフボールスクリーンやフェイクを行うのではなく、ノーモーションで走り出したり、歩いたりしてユーザーをマークするディフェンスプレーヤーに接近し、スクリーンをセットすることが有効になります。

ランではスクリーナーをマークするディフェンスプレーヤーを引き離し、ピック&ロールの対応を困難にできることが考えられます。一方、ウォークではスクリーナーがスクリーンの方向や角度を変えるフリップの使用が容易になり、成功率が高くなったものとみられます(図2)。

これらのことから、ピック&ロールにおけるスクリーナーに対する指導では、ノーモーションで動き出し、ユーザーをマークするディフェンスプレーヤーに接近してスクリーンをセットさせることが求められます。

(柏倉)

参考文献
柏倉秀徳, 内山治樹, 池田英治, 町田洋介, 土肥崇史(2019)バスケットボール競技におけるピックプレーの成功要因に関する研究ー「スクリーナー」の準備局面での動作に着目してー. コーチング学研究, 33(1):43-54

# オフザボールでの判断基準

## ボールを持っていない時の動きが大切

バスケットボールの攻撃の基本構造は、ボール保持プレーヤーと非保持プレーヤーの行動で成り立っています。攻撃側プレーヤーは、ボール保持・非保持を繰り返し、防御側プレーヤーと駆け引きしながらチーム戦術を展開しています。バスケットボールは、コート上のプレーヤーが5人と少ないので攻撃中にボール保持者となる割合は高く、ボール操作やボール保持者の技術が注目されがちですが、プレーヤーはボールを持っている、持っていないに関わらずプレーできることが必要です。

1960年代から1970年代にかけて全米大学選手権を10回制覇したUCLAを指揮したJohn Woodenは、「ボールを保持することが多くなるからこそ、ボールを保持する時は相手にとって脅威となる位置や状況でボールを受ける必要性が高く、ボールを持っていない時の動きや戦術が重要になる」と述べています。そして、それらの動きや戦術には個々のプレーヤーが各ポジションでの動き方や、様々なスクリーンのセットの仕方、ボールを持っているプレーヤーの状況を見て自分の行動を判断することが重要になります。

## ボールを持っていないプレーヤーの4つの状況

ボールを持っていないプレーヤーの状況判断をコーチングするポイントは、何を注意して判断の材料とするか、ということです。

**必要な状況判断は、大きく分けると以下の4つになります。**

(1)「パスレシーブの判断」は、セットオフェンスにおいてパスレシーバーとなるために動きを止めたりゆっくり動きながら味方や相手プレーヤーの位置を判断することなどです(P115図1)。

(2)「ショットプレーの判断」は、セットオフェンスでスクリーンなどによって相手ディフェンダーのマークを外してパスを要求するタイミングを判断することなどです(P115図2)。

(3)「ポストエリアの判断」は、ハイポストやローポストにパスした後のプレーヤーやポストエリアにおいてパスレシーブするために移動しているプレーヤーの判断です(P115図3-1、2)。

(4)「ペリメータープレーヤーの判断」は、ウイングエリアやトップエリアでスクリーナーになるための動きや、スクリーンユーザーなどの他のプレーヤーのプレーを見てスペーシングするための動きを判断することなどです(P115図4-1、2)。

これらの状況判断について、①「パスレシーブの判断」と②「ショットプレーの判断」は、競技水準と状況判断能力に関連が見られないという研究結果があります。プレーがうまいからといってよい判断をするとは限らない(逆にうまくないからといって悪い判断をしてしまうとも限らない)という特徴があるということです。コーチは、特にパスレシーバーに関する状況判断の指導をする時にプレーヤーの特徴を理解することが必要です。

また、②「ショットプレーの判断」は、ボールマンからのパスによってキャッチ&ショットに結びつく可能性の高いプレーシーンで、どのプレーヤーに注意を払っているかということなどが代表的な状況判断です。この状況では、男子プレーヤーが女子プレーヤーよりも判断に優れる傾向が見られます。ショットするためにパスレシーバーになる動きは、ボールマンがパスすることが可能な位置に移動することが必要で、どこにいる味方プレーヤーに注意しているかについては、男子プレーヤーの得意な判断項目と言えるかもしれません。

一方、③「ポストエリアの判断」と④「ペリメータープレーヤーの判断」は、競技力の高いプレーヤーの状況判断能力が優れている傾向があります。特にゾーンオフェンスでは特定のマークマンがいないので、「空いているプレーヤーやエリア」といった相手の陣形における弱点を判断することが必要になります。

④「ペリメータープレーヤーの判断」には、ボール保持者の逆サイドに位置している状況や、パスレシーバーやボール保持者のスペースを作り出すためにスクリーンを利用して移動する状況、ボール保持者へのスクリーンをセットしている状況などが含まれます。これらはすぐにレシーバーにならない状況なので、他のプレーヤーのスペースを確保するためのカッティングやボールの逆サイドにおいてスペースを確保することなどが必要な状況判断能力なのです。

プレーヤーがこの判断をうまくするためにはそれぞれのチームのオフェンス戦術を理解することも重要になります。これらについては、女子プレーヤーの方が男子プレーヤーよりもよい判断をする傾向があります。

スペースを確保するためのカッティングやボールの逆サイドにおいてスペースを確保することなどの状況判断能力であり、オフェンスリバウンドを獲得したボールがトップのエリアに戻ってきた状況や、ボール保持者の逆サイドに位置している状況、パスレシーバーやボール保持者のスペースを作り出すためにスクリーンを利用して移動する状況、ボール保持者へのスクリーンをセットしている状況などがあります。

女子プレーヤーは男子プレーヤーよりも体力的能力の影響で立体的な空間を使うプレーに劣りますが、平面的なスペース確保については、優れた判断をする傾向があることをコーチは知っておくべきでしょう。

このようにボールを持っていない状況のプレーヤーの状況判断は、男女差や競技レベルで状況判断傾向に違いがあります。コーチだけでなくプレーヤーもこれらの状況判断構造を理解しておけば、様々なプレーヤーと連係して攻撃の質の向上や戦術バリエーションの増加につなげられるかもしれません。（八板）

図1　パスレシーバーとなるために状況を判断して動くプレーの例

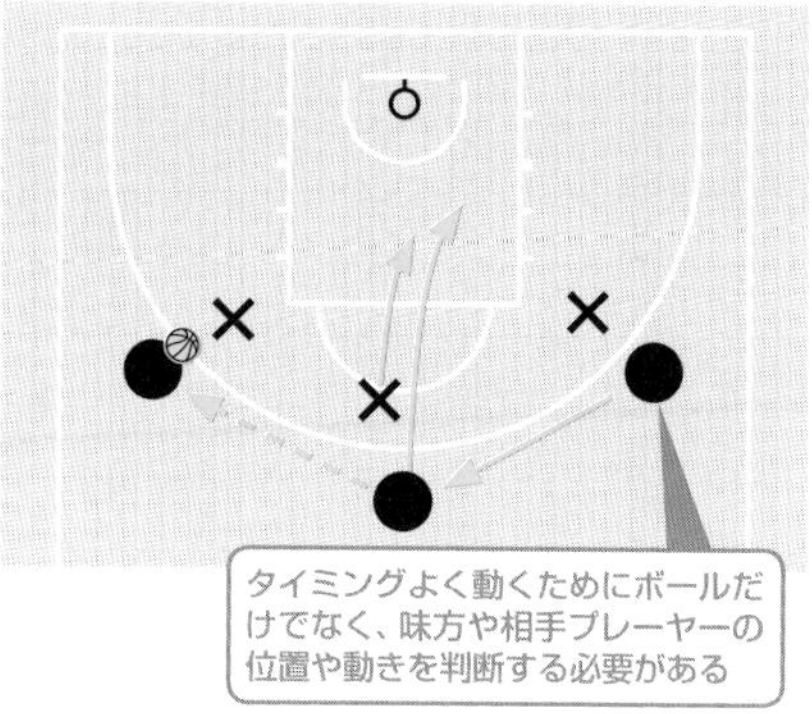
タイミングよく動くためにボールだけでなく、味方や相手プレーヤーの位置や動きを判断する必要がある

図2　ショットするためにボールの動きに合わせてパスを要求するプレーの例

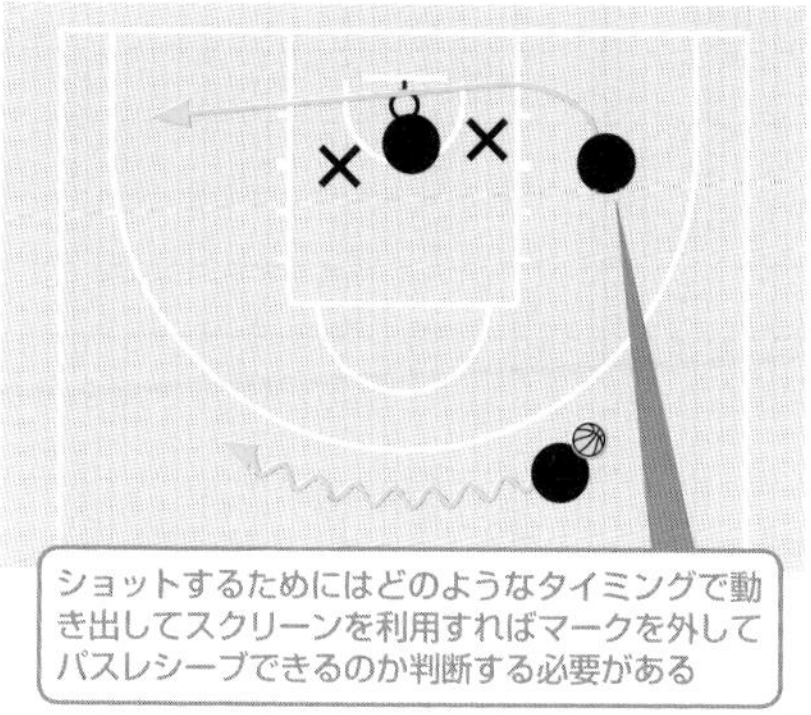
ショットするためにはどのようなタイミングで動き出してスクリーンを利用すればマークを外してパスレシーブできるのか判断する必要がある

図3-1 ローポストエリアにパスした後のプレーヤーの動く方向の例

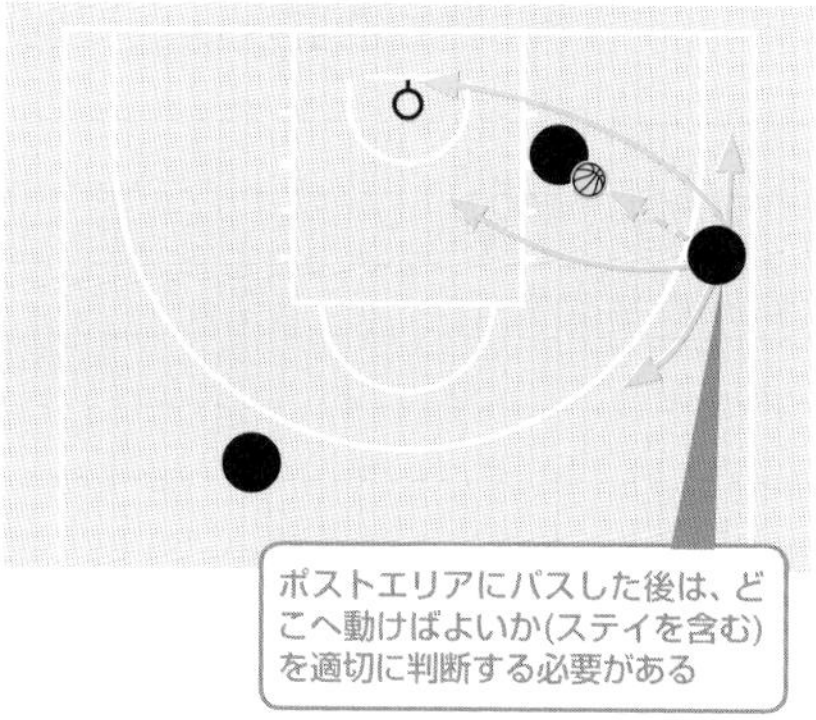
ポストエリアにパスした後は、どこへ動けばよいか(ステイを含む)を適切に判断する必要がある

図3-2 ポストエリアでパスレシーブするために移動するプレーヤーの判断の例

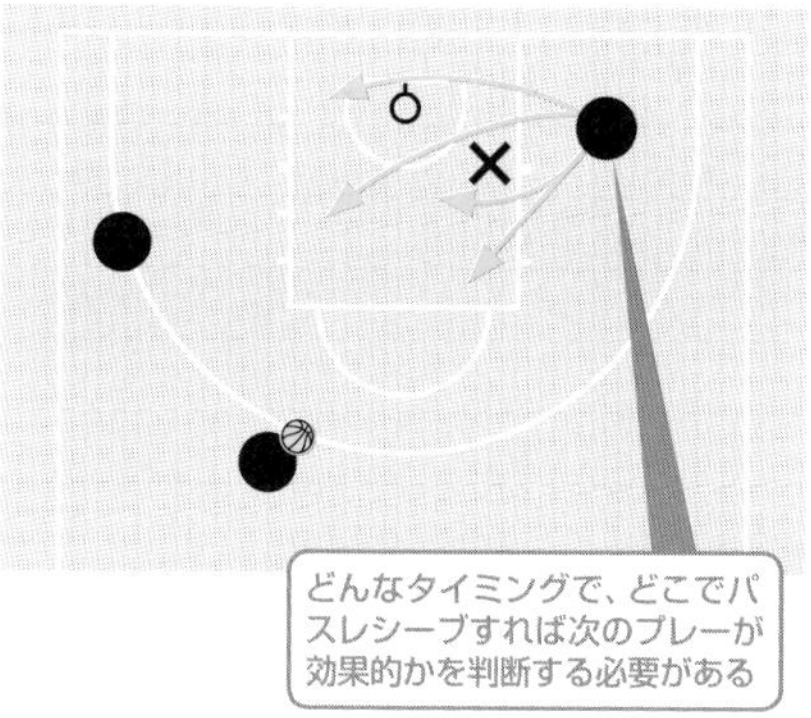
どんなタイミングで、どこでパスレシーブすれば次のプレーが効果的かを判断する必要がある

図4-1 トップエリアからスクリーナーになる動きの例

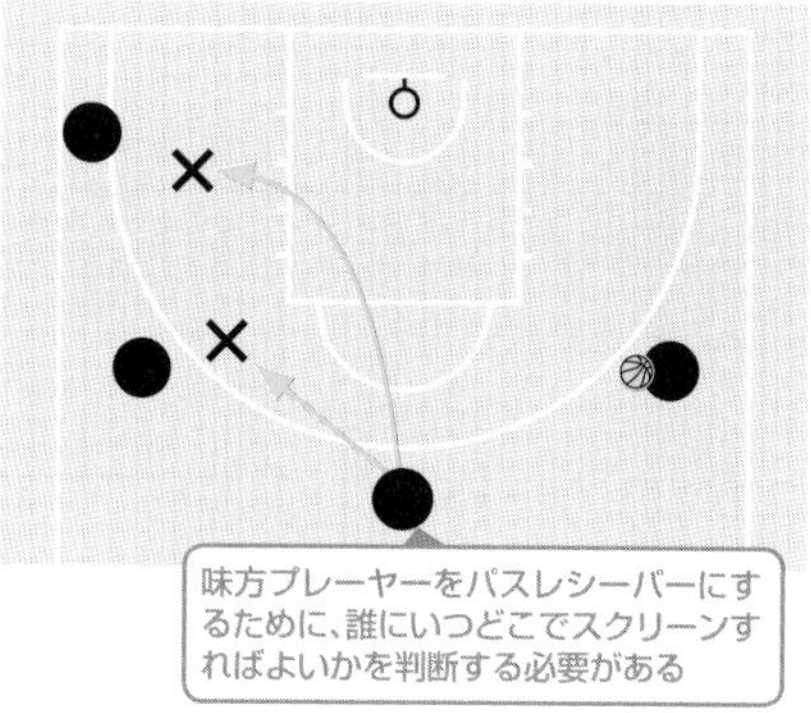
味方プレーヤーをパスレシーバーにするために、誰にいつどこでスクリーンすればよいかを判断する必要がある

図4-2 他のプレーヤーのスペースを確保するためにカッティングする動きの例

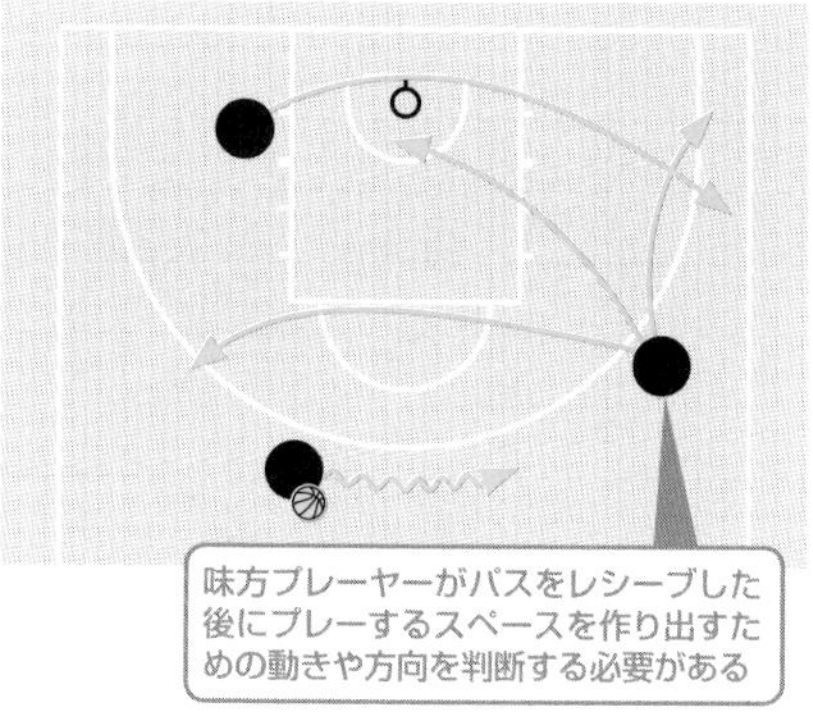
味方プレーヤーがパスをレシーブした後にプレーするスペースを作り出すための動きや方向を判断する必要がある

● オフェンス　× ディフェンス　← 人の動き　← ドリブル　← パス

**参考文献**

八板昭仁、青柳領、倉石平、野寺和彦(2016)バスケットボールにおける非ボール保持者の状況判断の因子構造と簡易テストの作成。スポーツ科学研究, 13: 41-56.

## コラム3

# 研究資金が少なくてもできるバスケットボールの研究

バスケットボールの研究と聞くと、高額な機材や資金が必要になることを思い浮かべるのではないでしょうか。確かにバイオメカニクスの研究でバスケットボール選手のシュートフォームを詳細に分析する場合には、様々な機材が必要になることでしょう。また、生理学の研究でバスケットボール選手の血液を採取するには医療従事者を雇わなくてはならず、分析にも費用がかかります。このように、バスケットボールの研究のなかには高額な機材や研究資金が必要になるものがあります。しかし、分野によってはそのような機材を必要とせず、それほど研究資金がなくとも充分に研究を遂行できるものもあります。例えば、ゲーム分析などの分野では、スポーツコードなどの高額なソフトを用いる研究もありますが、効率を度外視すれば、ソフトがなくとも自身で集計、計算することで同様の分析が可能になります。映像を撮るツールさえあれば充分に研究を遂行できます。また、バスケットボールの歴史を研究する場合にも、主に必要となるのはコピー代や図書館までの交通費程度です。しかも、古い文献をもとに研究する場合には、史料の破損防止によりコピーが禁止されていることがあるため、画像を撮ることになり、費用を抑えることができます。このように研究資金が少なくともバスケットボールの研究はできるのです。

（小谷）

# 第3章 ディフェンスの科学

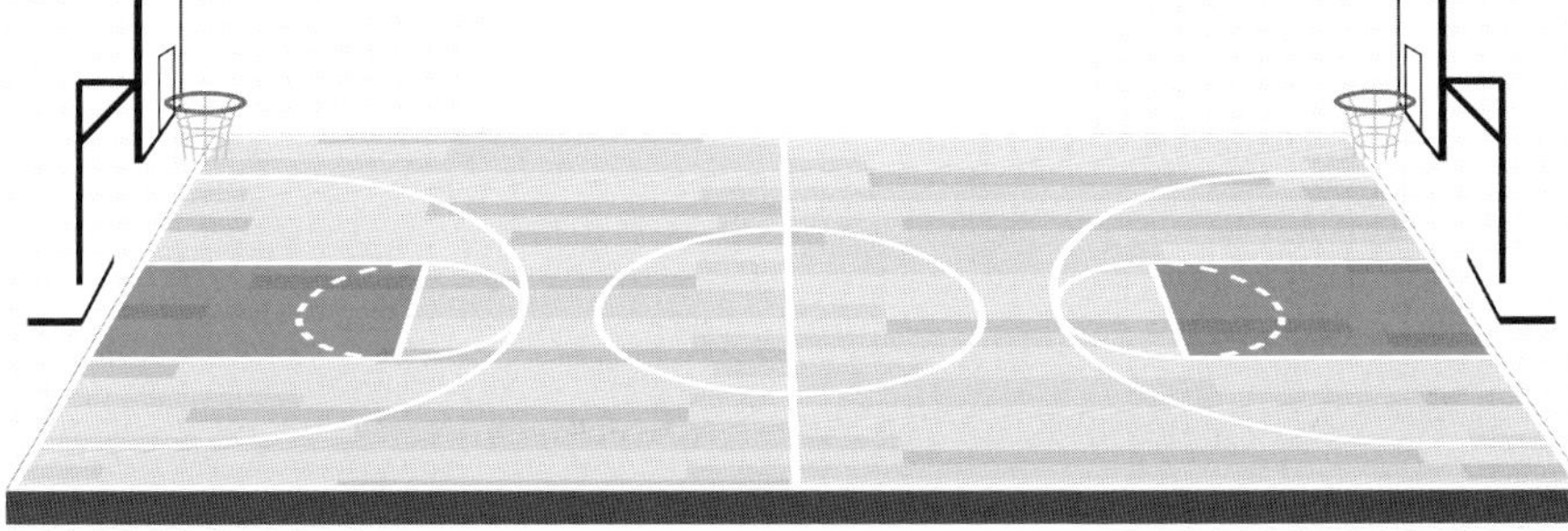

# よいチームディフェンスには決まったルールがある？

## そもそもよいディフェンスとは？

よいチームディフェンスをしているチームは、安定してよい成績を残すと考えられます。相手のスキを突き、最終的に誰か1人がシュートを打つオフェンスとは対照的に、ディフェンスはできるだけスキを作らないように、チーム全員が協力して守る必要があります。そのため、相手のシュートの出来にも左右されるところはありますが、チームオフェンスに比べてチームディフェンスは、チームの規律の出来が成績に反映されやすいともいえるでしょう。

しかし、これらのことは科学的には検証されていません。なぜなら、そもそも「よいチームディフェンス（あるいはオフェンス）とはどういう動きか」ということがほとんど研究されていないからです。

私たちがよく使うゲームスタッツにはこのような指標がありませんし、しばらくできそうもないことからも、さほど重要視されていないことが想像できるかもしれません。ですが経験のある人がチームディフェンスを見ると、「よかった」や「よくなかった」といった評価ができますし、この評価は他の人とも一致しやすいでしょう。

この評価のポイントを簡潔にいうと、オフェンスに簡単なシュートを打たせないということであり、これこそがチームディフェンスの目的だと考えられます。

ちなみにここでいう簡単なシュートとは、大雑把に言えばリングから近いシュートや、ディフェンスからの距離が遠い位置でのシュートなどになります。

さて、この簡単なシュートを打たせることを「得点のしやすさ」として数値化をすると、チームディフェンスはこの「得点のしやすさ」を下げるように5人のディフェンスが協力して動く、と言い換えることができるかもしれません。

こうした考えのもと、得点のしやすさを計算しました。

## プレーを数値化して導き出された結果とは

少し競技レベルが高くなると、1対1だけでオフェンスがシュートまで持って行くことが難しくなります。そのためスクリーンプレーを行い、オフェンスがオープンとなる状況を作ることが多くなるのです。

スクリーンプレーに対してディフェンスは2人以上で協力して守る必要がありますが、特にスクリーナーのディフェンスは、ユーザーのディフェンスを「助けるか、助けないか」の判断に迫られることになります（P120図1）。スクリーンプレーが「さほど脅威を与えない」状況でしたら味方を助ける（ヘルプする）必要はありませんが、スクリーンプレーに引っかかってしまった場合には、マークをスイッチする必要があります。よいディフェンスを科学的に分析するためには、この「スクリーンの引っかかり具合」も数値化する必要があります。これを計算した結果が120ページの図1になります。

一方で、スイッチによってミスマッチが起こるようであれば、一瞬味方を助けてマークマンに戻るような動き（ヘッジ）をする必要があります。あるいは、スクリーンと逆サイドでドライブをされた場合には、スクリーンを無視して逆サイドを助ける必要があるでしょう。

これはほんの一部分ですが、よいチームディフェンスでは、こういった様々な要素に対する判断を一瞬で行わないといけません。

それではよいチームディフェンスを行うチームは、それぞれの状況でどのように判断してチームディフェンスを行っているのでしょうか。

この動きを解明するために、関東大学バスケットボール連盟1部に所属するチームの10選手がハーフコートのバスケットボールを行っている時に、モーションキャプチャーシステムを用いて選手とボールの位置データを取得しました。そしてデータを使って先ほどの事項を検証するために、計139回すべてのスクリーンプレーを、「スイッチをするのが望ましい状況（スイッチ推奨局面）」と、「そうでない状況（スイッチ回避局面）」を分類したものが図2になります。

その結果、「スイッチ回避局面」ではスイッチの頻度が10%（6／63回）と少なかったのに対して、推奨されたスイッチは25%（19／76回）と頻度が高く、スイッチ回避局面では代わりに一瞬助けて戻るヘッジが32%（24／76回）と、「スイッチ推奨局面」の16%（10／63回）に比べて頻度が高いことが明らかになったのです。

一方、スクリーンを放置したパターンでは、スイッチ推奨・回避局面別の頻度に（全体の頻度と比べて）大きな差は見られませんでした。

このことから、守備チームが事前の戦略と対応した頻度で行動を切り替えていたことが明らかになりま

## スクリーンプレーへの守備の対処とその頻度およびスクリーンの効果

### 図1

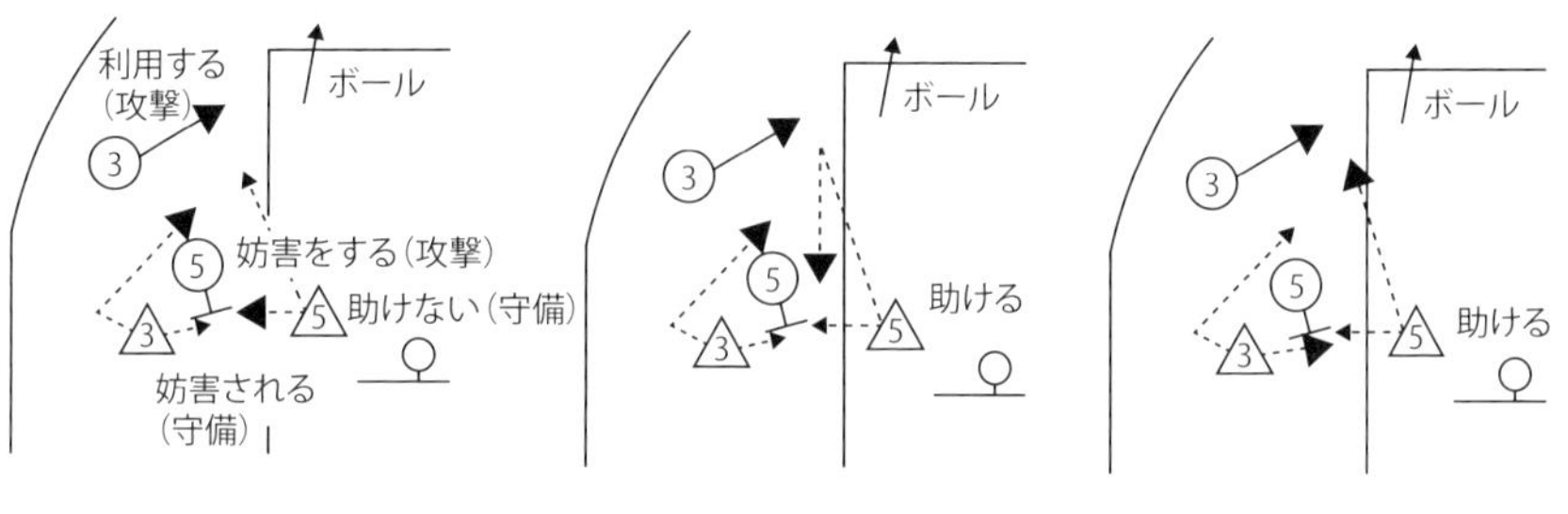


図1 バスケットボールの実測データから観察された、危機レベルに応じて柔軟に役割を変化させる3種類の守備のチームワークの概念図。

した。この守備チームは単発のスクリーンには対処する術を持っており、有効な攻撃を行うためには、この守備チームの対処を崩す別の方法が必要だと考えられます。

さらに、数は少なかった(6回)が、スイッチ回避局面でのスイッチは、遠回りする距離が大きいことが明らかになりました(図3)。望ましくないスイッチに関しては、物理的な障害(オフェンス選手の壁)があったことによりスイッチせざるを得なかったと考えられます。

つまり攻撃チームの観点から見ると、スイッチせざるを得ない状況を作り出すことが重要と言えるでしょう。

(藤井)

図2

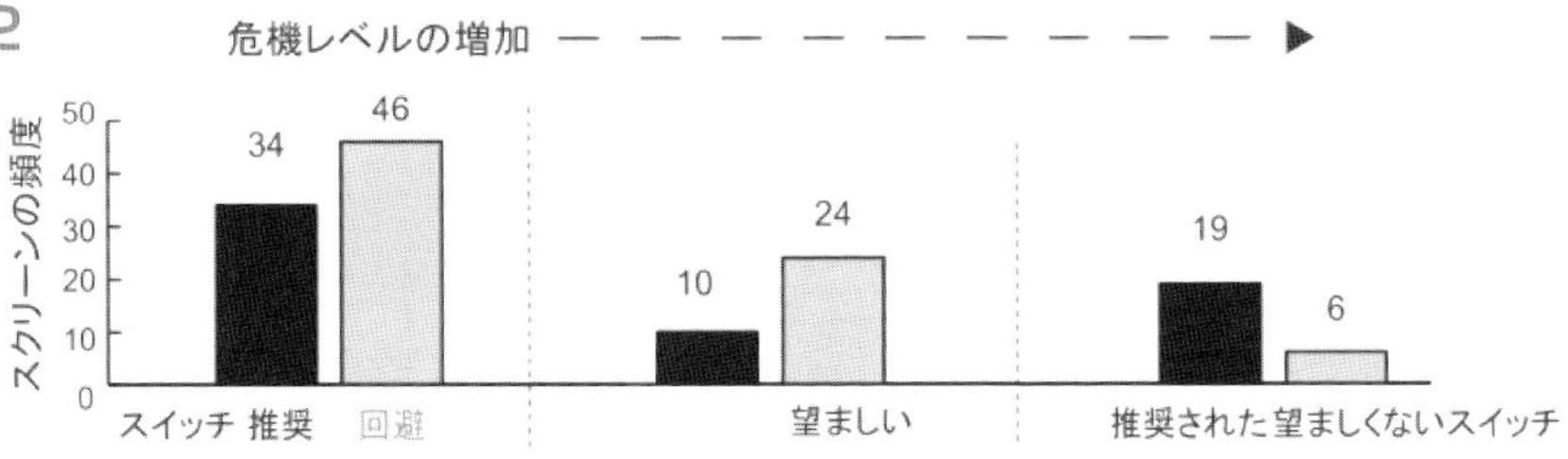


図3

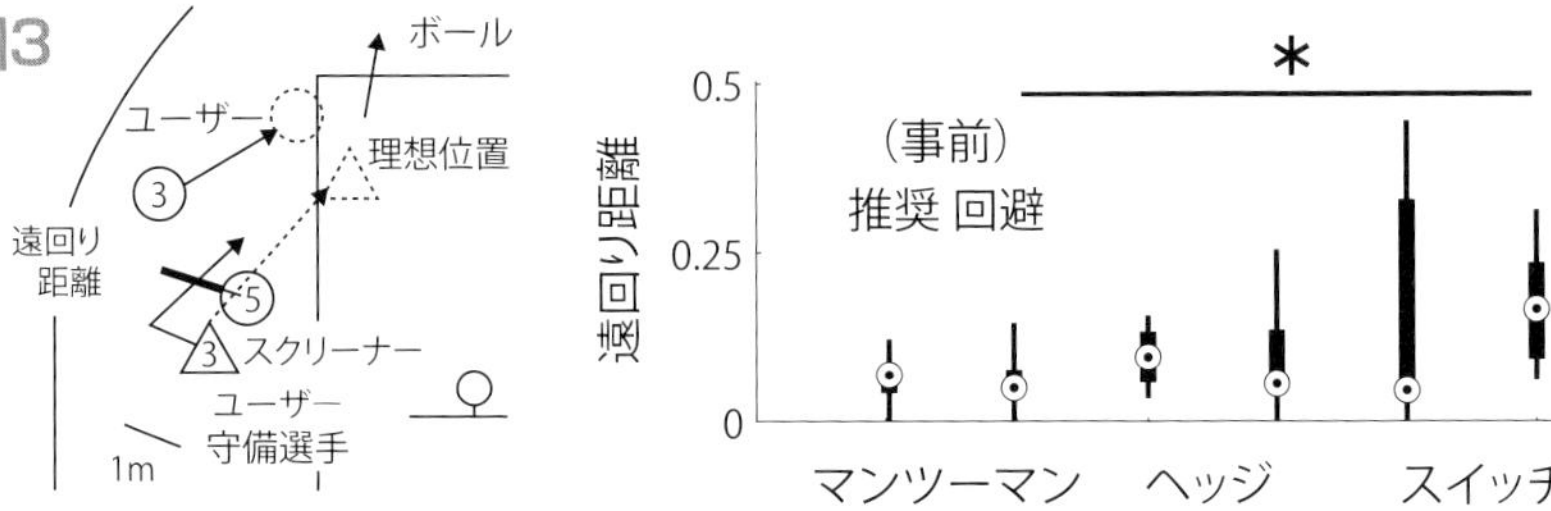


図2 3種類の対処における、スイッチ推奨・回避局面ごとのヒストグラム。図3 この様々な守り方を選択した基準となる危機のレベルに関しては、攻撃者と守備者の位置関係により遠回り距離として計算された。*は統計的に大きな差があったことを示す。

**参考文献**

Fujii, K., Yokoyama, K., Koyama, T., Rikukawa, A., Yamada, H., Yamamoto, Y. (2016). Resilient help to switch and overlap hierarchical subsystems in a small human group. Scientific Reports. 6; (23991).

# 1対1の攻防では「動き出し」が重要になる

## ディフェンスの動き出しの早さに着目

1対1でオフェンスを止めるディフェンスで1歩目を素早く踏み出す時に、同じような状況でも「足がすっと出る」時もあれば、「なかなか足が出ない」時もあるのではないでしょうか。

極端な話ですが、「オフェンスが右に行くと思って動き始めた時に急に左に切り返された時（フェイントに引っかかってしまった時）」というのは、足が地面についていても、次の動き出しがかなり遅くなってしまいます。身体の仕組みを考えると、足を通して地面に力を与える（反作用で力を受ける）ことで進みたい方向に進むことができますが、同じように動いたつもりでも、動き出しの早さがまるで変わってしまうことがあるのです。

上手なディフェンスは、できるだけ動き出しが遅くならないようにプレーしますし、上手なオフェンスは、ディフェンスの動き出しを遅らせる状況を作り出すのが上手かもしれません。いずれにしても1対1の攻防において、「ディフェンスの動き出し」は重要だと考えられるのです。

このことを検証するために、1対1のモーションキャプチャーデータを取得しました。そして2人の最後の（結果が決まる直前の）動き出しで、ディフェンスの動き出しがオフェンスに比べて遅い場合には、オフェンスが勝つことが明らかになったのです（ただし勝敗をシンプルにするため、ディフェンスはオフェンスの進行を1回止めたら勝ちというルールにしました）。

## 動き出す直前まで地面に力を加えない

さらにディフェンスの動き出しを、数値で評価するために、動き出す前の地面への力のかかり具合によって、その後の動き出しの早さが異なるかを検証しました。

検証ではまず、自ら地面にかかる力を振動させて（膝を小さく軽く曲げ伸ばししながら）、LEDライトが光った方向（左右）にサイドステップをするという実験をしました。その結果、LEDが光った直後に地面にかかる力が体重（に当たる値）を下回った抜重状態（図1）であれば、体重を上回った加重状態よりも動き出しが早まることを示したのです。これは早く動き出す時に必要な抜重から加重への移行をスムーズにしたためと考えられます。

しかし、実際の1対1の状況では、このようにディフェンスの状態をコントロールすることはできません。そこで次に計104回の1対1においてディフェンスが動き出す前の地面にかかる力に着目するこ

### 図1 ディフェンスの動きと足にかかる力の計測

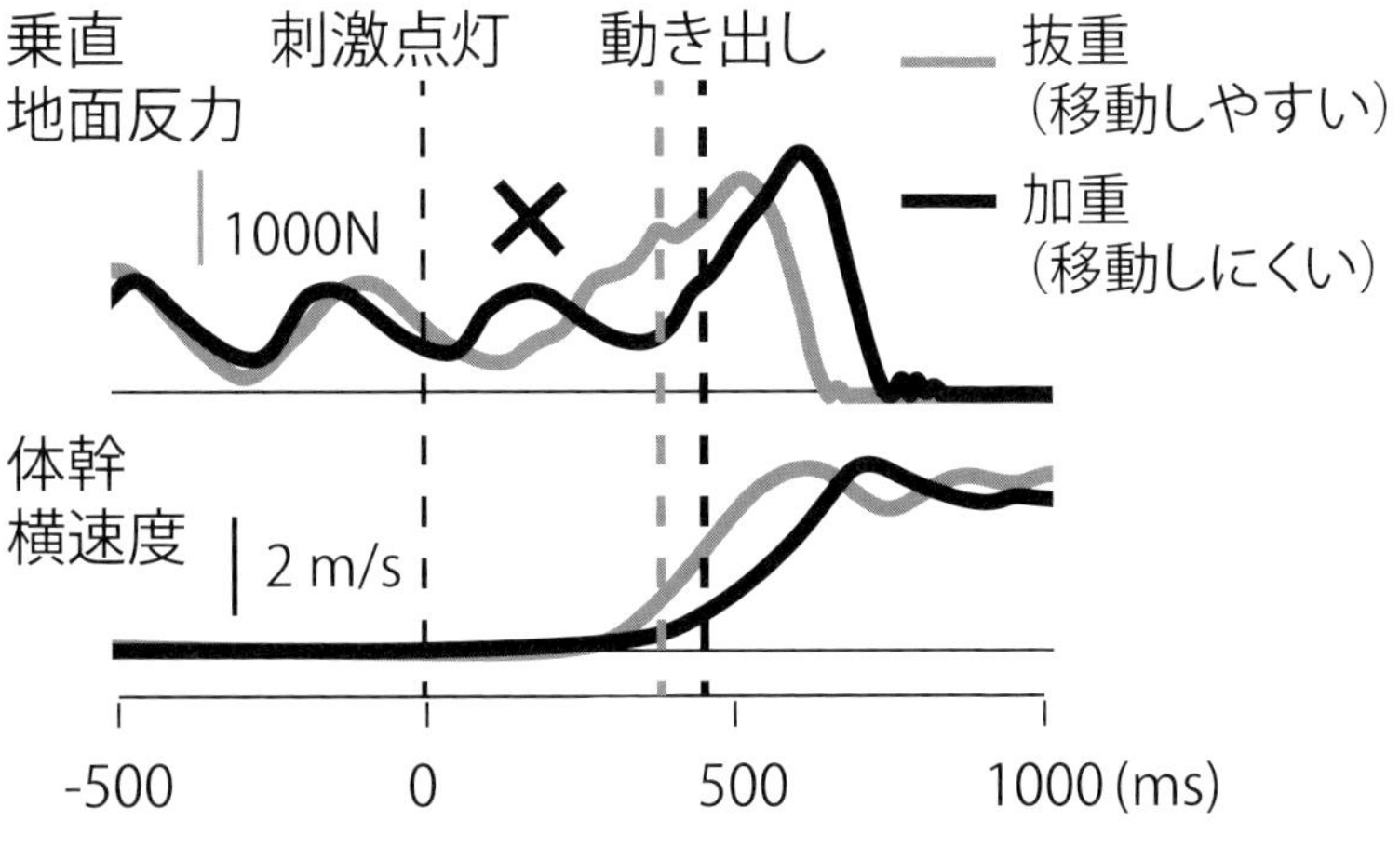


サイドステップ実験：進行方向に対して後ろの脚側の地面にかかる力。抜重状態では移動しやすく動き出しが早い（下の体幹の横方向の速度）ことがわかる。

## 図2 ディフェンスの動きと足にかかる力の計測

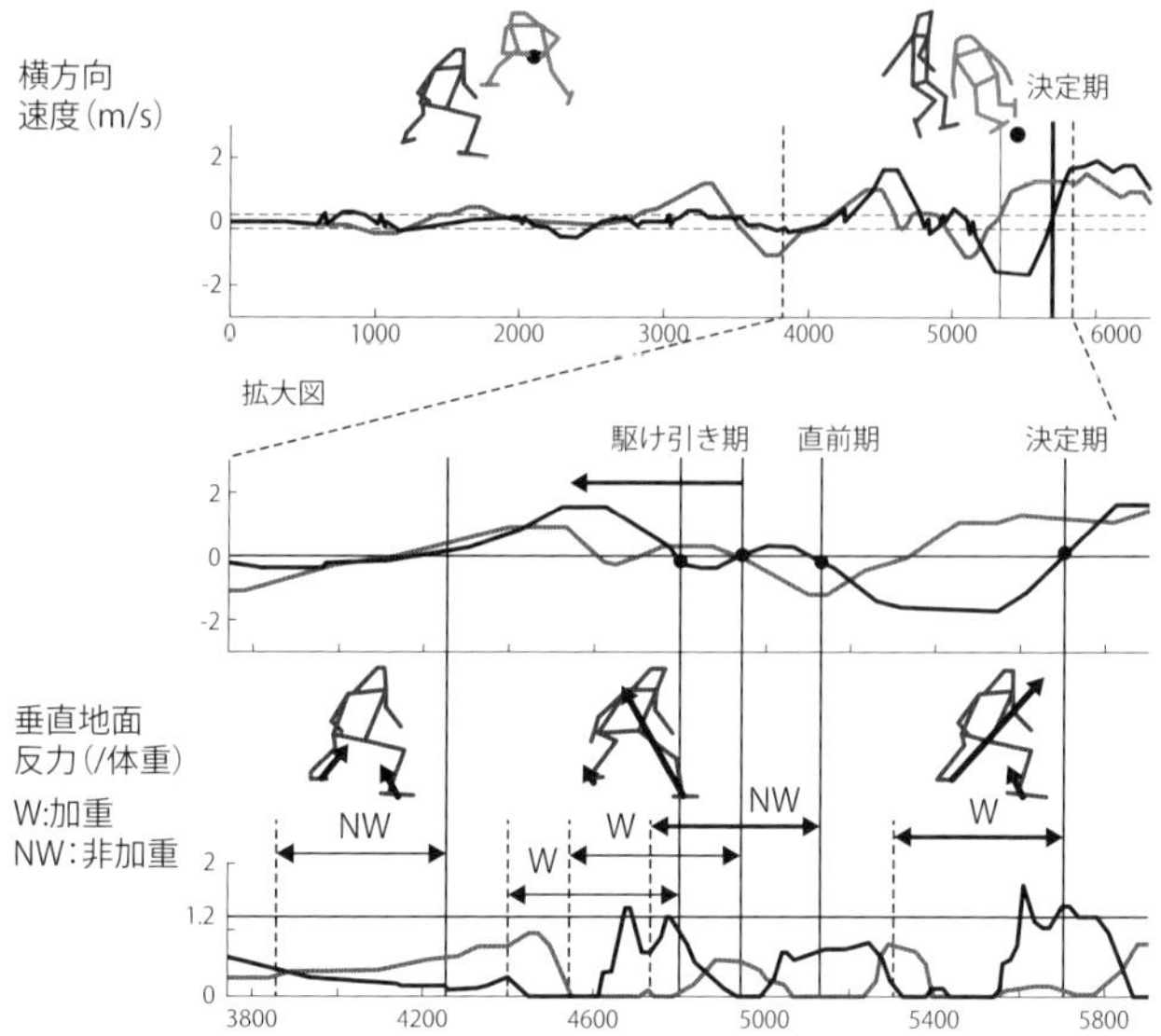


地面反力の最大値が体重の1.2倍を超えたときを荷重状態、それ以外を非荷重状態と定義して計測を行った

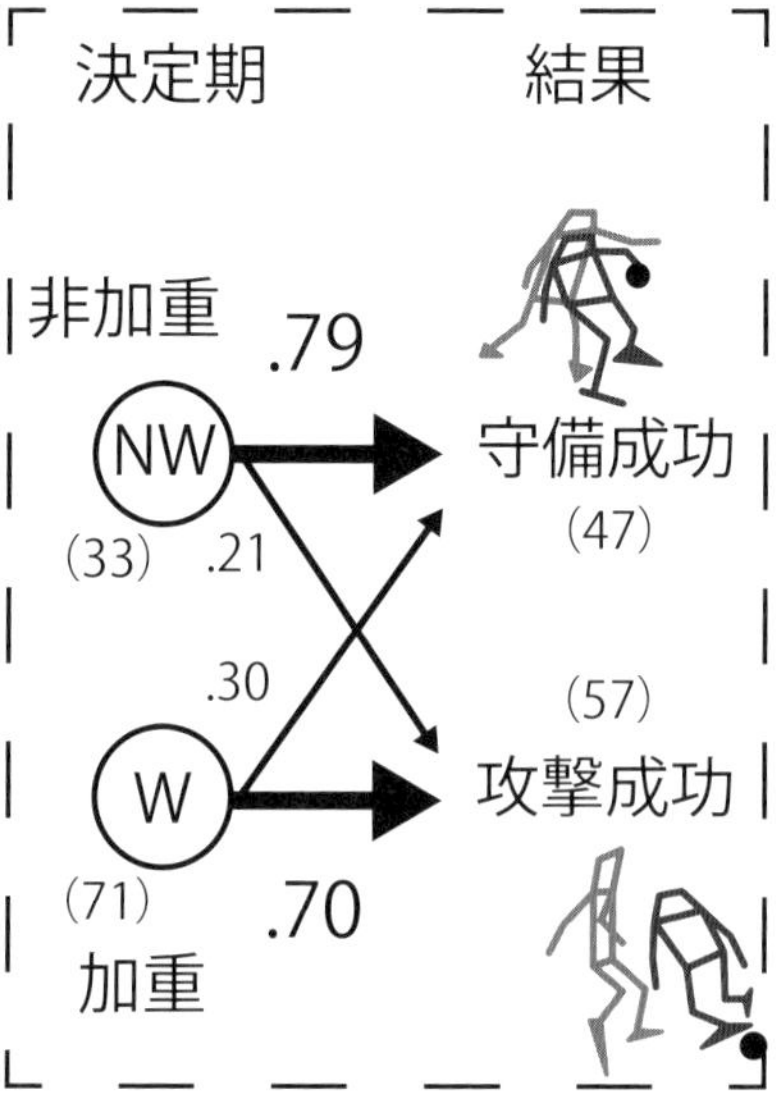


1対1におけるディフェンスの脚にかかる力の計測と、(非)加重状態と勝敗の関係。勝負が決まる決定期のディフェンスの動き出し前に非加重状態だと、ディフェンスが成功しやすいことがわかる。

とで、動き出し時刻や勝敗との関係を明らかにしたのです。

実際の1対1ではディフェンスは小刻みに、時には大きく動くため、抜重状態を計測することが難しくなります。そこで動き出す前のある時間幅（400ミリ秒）において、地面反力の最大値がある閾値（体重の1・2倍）を超えた時（例えばバランスを崩した時）を加重状態、それ以外を非加重状態と定義しました（図2上）。

その結果、ディフェンスが加重状態であればオフェンスに対するディフェンスの動き出しが遅れ、最後のオフェンスの動き出しの時にディフェンスが加重状態であれば、オフェンスの勝利の確率が高くなることを示したのです（図2下）。

これらの研究結果からわかることは、オフェンスの移動やフェイントに対しても、足・膝・股関節などで衝撃を吸収することによって、動き出す前の地面にかかる力の増加を防ぐと守備が成功する確率が高まる（攻撃側はその逆）ということです。

地面に力を加えると、その瞬間はその方向に動きやすいのですが、フェイントに引っかかると動き出しが遅くなります。そのため、本当に動くべき直前まで地面に力を大きく与えずに（タイミングがわかっていたらむしろ地面への力を抜いて）動いたほうが、素早く動ける可能性があります。

（藤井）


**参考文献**

Fujii, K., Yoshioka, S., Isaka, T., and Kouzaki, M. (2013). Unweighted state as a sidestep preparation improve the initiation and reaching performance for basketball players. J Electromyograph Kinesiol. 23 (6); 1467-1473.

Fujii, K., Yamashita, D., Yoshioka, S., Isaka, T., and Kouzaki, M. (2014). Strategies for defending a dribbler: Categorisation of three defensive patterns in 1-on-1 basketball
Sport Biomech. 13(3); 1-11.

Fujii, K., Yoshioka, S., Isaka, T., and Kouzaki, M. (2015). The preparatory state of ground reaction forces in defending against a dribbler in a basketball 1-on-1 dribble subphase. Sport Biomech. 14(1); 1-17.

# ディフェンスでは相手のどこを見る？

## よく言われる「胴体を見ろ」は本当？

1対1でオフェンスの次の動きを予測する時、オフェンスのどこを見るでしょう。一般的には「胴体（体幹、またはへそ）を見ろ」でしょうか。その理由ですが、ボールや足先、目など体の末端を見過ぎると、それを逆手にとったフェイントがしやすくなります。けれども体のなかで一番動きが遅い胴体を見ておけば、少なくとも騙されることはないという考えに基づくことからでしょう。

確かにこの説明自体は正しく、ボールや手足、目などは胴体と比べて簡単に動かせるので（慣性が小さい）、フェイントがしやすいという性質があります。しかしディフェンスの経験があれば、それほど簡単にこのようなフェイントに引っかかることはないでしょう。それでは、本当に胴体だけを見ていればよいのでしょうか。

パスやシュートなど、ボールも含めて考えると複雑になるため、ここではオフボールの状況で、こちらに向かって走ってくるオフェンスが突然左右に方向転換する状況を考えてみます。

ルールですが、腕や脚、目や肩などフェイントにはいろいろなパターンがあるため、オフェンスはそのようなフェイントを一切せずに、できるだけディフェンスに方向を予測できないように走って方向転換するものとします（P128図A）。また実際に1対1を行うのではなく、オフェンスの選手を等身大でスクリーンに映し出して実験を行いました。そのほうがオフェンスの動きにばらつきがなく、同じ状況で多くのディフェンスの動きを調べられるからです（P128図B）。

## 胴体の情報だけでは予測する時間が遅くなる

オフェンスは左右のどちらに行くのかを「予測」しますす。そのため、まずはこの頭のなかで判断した時間を推定する必要があります。そこで先ほどの映像に対してサイドステップをするために地面に横方向への力が生じた時刻（映像反応時間）から、単にLEDが点灯した方向にサイドステップした時と同様の時刻（単純反応時間）を引くことで、オフェンスの映像を見て左右を「予測」した時間を推定しました。

バスケットボール経験のある10名を計測すると、単純反応時間はLEDが光ってから平均242ミリ秒でした。一方で映像反応時間は、方向転換する足が地面についた時刻（基準時刻）より、平均118ミリ秒「前」だったのです。つまり、予測していたと推定される時刻は、方向転換足の着地から平均360ミリ秒前でした。

この検証を行った後、「ディフェンスは本当に胴体だけを見ていればオフェンスの移動方向を予測できるのか」について検証しました。検証にはいろいろな方法が考えられますが、「胴体の動きだけ」と「胴体と足だけ」、それぞれの情報からどのくらいで左右に動くのかを予測できるか計算をしてみました。

「胴体だけ」の結果は中央値で基準時刻より41ミリ秒前でした。中央値を用いたのは結果にばらつきがあったからですが、これは実際のディフェンスが予測したとする時刻（中央値だと358ミリ秒前）よりはかなり遅いといえます。次に「胴体と足だけ」ですが、中央値で基準時刻より287ミリ秒前に予測できたのです（倒立振り子の動きをシミュレートし計算。実際のディフェンスの予測時間とは相関関係にあります）。これはつまり、実際のディフェンスの予測の基礎には、胴体と足の関係性に基づく予測があった可能性があるということです。

まとめると1対1のディフェンスの時に胴体だけからの情報では、方向を判断するには遅すぎることがわかりました。少なくとも足の位置を含めた姿勢の情報を用いることで、実際の方向予測と近い早さで判断できることがわかったのです。

人間の目で胴体と足を同時に詳しく（中心視野）見ることは難しいため、全体をぼーっと（周辺視野）見る

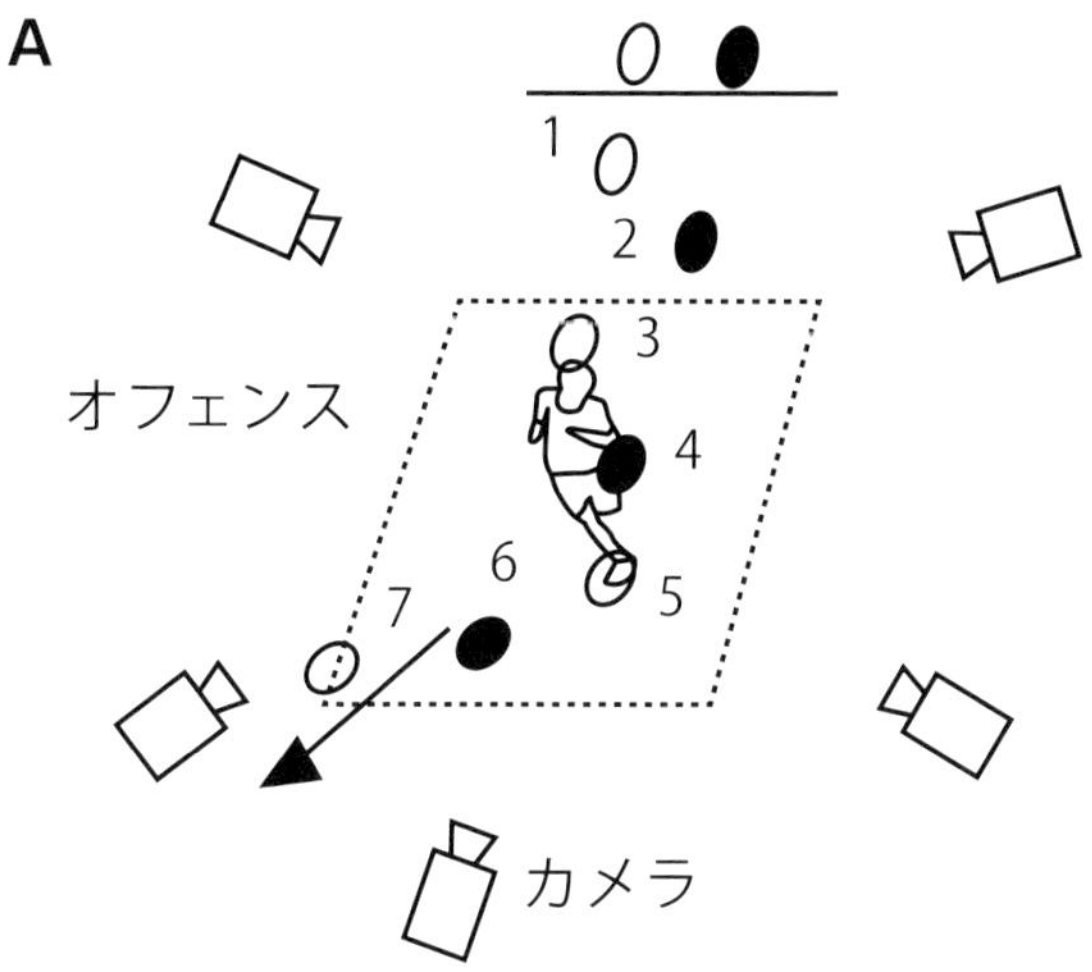


必要があるかもしれません。実際は、シュートやパスなどの動きもありますので、ボールや頭の向きなども捉えておく必要がありそうです（ただし見すぎるとフェイントに引っかかってしまいます）。

（藤井）

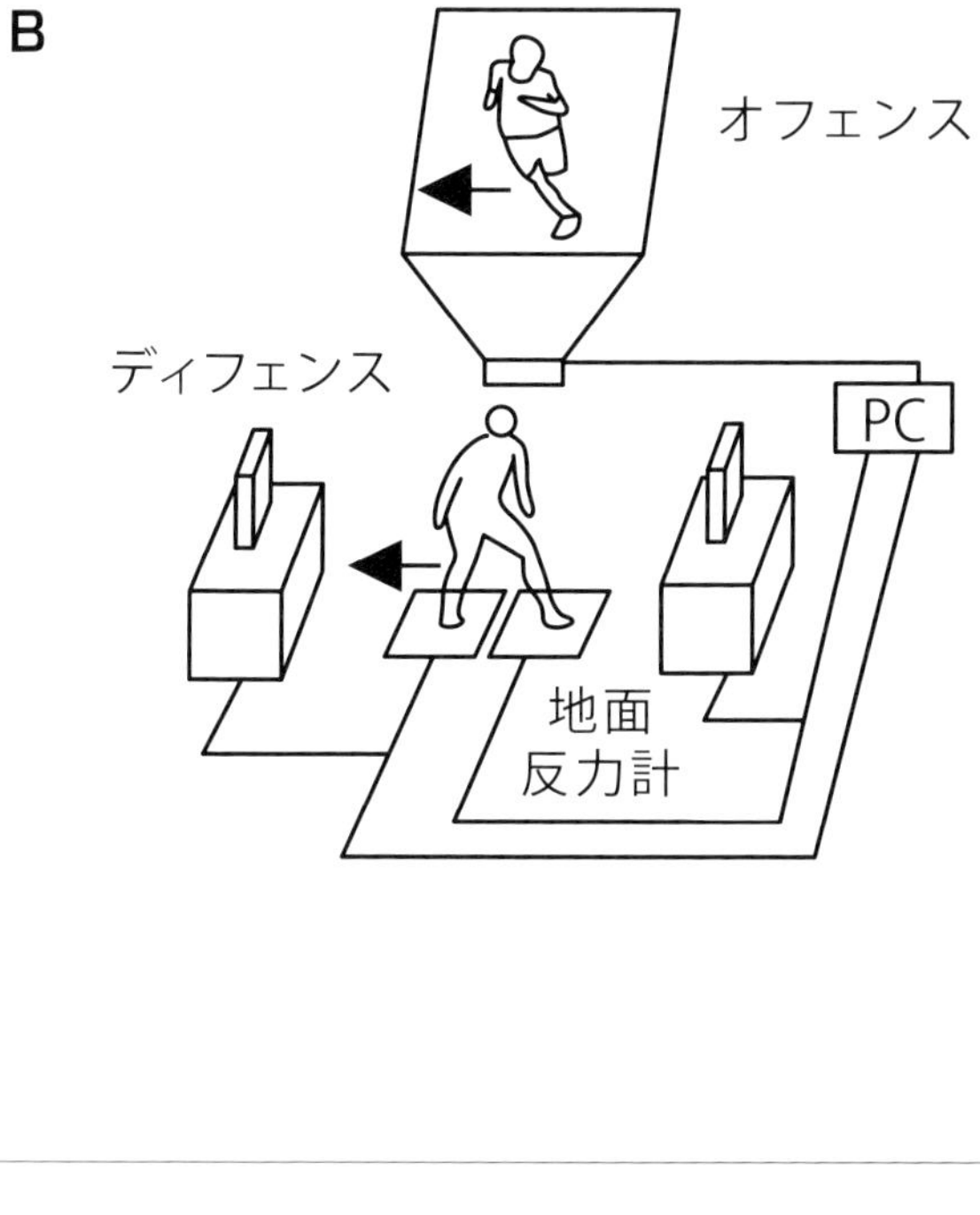

## 図 方向転換とサイドステップの計測と予測時間

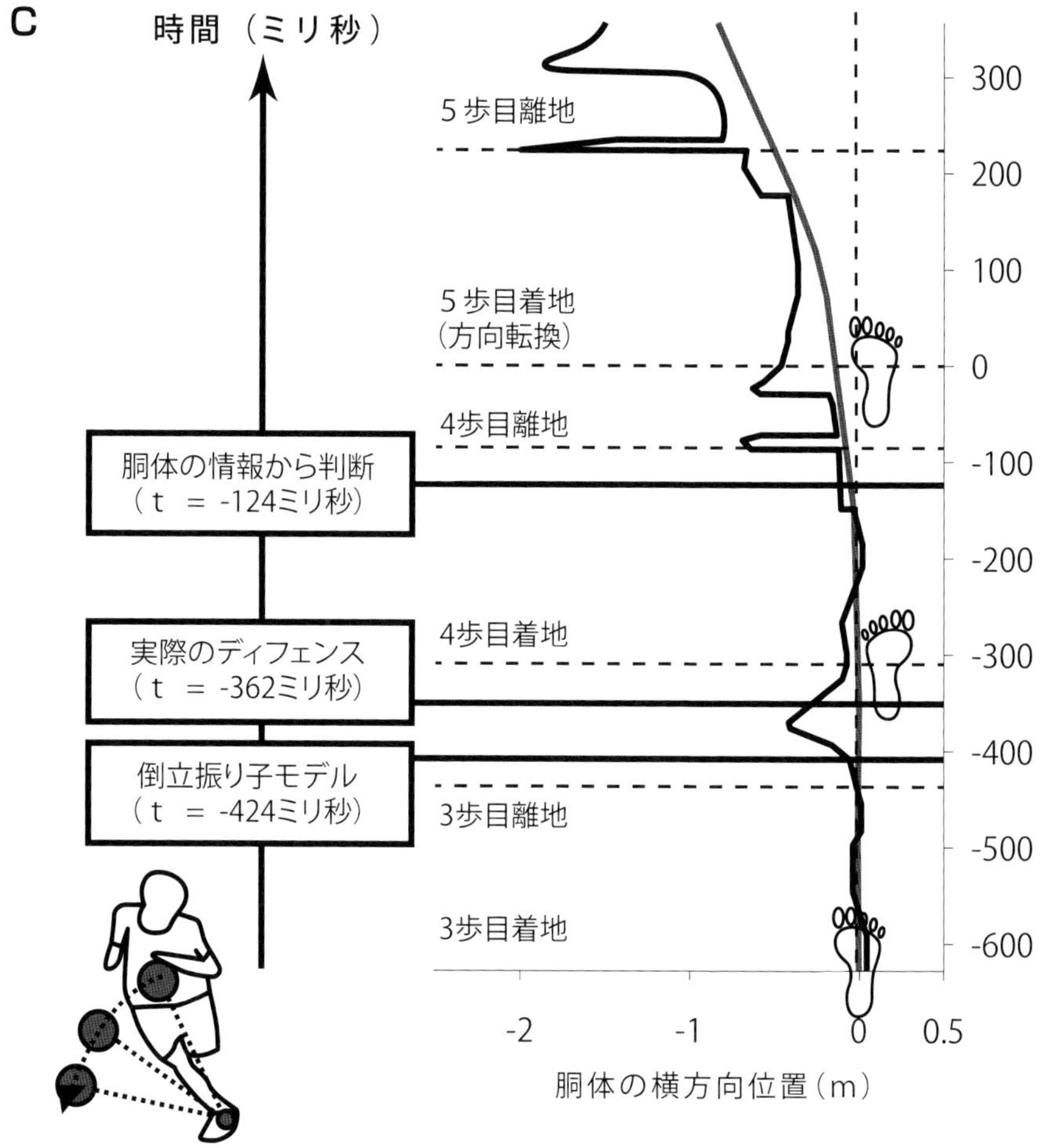


(A) オフェンスの方向転換と (B) ディフェンスのサイドステップの計測、および (C) 胴体および倒立振り子のモデルによる方向予測。(C) 薄い線は実際の胴体の軌道。濃い線は倒立振り子のモデルによる方向予測。実際のディフェンスの予測と近い早さで（オフェンス側から見て）左に曲がることを予測していることがわかる。図中の数値は一例で、本文中は中央値であることに注意。

**参考文献**

Fujii, K., Shinya, M., Yamashita, D., Oda, S., Kouzaki, M. (2014). Superior reaction to changing directions for skilled basketball defenders, but not linked with specialized anticipation. European Journal of Sport Science. 14; (3): 209-216.

Fujii, K., Shinya, M., Yamashita, D., Oda, S., Kouzaki, M. (2014). Anticipation by basketball defenders: an explanation based on the 3D inverted pendulum model. European Journal of Sport Science. 14; (6): 538-546.

# 強い相手との試合で、いつもより疲れてしまうのはなぜ？

## いつもより疲れる原因を科学的に明らかにする

高校生が大学生と、大学生がプロチームと、日本代表が世界の強豪と試合をする時などを想像してみてください。このようにレベルが高い相手とのゲームでは、ある程度まではいい勝負ができていたとしても、途中から「足が止まって」（削られて）点差を開けられてしまうことがあります。

1歩目の動き出しやストップ、切返しやジャンプと着地、ボディコンタクトなどの1つひとつの動作は高い競技レベルが相手だと、いつも以上に「早く」「高く」「強く」行う必要があります。そしてこれらは、スピード（速度）の時間的な変化を意味する「加速度」という言葉でまとめることができるのです（これらの動きを

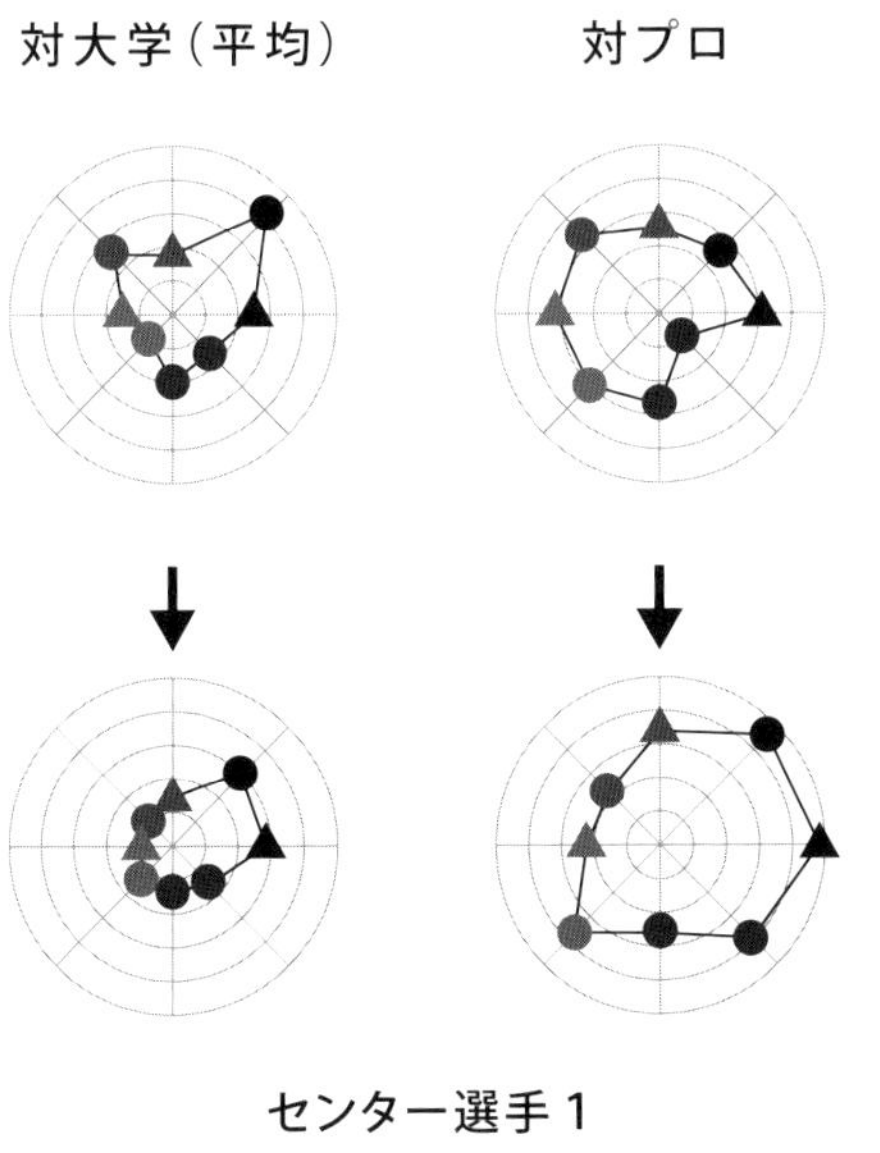


対大学は2試合の平均値を示し、対プロは1試合のデータを示す。図左下の大括弧に囲まれた数値は、各変数の全員における最小値と最大値を示し、これを基準にレーダーチャートの最も外側が最大値を、最も内側（の円周）が最小値を示すように変数の標準化を行った。計3試合とデータが少ないが、2選手とも対プロの後半で、対プロの前半や対大学の後半に比べてレーダーチャートが大きく広がり、多くの運動・生理的負荷が増加していることがわかる。

まとめて「激しい動き」と呼ぶことにします）。「加速度」とは、スピード自体が速いか遅いかは問題ではなく、目標となるスピードにいかに早く到達するか、ということです。そして1歩目やストップ、切返しやジャンプなど動きによってすべてスピードは異なるのです。

さて「途中から足が止まってしまう」問題を科学的に明らかにするためには、選手が限界のパフォーマンスを示している必要があります。ところがこの計測がとても難しいのです。

そこで関東大学バスケットボール連盟1部に所属するチームおよび4名の選手を対象に、計3試合（関東大学バスケットボール連盟2部、同1部、Bリーグ1部（プロ））でワイヤレス加速度計・心拍計から加速度と心拍数、ビデオカメラから（デジタイズソフトを使って）移動距離と移動速度を計測しました。次に、これらの値を、試合の前半と後半でそれぞれ算出したのです。

その結果前半においては、プロが相手だと大きな運動出力（移動距離と速度、および加速度が高い）があり

## ゲーム中の2選手の加速度・心拍などの各変数のレーダーチャート

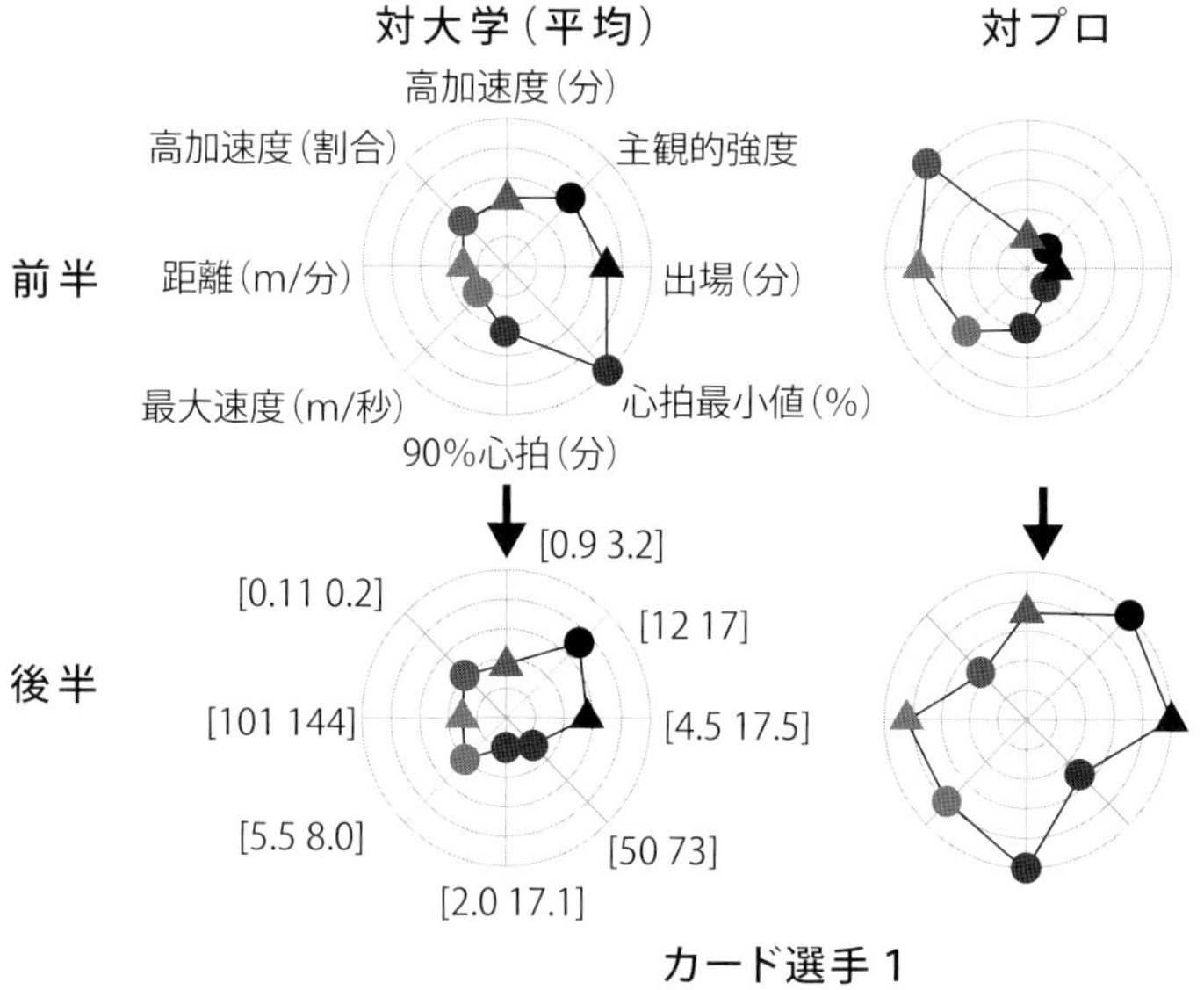

カード選手1

ましたが、心拍数に関しては相手の競技レベルとは関係ない傾向が示されたのです（前ページの図上部）。しかし試合後半においては、移動距離や速度は対プロでも高いレベルを維持していたものの、出場時間あたりの高加速度（割合）の頻度は低下し、心拍最大後の最小値は増加（心拍の回復が低下）したことが明らかになりました（前ページの図下部）。

## 練習と試合での「激しい動き」のギャップが疲れの原因!?

強いチームとの試合においては、相手についていったり、振り切ったりするために、練習時よりも素早く動き出したり、切り返したり、あるいは高くジャンプしたり、強いボディコンタクトをする必要があるでしょう。それにも関わらず先ほどの計測結果では、これら「激しく動いた時間」の長さは、特にプロとの試合での後半に低下したのです。一方で移動距離やスピードについては、特に低下はみられませんでした。

この原因はおそらく、強いチームと激しい攻防を繰り返していくと、普段のダッシュやフットワークでは考えられないほどの疲労が生じ、後半ではいつものプレーができなくなったのではないかと推測できます。

このことは、生理的な回復度を示すと考えられる「心拍が一度ピークを記録してからの最小値」が、強いチームとの試合の後半で下がらなかった、つまり生理的に回復しなかったことにも現れていました。そもそもの原因として、普段の練習で想定している「動きの激しさ」とゲームでの「動きの激しさ」のギャップが大きい可能性があると考えられます。

この研究では計測した選手数が少なかったため、今後はより多くの試合を計測する必要があります。けれどもこの研究で定量化した「激しく動いた時間」や「心拍が一度ピークを記録してからの最小値」等の指標によって、強いチームとの試合を想定した練習や試合の「激しさ」をチェックできる可能性があり、さらに研究を進めることで強いチームに勝つために、役立つ情報を提供できるかもしれません。

（藤井）

## ●いつもより疲れる原因

**目標スピードに素早く到達するという、いつも以上に激しい動きが求められる**

➡1歩目やストップ、切り返しやジャンプを全力で行う
➡いつも以上に速く、高く、強く、動く必要がある

## ●疲れによって起きる現象

**特に後半に、前半のような高加速度が出なくなる**

➡心拍の回復が低下する

## ●疲れないために必要なこと

**練習と試合の激しさのギャップを埋める**

➡強いチームとの対戦を想定した「激しさ」を普段の練習から取り入れる

強いチームとの対戦では、練習で想定していない激しい動きを繰り返す。それによっていつも以上に体力を消耗してしまう

**参考文献**
藤井慶輔・小山孟志（2017）競技レベルの高い相手との試合中におけるバスケットボール選手の運動出力と心拍応答．スポーツパフォーマンス研究，9:542-556

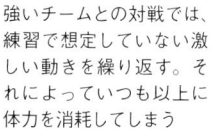

## コラム4

# 学校体育から考える子ども達へのバスケットボール指導

学習指導要領において「バスケットボール」という言葉は「バスケットボール・サッカー・ハンドボールなどを基にした簡易化されたゲーム」や「ゲーム・ボール運動・球技にみる「型」の特性と例」に出てきます。つまり、種目自体は指導するための手段ということになります。

系統的に身につけさせたいことに「ボールの操作」と「ボールを持たないときの動き」、「やさしいゲームをすること」があります。特に「ボールを持たない時の動き」は、ボール運動系全体のパフォーマンスに共通点が多いため重要といえます。しかし、指導内容や指導内容と技能との関係性の解説はありません。

実際の競技種目では、ゲーム間にパフォーマンスについてチームメイトとチームトークする時間があります。しかし、学校現場では積極的な導入が難しい部分もあります。

そこでやさしいゲームの定義を踏まえ、ゲームとチームトークを中心とした指導内容を作成して研究授業を行った結果、自ら考え発言する場を支援することの重要性と指導内容としての有効性を確認しました。また、その時の観察記録からボールを持たない時の動きの段階を確認することができました。

未来の体育授業に向けては、種目に特化した指導を行うコーチや本物のゲームを知る選手と現場の先生の意見交換を経て、競技レベルの楽しさを体育授業へ落とし込むための歩み寄りの機会が望まれます。

（下嶽）

# 第4章

# チーム戦術の科学

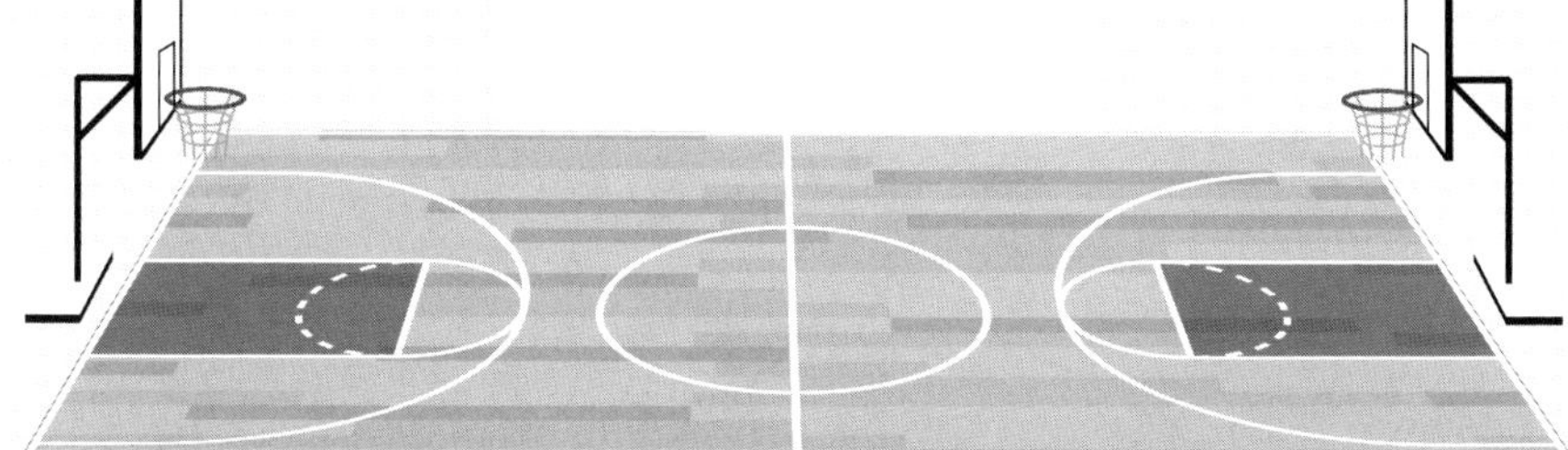

# 速攻を成功させるカギは瞬間的な状況判断

## 効果的だが、やり直しの利かないのが速攻

バスケットボールは、攻防が交互に連続的に行われ、展開や転換の速さ、プレーのスピード等が特徴です。とりわけ速攻は、あらゆるディフェンスの方法に対して、短時間に得点を挙げられる最も効果的な攻撃法です。

速攻においては、ボール所有が切り替わった瞬間がとても重要です。

セットオフェンスのように、プレーやその選択を誤ったからといってもう一度やり直しをすることができないので、瞬間的な状況判断能力が必要とされます。例えば、ディフェンスリバウンドを奪っても、アウトレットパスが一瞬でも遅くなったり、周りのプレーヤーの反応や走り出しの判断が遅れたりすると、相手プレーヤーは素早く戻りディフェンスの態勢を作ってしまうので、速攻を展開できません。

また、アウトレットされたパスを前に運ぶためのパスでは、味方プレーヤーとディフェンスの位置・距離やスペース等を素早く的確に判断しなければ、インターセプトのリスクが高くなってしまいます。

チームの練習では、すべての状況を設定してトレーニングすることは難しいので、与えられた時間の中で練習可能なコーチングのポイントを絞ることが必要です。

ここでは、速攻の練習の組み立てにおいて、状況判断の点から必要な状況設定について説明します。

## アウトナンバーを確実に得点につなげるために

速攻に必要な状況判断は、大きく分けると

(1) 防御から攻撃への切り替え時のプレーに関する「トランジション局面」の判断

(2) 相手プレーヤーのマークを外すプレーまたは外そうとするプレーに関する「相手との駆け引き局面」の判断

(3) 相手方のマークを外した状態または相手の帰陣前に数的有利の状態を作った状況のプレーに関わる「アウトナンバー」の判断

の3つになります。

それぞれをもう少し細かいプレーに分けてみると、①トランジション局面は、ボールの保持が変わった瞬間、ディフェンス隊形が整う前に攻撃しようとする状況です。「バックコートにおける状況判断」と「ミドルレーンを進むプレーヤーの状況判断」に分けられます。

前者には、リバウンドからのアウトレットパスに関する、リバウンダーとパスレシーバーの位置や状況の見極めなど、後者には、ボールキャリアーがミドルレーンを進んでいる状況でドリブルやパスするコース、ラストプレーの予測などが含まれます。

特に状況を理解する前の段階でどのプレーヤーをより注意してプレーするかといったことや、フロントコートへ侵入するタイミングでプレーを決定することが重要になります。

②相手との駆け引き局面とは、ドリブルでボールを進めながら数的有利を作り出そうとする状況です。「シュートするためのプレーの状況判断」と「ボールキャリアーがチャンスメイクする状況判断」に分けられます。

例えばバックコートからフロントコートに走りながらディフェンダーの位置や態勢を判断し、自分の進むべきコースを決定したり、どこでレシーブしてどのようにショットするかを予測したりすることです。ボールキャリアーが自分でショットすることも含めて、相手の隙を突いてショットに結びつけるためのパスやドリブルのコースや方法を決断することなどが含まれます。

この状況判断では、フロントコートでのプレーを決定することやフロントコートへ進んでからどのプレーヤーをより注意するか、状況を理解してその後のプレーを予測することがより重要になります。

③アウトナンバーは、フロントコートで数的有利を作り出した状況です。「ボール保持者の状況判断」と「レシーバーに関する状況判断」に分けられます。ディフェンダーの位置や態勢からボール保持者がショットするプレーヤーを選択することや、ノーマークのプレーヤーがより有利な状況にするための動き、味方プレーヤーのノーマークの状況を判断することなどが含まれます。

フロントコートへ進んでからの状況認識やショットやパスなどのプレーを決定することが最も重要で、チーム内や特定のプレーヤーの間で統一した判断が必要になります。

速攻に関する練習の組み立ては、「バックコートにおける攻防の切り替え」、「走りながらフロントコートへ侵入」、「ショットエリア」を含む構成にすることが望ましいと言えるでしょう。そして、それぞれの状況判断の共通点として「コート上の位置」と「攻防のプレーヤーの人数比」を意識することが大切になります。

これら①②③の状況判断は、時系列的にそれぞれの場面が関連しているので、個別的にトレーニングする場合には工夫が必要です。また、プレーヤーによって異なる判断をする場合があるので、チームとして成功させるためには各プレーヤーの状況判断傾向やプレーの特徴についてコーチやチームメイトが理解することも重要です。

男子プレーヤーは、「シュートチャンスを作り出そうとする攻撃的な判断」や「アウトナンバーが明らかではない状況で攻撃的な判断をする」ことが多い傾向があります。

そういった状況では、一瞬の遅れでシュートチャンスを逃すため、積極的な判断が必要とされます。

ここで紹介してきた状況判断能力は多くの場合、練習や試合経験によってレベルアップしていくことになります。けれども様々な状況を判断するためのトレーニングとしては、ゲームVTR等のAV機材を利用することも有効な手段です。

（八板）

## 図1 コート上で必要な速攻の時の状況判断区分

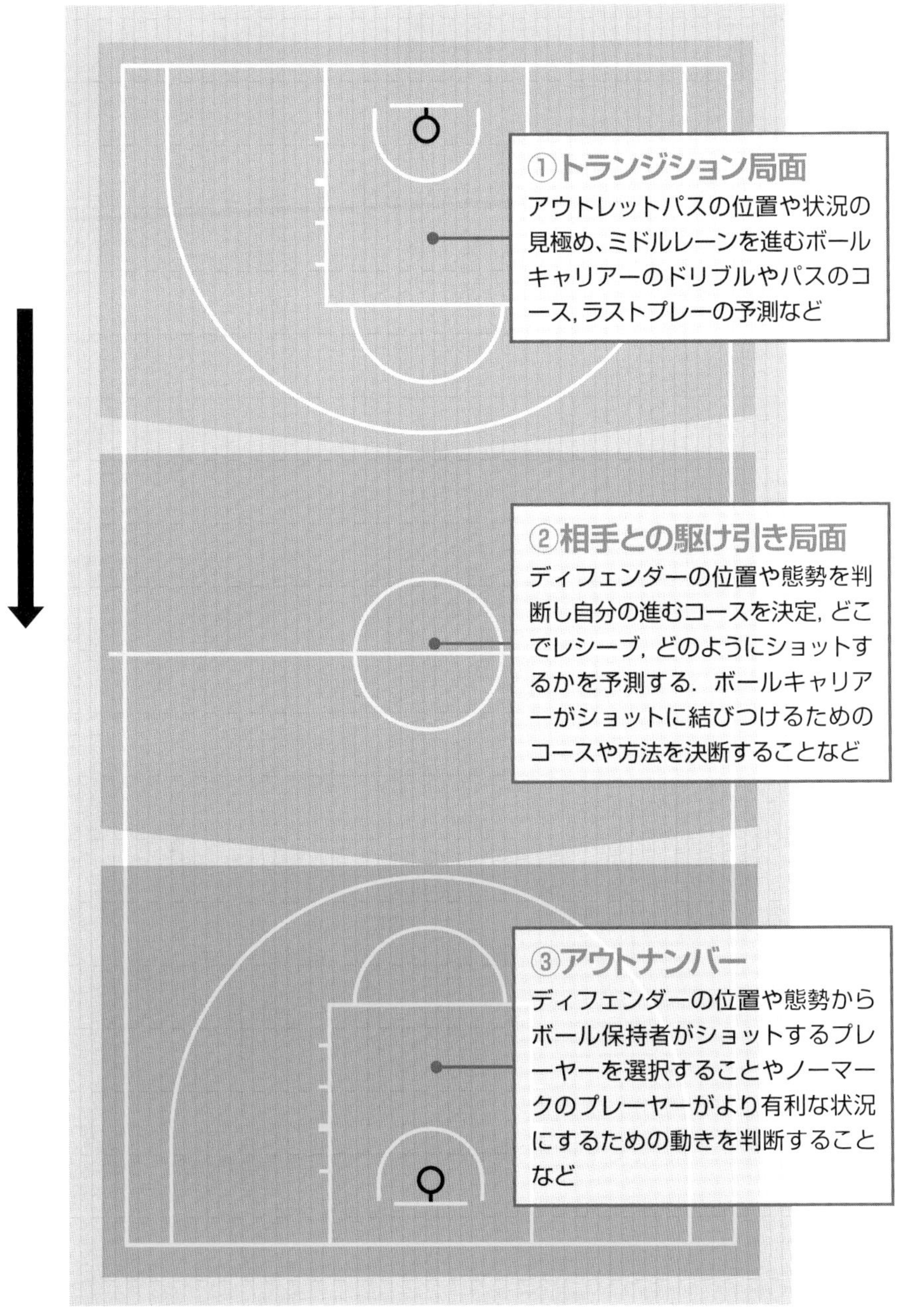
①トランジション局面
アウトレットパスの位置や状況の見極め、ミドルレーンを進むボールキャリアーのドリブルやパスのコース, ラストプレーの予測など
②相手との駆け引き局面
ディフェンダーの位置や態勢を判断し自分の進むコースを決定, どこでレシーブ, どのようにショットするかを予測する. ボールキャリアーがショットに結びつけるためのコースや方法を決断することなど
③アウトナンバー
ディフェンダーの位置や態勢からボール保持者がショットするプレーヤーを選択することやノーマークのプレーヤーがより有利な状況にするための動きを判断することなど

**参考文献**
八板昭仁・青柳領(2014)バスケットボールの速攻における状況判断能力の因子構造:チームのゲームスタイル、性差、競技水準、ポジションと状況判断能力との関連。トレーニング科学、25(2):95-112.

# ピック＆ロールで攻めるには？

## スクリーンプレーの強みと弱み

スクリーンプレーは、攻撃構造が多様で、使用される種類や頻度、プレー展開の多彩さなどからディフェンスの対応が難しくなります。近年のゲームでは、多くのチームが主要なプレーのひとつとして用いています。中でもボールマンがユーザーとなるピック＆ロールが代表的なプレーとして挙げられます。

ピック＆ロールによって得られるシュート可能な時間は約1.5秒前後と言われています。戦術として使うためには、複数の攻防プレーヤーやスペースを瞬時に判断し、変化する状況の中でプレーを選択し実行しなければなりません。プレーを始める前の段階でスクリーナーがボールマンに近づいてセットするので、ボールマンのリスクが高まることや、単独のドリブルやパスに比べて攻撃時間が長くなることにも注意が必要です。時間がかかるほど攻撃の成功率は低下するので、プレーヤーの協調が不可欠であり、プレー選択の判断を瞬時に行ってアクション展開していくことが重要です。

## スクリーンプレー時の状況判断基準とは？

スクリーンプレーでは、スクリーンセットによってディフェンスのシフトチェンジやポジションチェンジなどが行われ、オフェンス・ディフェンス相互の位置関係に応じてオフェンスプレーヤー（主にユーザー）がアクションを選択し、ディフェンスがそれに対応するという時系列的な攻防の流れがあります。

スクリーンがセットされる（またはセットしようとする）とスクリーナーディフェンスがユーザーの反対側やゴール方向などに移動すると同時に、ユーザーディフェンスはオフェンスの選択肢を減らすためのシフトチェンジなどを行います。この時のスクリーナーディフェンスとユーザーディフェンスの動きの組み合わせに対応するオフェンス戦術をどう選択するかが成否のカギとなります。ディフェンスは、オフェンスの選択肢を減らすために、スクリーンがセットされたらポジションチェンジやシフトチェンジを行って対応する準備が整っていることを見せることが効果的になるので、近年ではこのような対応が主流になっています。

スクリーナーディフェンスの対応を「ユーザーの反対側」や「ゴール方向」に移動するか、「スクリーナーから離れない」に分類し、ユーザーディフェンスをシフトチェンジなどのアクションを「起こす」「起こさない」に分類して、それぞれの組み合わせに対応する効果的な方法を考えてみましょう（P142図1）。

「ユーザーの反対側へ移動」と「アクションを起こす」では、ディフェンスの準備が整っていることが多いので、ボールマンはチャンスを伺いながら他のプレーヤーへのパスによってプレーを展開することが効果的なことが多くなるでしょう（P142図2）。

「ゴール方向へ移動」した場合は、アクションにかかわらず、ユーザーはゴール方向へ攻撃的にドライブすることが最も効果的です。スクリーナーディフェンスとユーザーとの間には広いスペースがあるので対応が遅れるからです。スクリーナーディフェンスの対応によってストップシュートやピック＆ロールによってシュートに結びつけることができます（P143図3）。

「スクリーナーから離れない」とアクションを「起こす」場合は、ドライブによる攻撃的な行動からストップシュートやピック＆ロール、キックアウトなどを狙うことができます。または、ドリブルで少しずつ移動しながらディフェンス状況の変化を見てその対応によってオフェンスアクションを選択することになります（P143図4）。

そして、ユーザーディフェンスがアクションを「起こさない」場合は、ユーザーディフェンダーが対応の準備が整っていないのでスクリーンにかかりやすく、オフェンス側の得意なプレーを選択することが可能な状況になるので、チャンスを逃すことなく得点につなげることが必要です。

ピック&ロールは、2人または3人以上のプレーヤーが協力して攻撃するプレーであり、ユーザーやスクリーナーといった役割によって練習を分解して行うことは難しいので、様々な状況の技術を習得してから練習することが必要です。

（八板）

### 図1　スクリーンセット時のスクリーナーディフェンスとユーザーディフェンスの対応

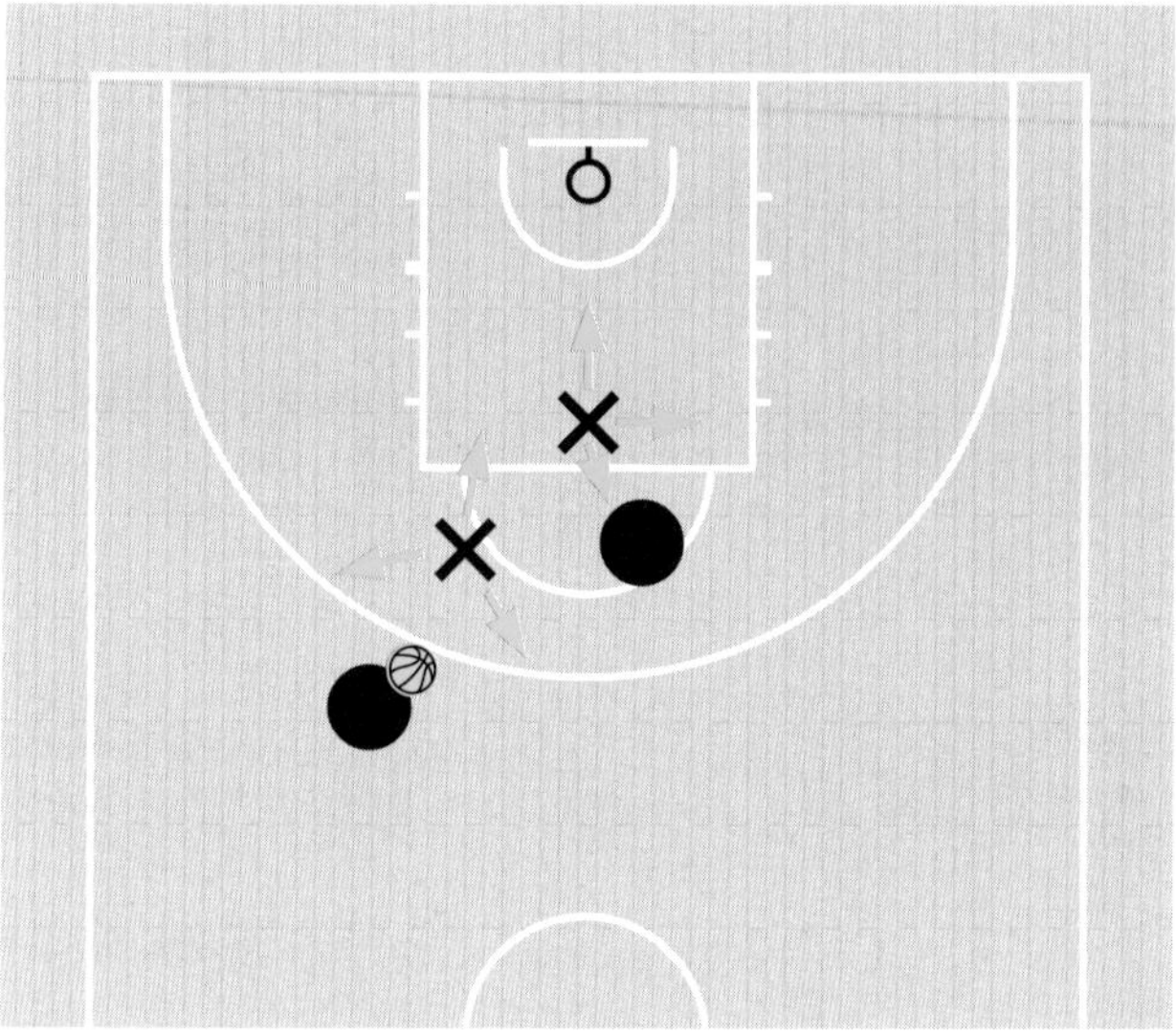

### 図2　スクリーナーディフェンスがユーザーの反対側へ移動しユーザーディフェンスがアクションを起こした状況

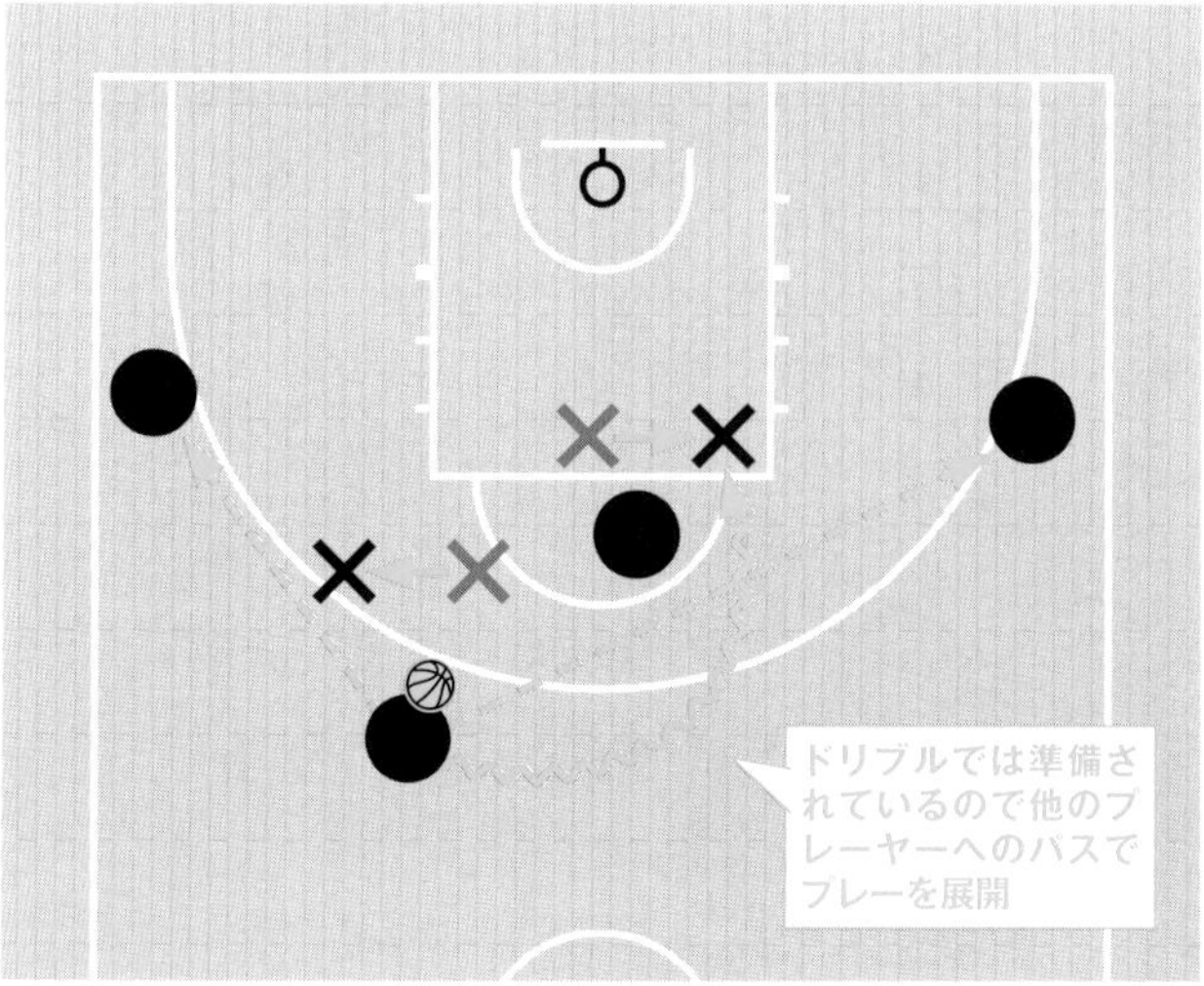
ドリブルでは準備されているので他のプレーヤーへのパスでプレーを展開

## 図3 スクリーナーディフェンスがゴール方向へ移動した状況

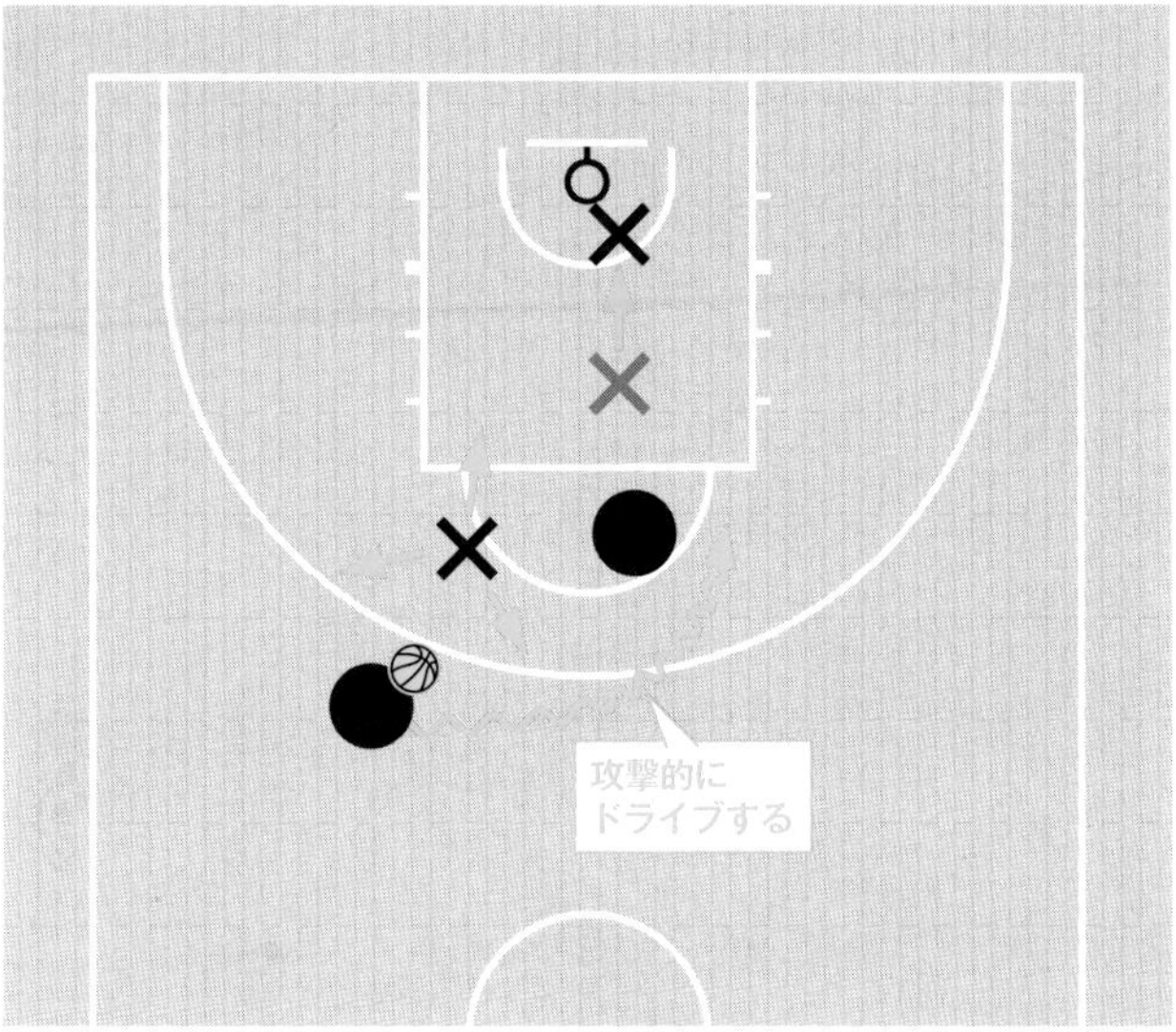


## 図4 スクリーナーディフェンスがスクリーナーから離れない状況でユーザーディフェンスがアクションを起こした状況

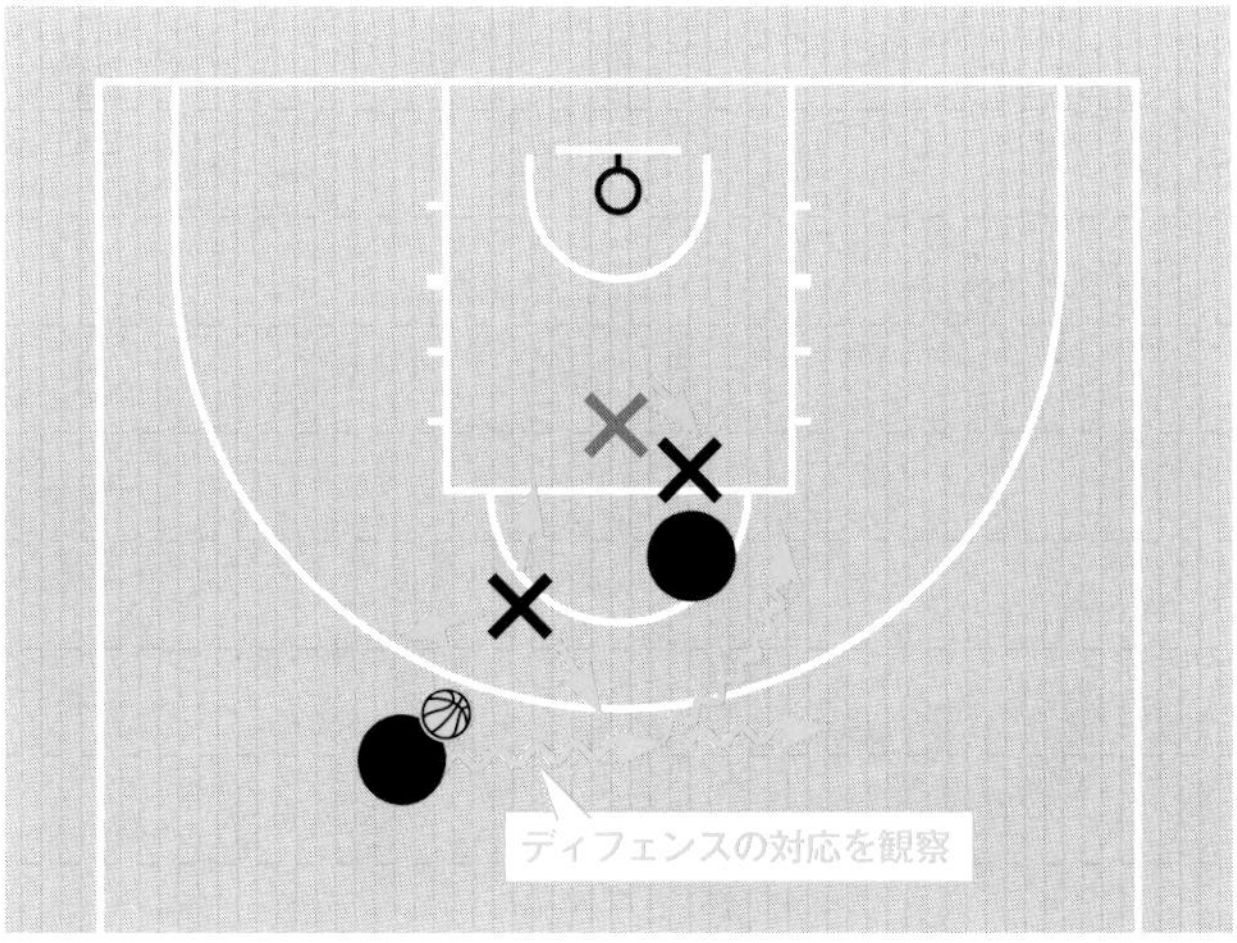


● オフェンス　× ディフェンス　← 人の動き　←〰 ドリブル　← - - パス

**参考文献**

1. Yaita & Aoyagi (2014) Decision-making skills and coaching sequentiality for basketball screening assessed using covariance structure analysis. Journal of Physical Exercise and Sports Science, 20(1): 1-12.
2. 木下夏希・八板昭仁(2019)バスケットボールのスクリーンプレーにおける時系列的な攻防のアクションと成否の関連

# ボールを持ったらどうプレーする？

## ショット、ドリブル、パスの優先順位は、チームの戦術に沿って判断

バスケットボールにおける攻撃戦術は、個人戦術、グループ戦術、チーム戦術に分類でき、それらの攻撃の基礎的プレーを個人的プレーとコンビネーションプレーに大別できます。個人のプレー（1対1）状況にあるオフェンスプレーヤーの目的は、より確率の高いショットをするためにディフェンスとの対応関係を崩すことです。

個人的戦術と技術は互いに影響するので、それらを基にゲーム状況を認識し、適切な動きによって解決する能力を身につけることが重要です。

例えば、シューターにとってのオープンスペースは、シューティングモーションが確保できる最低限の空間です。プレーヤーにその空間が確保されていれば、相手ディフェンダーが目の前にいてもショットは可能と考えられます。

攻撃プレーヤーは、観察と行動の決断が必要で、ゲーム状況に合った戦術（技術）を選択しなければなりません。そのためによく見て認識、予測、実践できるようになるための練習が必要です。

特に個人的な攻撃局面においては、次の3つの判断が重要です。

① **ボールを保持したプレーヤーの攻撃的なプレーの選択**
② **攻撃行動を起こすことによる変化への対応**
③ **防御されている状態**

この3つに得意不得意があったとしても、それぞれ

の能力を高める練習をしなければなりません。

ボールを保持したプレーヤーのプレーは、誰でもがショットを決めることができるわけではないので、個人的な攻撃行動ではパスが最重要と言われます。

しかし、ドリブルとパスの両方ができる場合に、「いつでもパスが優先」なのか、「(1)ショット、(2)パス、(3)ドリブルで、ショットの優先順位が高い」なのか、「対峙関係を崩すためにドリブルを活用し、状態によってはフェイントが必要」なのか、コーチの考え方によって変わってきます。どのようにゲームを進めていても、何を優先するかはチームのコーチ（指導者）の考え方に基づいて状況を判断しなければ、勝利するためのよいプレーはできません。

## より確率の高いショットにつなげるために

ショットにつなげるためのプレーは、ボールマンになったときに既にフリーになっているときと、ボールマンが自らドリブルやフットワークなどでフリーになるためのプレーをする場合があります。

**①既にフリーになっているとき**

「ショット」、または「ドリブルしてゴールに近づいたり、フリー状態になってショット」、「空いている味方へパスする」の、どれかを瞬時に選択して実行しなければなりません

**②ドリブルやフットワークなどでフリーになるためのプレーをするとき**

自分の持っている技術を駆使して相手のマークを外します。そして同時にショットや、味方へパスしてショットが可能かどうかを判断しなければなりません。

ボールを持ったらいつでも攻撃を仕掛けることがよいわけではありません。ボールを持ってからプレーするまでに時間がかかればディフェンス側の準備が整ってしまい、状況はより難しくなります。これに対処するには、技術を持っているだけでなく、その状況で攻撃的なプレーができるのかどうかを含めて瞬時に判断してプレーする必要があるのです。チームの効果的な攻撃が

できるかどうかは、この判断の良し悪しがカギになります。

## ショットの成否に関わる要因や質的な傾向を知っておく

バスケットボールでは、ショットの成功率を得点力の指標とします。そのためプレーヤーはより得意な状況でショットをすることが重要になります。

またショットの成否は、相手ディフェンダーの行動やショット前のプレーなどにも影響されるため、「ショットの成否に影響する要因を知っておく」ことはとても大切です。

この要因としては、①リングまでの距離、②リングへの方向、③スクリーンプレーの有無、④ディフェンダーとの間合い、⑤ディフェンダーのハンズアップの有無やレベル、⑥被ファウルの有無、の影響が大きいことがわかっています。そのためこれらの項目を基準にして、ゲーム中にショットをするかの判断をしてみましょう。

またゲーム中のショットですが、質的な傾向を知ることも大切です。これは単に「成功数が多い」、「成功率が高い」などの指標ではなく、「簡単な状況におけるショットが多いか」、「難しい状況におけるショットが多いか」ということを意味します。

そしてプレーヤーの質的なショット傾向と各ショット状況の成功率を記録していくと、ゲーム中のショット能力やショット状況の判断力も評価できるようになります。

その結果、例えば「簡単なショットも難しいショットも成功率が高い」、「難しいショットの成功率は低いが簡単なショットの成功率は高い」、「難しいショットの成功率は高いが簡単なショットの成功率は低い」などの特徴がつかめるはずです。

それぞれのプレーヤーの特徴が理解できると、チームはより効果的なプレーヤーの配置や戦術の組み立てができるようになります。

バスケットボールには、ショット回数の多さやコート上の選手間の距離、ボールの移動距離が短く速いといった特徴があります。さらにプレーを邪魔する相手

リングからの距離だけでなくショット可能なディフェンスとの距離や状態を判断することも必要

がいるため、プレーの状況は目まぐるしく変化します。このようなことに対処していくには、これまで紹介してきた

**①プレーの優先順位をチームの戦術に沿って判断する**
**②より確率の高いショットにつなげるプレーと状況判断をする**
**③プレーヤーごとのショットの成功率と質的な傾向を把握し、戦術に組み込む**

といったことが必要になります。（八板）

ゲーム前の練習でもディフェンスとの距離や状態を確認することは重要

**参考文献**
Yaita & Aoyagi (2015) Structural models of coaching decision-making ability for individual offensive actions in basketball. The Japan Journal of Coaching Studies, 28(2): 129-140.
八板昭仁・青柳領・倉石平・野寺和彦(2017)バスケットボールのゲームにおいてショットの成否に影響する諸要因、コーチング学研究、30(2): 179-192.

# 「ゲームの流れ」をつかんで勝利する

1999年にFIBAが競技時間を「10分のクォーター を4回行う」と変更したことは「状況を変化させる要因」の検証に拍車をかけることになりました。

なぜなら、「バスケットボールのゲームの勝敗は、時間に大きく依存している」という事実をより一層際立たせることで、10分毎に区切られるチームの戦い方の重要性が顕現化したからです。

しかし、その重要性に着目した一連の研究は、ある特定のクォーターや時間帯がゲームの勝利に少なからず影響を及ぼすことは明らかにしましたが、40分という競技時間を10分のクォーターが鎖のようにつながった機械的結合と捉えたり、各々のクォーターや時間帯の単純な序列化に終始していました。つまり、全体の競技時間中の「部分」としてのそれぞれの時間帯での戦い方

## 「状況を変化させる要因」としての「ゲームの流れ」

バスケットボールの複雑で多様なゲーム状況を分析し、勝敗の原因と結果との因果関係を特定する「勝敗因を客観化する試み」は数多く行われてきました。そのねらいは、主観に左右されることのない共通尺度に基づく、「状況を変化させる要因」を法則的に把握することでした。

観察者や分析者の力量に左右されない、説得力のある個人のパフォーマンス指標の情報を提供できればチームのパフォーマンスも向上するかもしれませんが、それでもゲームに勝利できるとは限りません。

こうした理由から、チームに特有の勝敗因や勝敗を分ける基準値を究明する研究も行われてきましたが、

が「状況を変化させる要因」であり、内容次第でゲームの勝敗が左右される、という論理によっていたのです。

ところが、特定のクォーターや時間帯の対策を講じても、それはあくまでもある部分に固有の問題に対する「そのつど的」な対応にすぎません。たとえ首尾よく成功したとしても、最終的な勝敗の原因と結果との因果関係の解明にはつながらないため、かえってチームに混乱を招く要因となってしまいます。

このような混乱を払拭するために、4つのクォーターそれぞれの機能・役割と勝敗との関係を法則的に把握して「実践上の指針」を示すことは、「状況を変化させる要因」を科学的かつ実用的に理解する上で不可避の作業といえます。

それはまた、「状況を変化させる要因」として重視すべき「ゲームの流れ」についての「共通尺度」を明らかにすることを意味しています。

図1 「ゲームの流れ」のイメージ・スキーマ

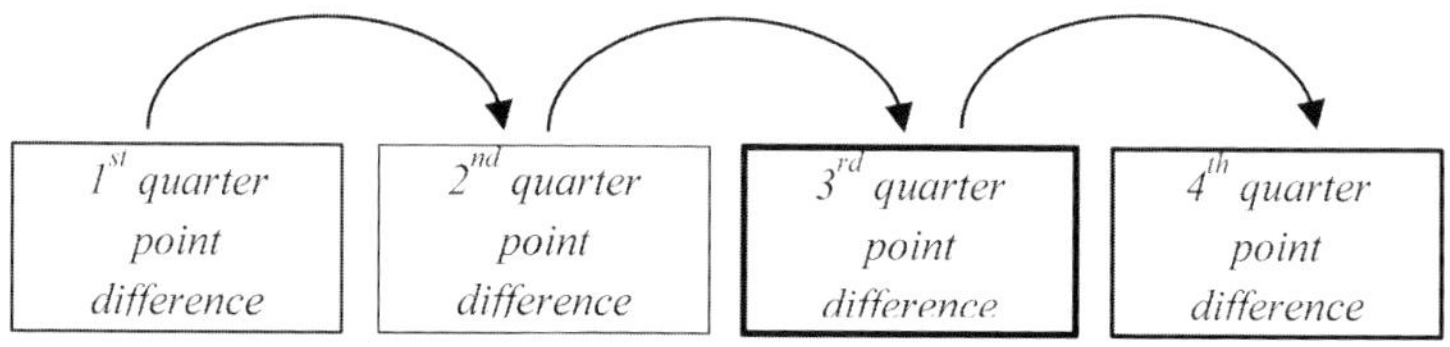


## 各クォーターが持つ意味とは

バスケットボールにおける40分という競技時間は、10分という時間で区分された4つのクォーター(※)から構成されています。しかし「それらは単なる部分として併存しているのではなく、それぞれが互いに影響を及ぼし合っている」と理解することは、ゲームで勝利する上で重要な意味をもっています。この10分という時間区分から成る4つのクォーターが互いに影響を及ぼし合いながら前進していく事態を「ゲームの流れ」という言葉で捉えるなら、この「ゲームの流れ」は勝敗と密接にかかわっているからです。

ここでは、「ゲームの流れ」と勝敗との因果関係を、①クォーター毎の重要度、②クォーター間の相互依存

※クォーター:
国際バスケットボール連盟(FIBA)は2018年10月1日からそれまでの「ピリオド」を「クォーター」に変更し、日本バスケットボール協会(JBA)も2019年度から「クォーター」という用語の使用に踏み切りました。参考文献では「ピリオド」が用いられていましたが、両者とも10分という時間は同じですので、ここでは「クォーター」と表記しました。

関係、③累積得点差と勝敗との関係、という3つの観点からみてみることにします。

まず、①クォーター毎の重要度についてですが、ゲームの勝利に重要な役割をもつクォーターが存在すると思いますか？　どのクォーターも重要ではないでしょうか。

しかし、4つのクォーターには特に重視するクォーターがあります。結論からいいますと、最終得失点差が19点以下であれ20点以上であれ、「第1」「第3」「第4」の3つが勝敗に影響を及ぼすクォーターであるといえます。また、第2クォーターも含めると、各クォーターの重要度は「第3、第1、第4、第2」の順になります。

次に、②クォーター間の相互依存関係は、「第1→第2（累積）」、「第2（累積）→第3（累積）」、「第3（累積）→第4」であり、時系列的に先行するクォーターの得失点差は次のクォーターに「契機」として機能することになります。特に、「第3（累積）→勝敗」および「第4→勝敗」は因果連鎖が強く、勝敗に大きな影響を及ぼします（P149図1）。

最後に、③累積得点差と勝敗との関係については、上記の「第3（累積）→勝敗」および「第4→勝敗」の相互依存関係から、第3クォーターまでの累積得失点差が8点以内であれば、第4クォーターの戦い方次第で勝敗が決することになります。

このことは、第3クォーター終了時までの累積得点差が8点以内であれば、9点差以上に比べ、逆転の可能性が高いことを示してもいます。

これらの結果は、各クォーターを独立したものと捉え、1ゲームの内に10分のミニゲームを4度行うことによる単純な足し算のような考えでは、バスケットボールでの「ゲームの流れ」は捉えられないことを意味しています。

## ゲームの流れを理解すると戦い方や練習が変わる

周知のように、バスケットボールはルールの改廃増補のたびにゲームが高速化しています。アップテンポなゲーム展開とそれに伴い求められる運動強度は非常に高く、5人の選手だけで40分を戦い抜くことは困難です。そうなると、どうしてもゲーム中に主力選手を休ませる時間帯が必要になっています。

実際、主力選手たちはゲームの中で重要視される第1クォーターの開始時点で出場していることが多く、彼らを休ませている時間帯が第2クォーターであり、このことが、第2クォーターが勝敗を予測する有意なクォーターとは成り得ないことに影響を与えています。

逆にいうと、試合の大勢を決定するのは、相対するチームの主力選手たちのでき次第であって、彼らがあまり出場していない（プレー時間の少ない）であろうと考えられるクォーターは、ゲームの勝敗にとって重要ではないことを物語っています。

その一方で、最終得失点差が20点以上ついてしまったゲームでは、第1クォーターの得失点差が勝敗に影響を与える要因といえます。

これらの結果は、最終得失点差が拮抗するゲームと得失点差が大きく開いたゲームとでは、勝負の分かれ目となるクォーターがそれぞれ異なることも意味しています。

「ゲームの流れ」に類似するものとして、特定のある場面や複数の場面での連続得失点による相対的な変化を指す「勢い」というような言葉も存在します。

しかし、それはどのゲームでも、どのクォーターでも、必然的に発生するわけではないため、偶然性の要素が入り込むことになります。これに対して、4つのクォーターは構成的ルールによって明示されかつ常設されており、偶然性に左右されることはありません。

「ゲームの流れ」を理解しておけば、勝負所を見据えての主力選手の休ませ方や第3クォーターまでの戦い方などの重要性が明らかになることで、ゲーム時のコーチングに、より一層の効力をもたらすことができます。そしてそれだけでなく、日々のトレーニングの質も格段に向上させることができ、目標とする勝利の実現に近づくはずです。

（内山）

**参考文献**
内山治樹・池田英治・吉田健司・町田洋介・網野友雄・柏倉秀徳（2018）バスケットボール競技における「ゲームの流れ」と勝敗との因果関係に関する研究：4つのピリオドの相互依存関係に着目して.体育学研究,63（2）：605-622.

# チーム戦術の3つの要因と要素

## チーム戦術には原理が存在する

バスケットボールのチーム戦術は、5人の動きによる多種多様な形から成り立っています。しかし、そこには、時代や文化あるいはレベルとも関係なく、チーム戦術を根底で支えている原理が存在します。

これはたとえば、80年代のNBAを席巻した〝Stack and Hawk〟〝Shuffle〟〝Flex Continuity〟〝UCLA High Post〟〝Passing Game〟〝Triangle Offense〟という「最もポピュラーな6つのオフェンス」（図1）であれ、90年代の〝Horns〟〝Base Cross〟〝Power〟〝Zipper〟〝Mid Screen〟〝Side Screen〟という「今日のゲームにおいて最も用いられているセットプレー」（図2）であれ同じことがいえます。

この原理が浸透していれば、パフォーマンスの成否をチーム全員で共有し確認することができますし、新たなチーム戦術を創案したり、スカウティングを行う際の視点として活用することができます。

## チーム戦術を支える3つの原理

チーム戦術を支える原理を、より細かく紹介していきます。

### 1.「時間」

チーム戦術をオフェンスから捉えた場合、それは、①素早く帰陣しようとするディフェンスよりも更に速くオフェンス側が人とボールを進める「ファストブ

## 図1 80年代を代表するセットプレー

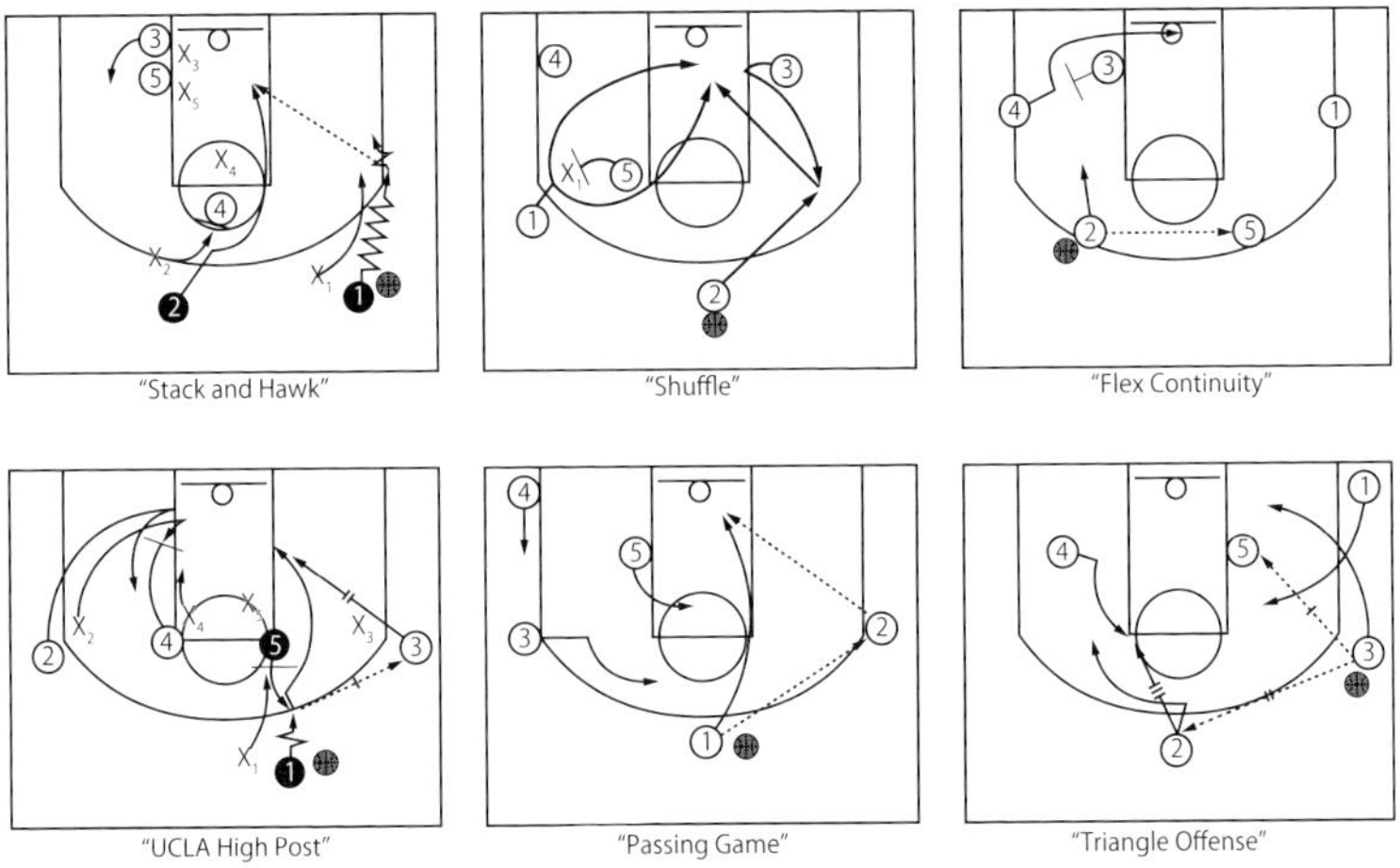


## 図2 90年代を代表するセットプレー

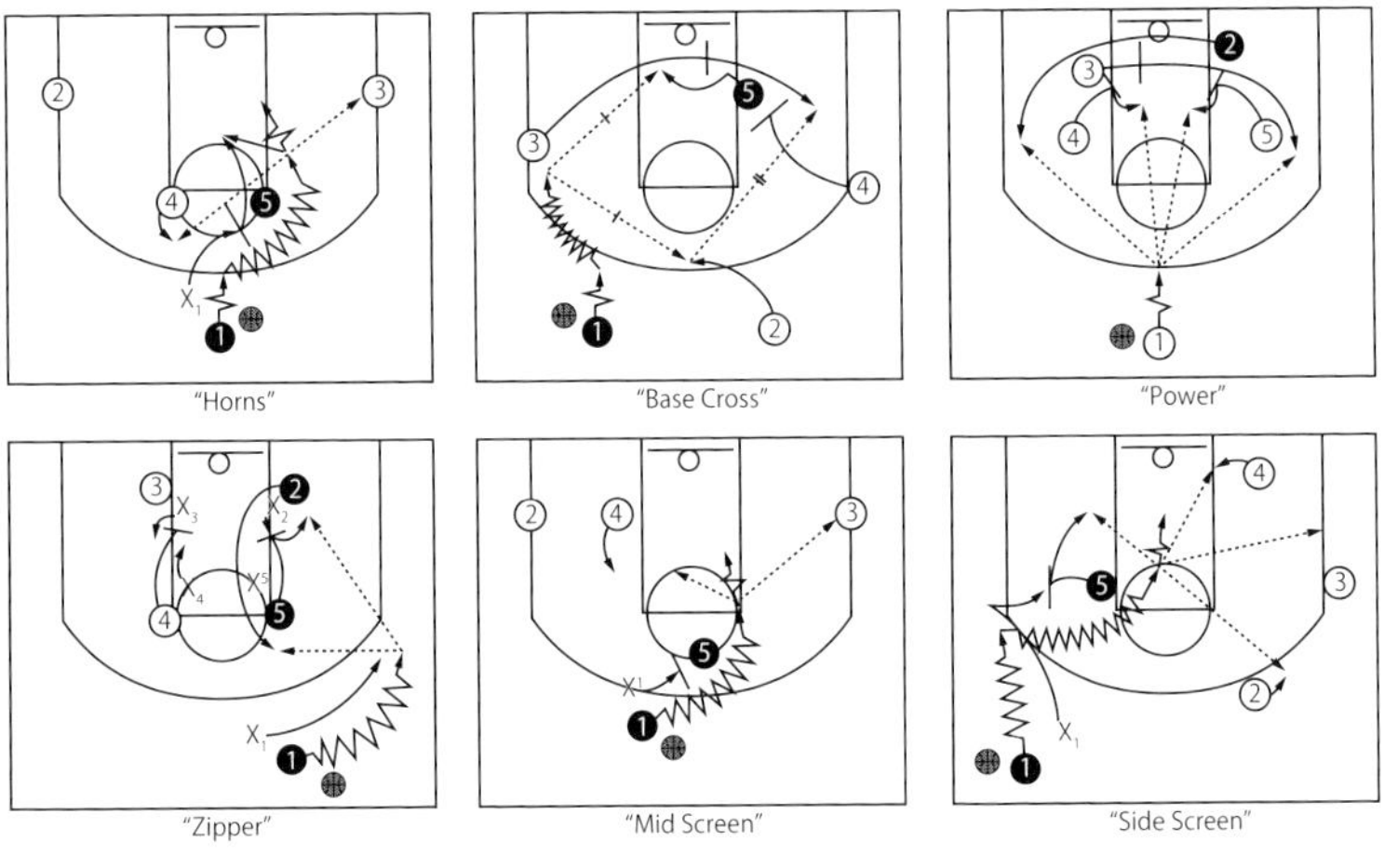

レイク(FB)」、②相手ディフェンスの体勢が整ってから攻撃する「セットオフェンス(SO)」、③①で得点できなかった場合、②に移る前に引き続きオフェンスを展開する「アーリーオフェンス(EO)」、という3つの段階が考えられます。また、それらを「時間」という視点でみれば、①3～5秒、②5～10秒、③13秒以内、であれば成功する確率が高いことも明らかになっています。

したがって、オフェンスは、最長で13秒以内に完結することを目標にする中で、右記の3つに、④FB→EO、⑤FB→SO、⑥EO→SO、⑥FB→EO→SO、という4つのパターンを加えた7パターンが現出することになります。

## 2.「空間」

チーム戦術を考える際に重要なのは、「今、ここで」の敵・味方10人のプレーヤーたちが占める単なるコート上の位置ではなく、ある瞬間に10人が占める空間の意味、より正確にいうと、その戦術的位置です。とりわけ、オフェンスにおけるそれは、ゴールが頭上に設置されていることも相まって、コート上の「空間」は均質でなく戦術上の「優先順位」によって規定されます。別言すると、「空間の戦術的な重要度は距離に反比例して増加する」のです。

このことを具体的にいうと、①ゴール近辺、②ポスト、③ペリメーター、④3ポイントシュートラインの外、という「優先順位」が存在することになります。

「ストレッチ4」や「ストレッチ5」など、最近では長身プレーヤーが④からシュートをねらう場面も多々みうけられますが、どの時代であってもどのレベルであっても、この順位は普遍です。

なぜならそれは、「チーム間における身長差と得点比には高い相関関係がある」からです。これまでも、おそらくこれからも、長身プレーヤーを擁してチームの大型化が図られるのは、このような理由によっているわけです。

## 3.「動的秩序」

得点は、最終的には個々のプレーヤーによって獲得されます。しかし、それを支えるのは、「動的秩序」という要因です。

これは、5人の動きのかたちを通じて創り出された「流れ」が再度動きそのものを力動化させ、動きのかたちとして継続し効力を発揮する、という仕組みのことで、それは次のような現象として具体的に確認できます。

（1）得点獲得の方法は、次の方法へと連続する（たとえば、FB→EOなど）、（2）つまり、得点獲得の方法は「流れ」という要素を不可欠とする、（3）そして、「流れ」によって、得点獲得の方法はその特定され固有された空間に「優先順位」を踏まえつつ存在する（チーム戦術に不可欠な連続性は、それを通じて創り出された「流れ」の指定する「時間」によって特定の「空間」に場所を占めることになる）。（4）この場合、個人の存在（ポジショニング）は空間の「流れ」の中での「優先順位」から特定される、ということです。

このように、チーム戦術は3つの要因・要素から成り立っているわけですが、それは、「″Early Push″→″Early Flow″→″Continuity″」と簡潔に表記することができます。これはまた、「ボールを素早く押し進め、流れを止めることなく、連続して、オフェンスを展開する」と意訳することができます。

この原理から、たとえば、ビックマン不在のチームでは、高確率の3ポイントシュートを中心に素早い攻撃を展開し、長身選手のいるゴール近辺での身長差や体格差および心理的プレッシャーを軽減することで勝利する、という「優先順位」を逆順させたゲーム構想を考え出すことも可能になります。

一方でディフェンスは、オフェンスとは全く逆の事態を考えればよいことになります。すなわち、「ボール保持から13秒以上の時間を費やさせ、空間的な優先順位を逆順させ、動的秩序によりもたらされる連続した流れをことごとく断ち切る」ということが、ディフェンスにおける普遍的な原理となります。

（内山）

参考文献
内山治樹(2007)スポーツにおける戦術研究のための方法叙説．体育学研究、52(2)：133-147.
内山治樹(2004)バスケットボール競技におけるチーム戦術の構造分析．スポーツ方法学研究、17(1)：25-39.

## コラム5

# 男女の違いは方向変換!?

バスケットボールで重要な動きのひとつに、「素早い動作の切り替え」があります。なかでも直線的に走っていて180度方向を変えて走る「方向変換」の動きに着目してみましょう。

男子選手では身長が低い選手ほど方向変換が速く、女子選手は低い身長でも高い身長でも方向変換の速さは変わらないという研究結果があります。男子選手は、身長の低い人ほど動きの素早さで勝負をすることができることがわかります。

一般に男女の性差として筋肉量は女性よりも男性の方が多く、下肢の高い筋パワーが必要となる100m走のような直線的な走りの速さは男性の方が速くなります。「方向を変える動きの速さ」にも下肢の筋力が関係すると言われていますが、方向を変える速さ自体は、男子選手も女子選手も変わらないという研究結果もあります。女子選手は、直線的な走りが速くなくても「方向を変える動きの速さ」を効率よく無駄なく行うことで、相手よりも優位に立つことができるでしょう。

スポーツは男性主導で発展してきた歴史から、男性の基準に女性があてはめられるケースが多いのです。しかし男性女性それぞれに動きのちがいがあるため、指導者はその特徴をよく捉えることが大切になってきます。

(山﨑)

**参考文献**

J.M.Sheppard, W.B.Young. (2006) Agirity literacture review : Classifications, training and testing. Journal of Sports Sciences. 24, p919-932.

山﨑紀春・河村剛光・青木和浩・中嶽　誠(2017)大学女子バスケットボール選手における方向変換走能力の特徴. バスケットボール研究(3), p43-51.

第5章

# フィジカル&メンタルの科学

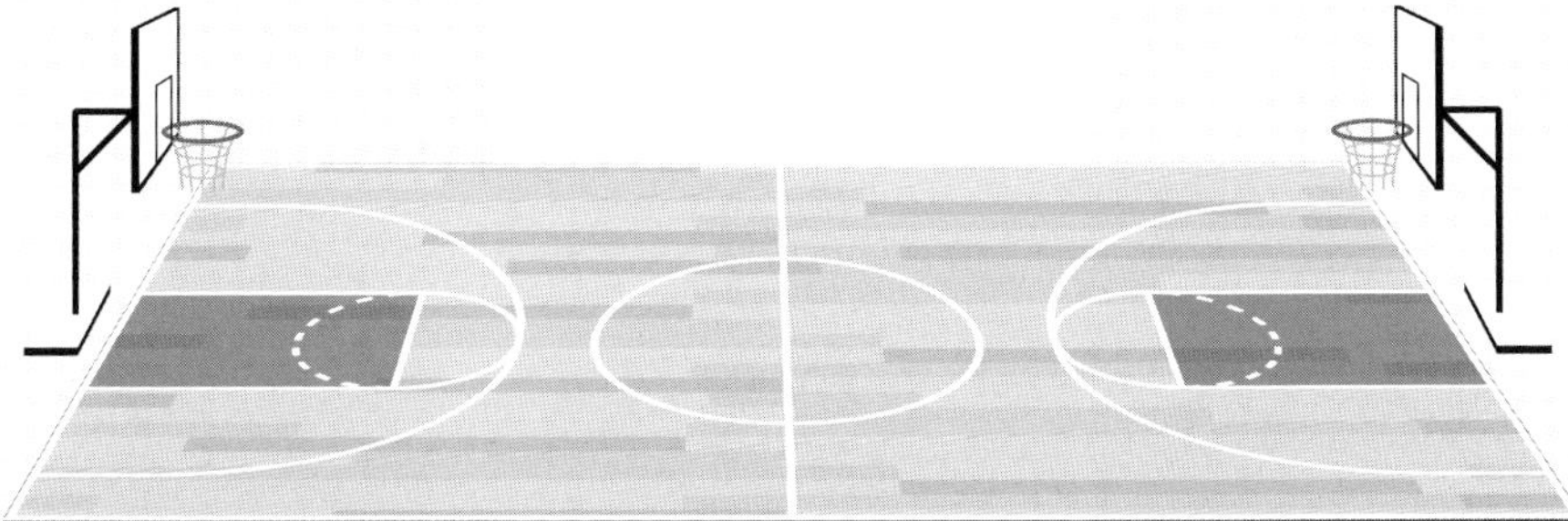

# バスケがもっとうまく強くなるためのトレーニング

## トレーニングの要素とその関係

パフォーマンス向上のトレーニングは様々な要素から形成され、その要素が影響し合い、複雑に結びつくことで最良な成果につながっていきます。

スポーツのパフォーマンスを向上させるために行われる様々な行為や思考をトレーニングと言い、大きな側面として「体力」と「技能」に大別されるので、今回はその概念と、実践する際のサイクルについて解説します。

図1に示すように、全ての人に共通した身体の仕組みからトレーニングを考えることは、関係する様々な要素を理解し、関連づけることに役立ちます。体力的と技能的に分け、普段のトレーニングがどこに属するかを考えてトレーニングを構築していきましょう。

図2はトレーニングで行われる様々な運動要素を4つに分類し、関係性を示しています。パフォーマンス向上のトレーニングは体力的要素を土台に積み上げられたピラミッド型をしています。それぞれの重

図1　スポーツ・パフォーマンス発揮に至る身体機能機序

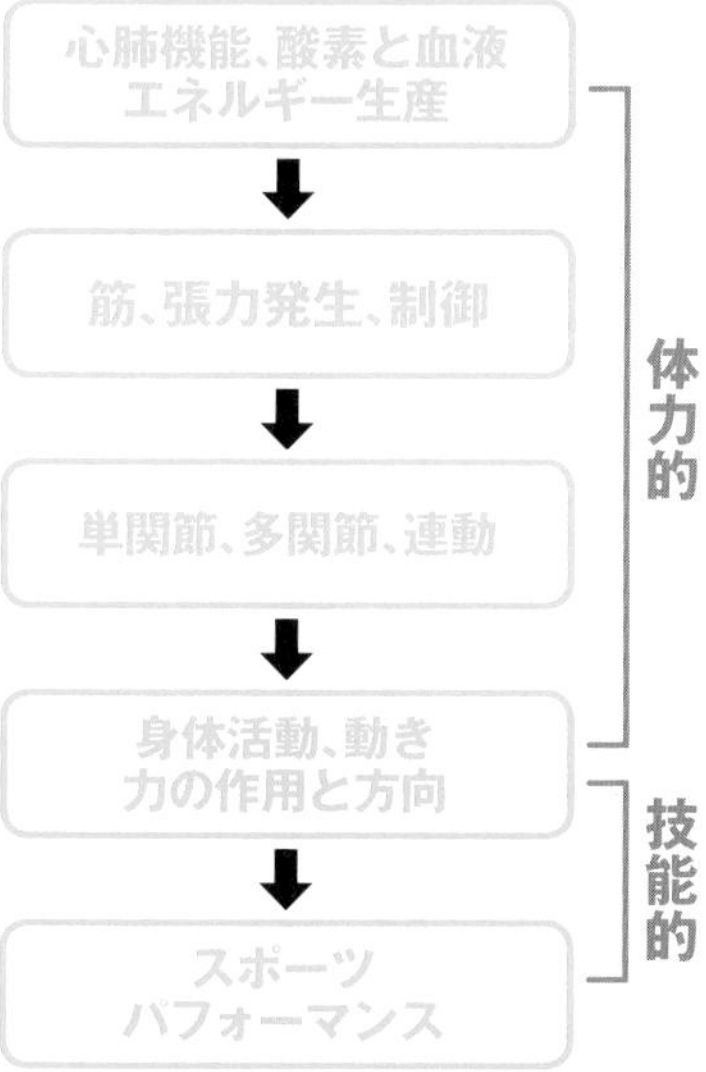

要性や比率は競技種目で異なりますが、「技能・戦術は体力を超えない」ということと、メンタル(ルーティン、気合、動機、マインドセットなど、心理学的要素の行為)だけ特筆しても成立しないということを意味しています。多要素からなる体力的側面の充実は重要で、更なるスポーツ・パフォーマンス向上のためにはその拡大とメンタル的側面からの引き上げを同時に行うことになります。

160ページの図3は多要素からなる体力的側面をトレーニング種目から3つの種類で示しました。

球技種目でも運動の構造から、バスケットボールが含まれる攻守混合型(ゴール型)、攻守分離型(ネット型)、攻守交代型(ベースボール型)に大別でき、運動の特性からスピード・筋力系、制御系、持久系とパフォーマンスに必要な筋発揮の様相や形式は異なります。しかし、重要性の把握と共にバランスよく土台形成を図るということも大切です。専門性が顕著にみられるのは、トップレベルになってからなので、高度な技を表現できる運動能力を養うことがジュニア期には必要かもしれません。

図2 スポーツ・パフォーマンス向上のトレーニング要素の関係

## 効果的なトレーニングのために

体力的要素の専門的側面と球技種目に共通した専門的要素の関係を図4に示しました。それぞれのパフォーマンスをなす技能・戦術的要素と密接に結びついています。結びつく程度は、選手の運動経験や筋力発揮を最適化する調整力、運動や運動方法の理解程

図3　体力的トレーニングの種類と関係

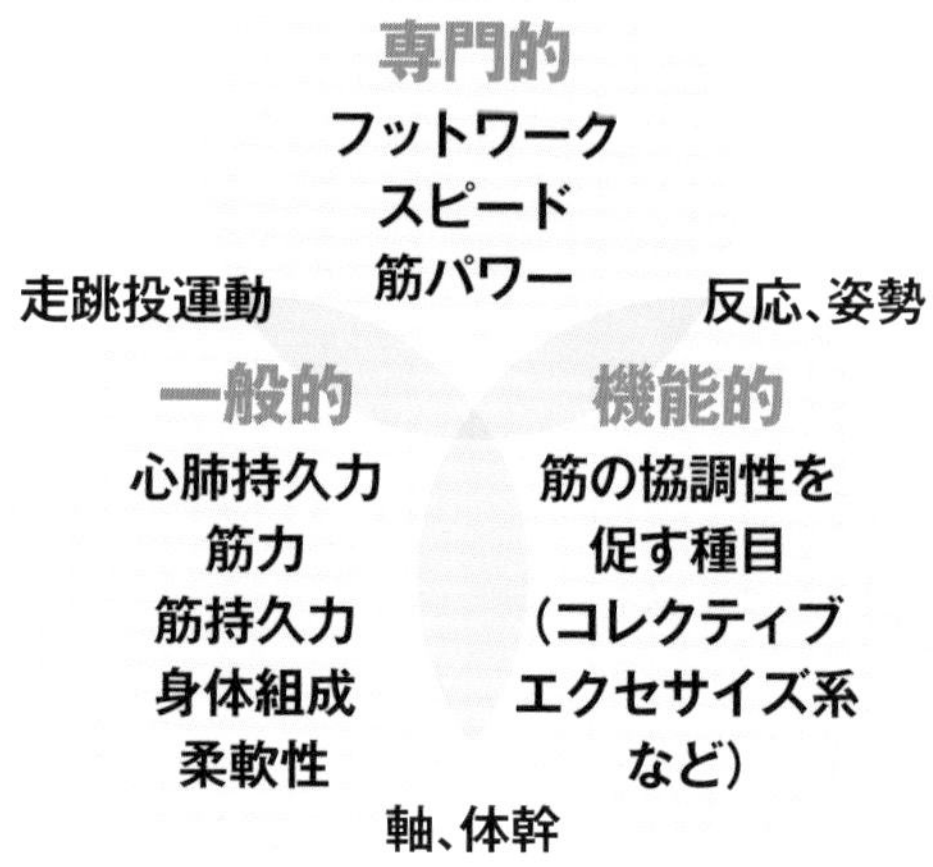


図4 球技種目のトレーニング内容体系

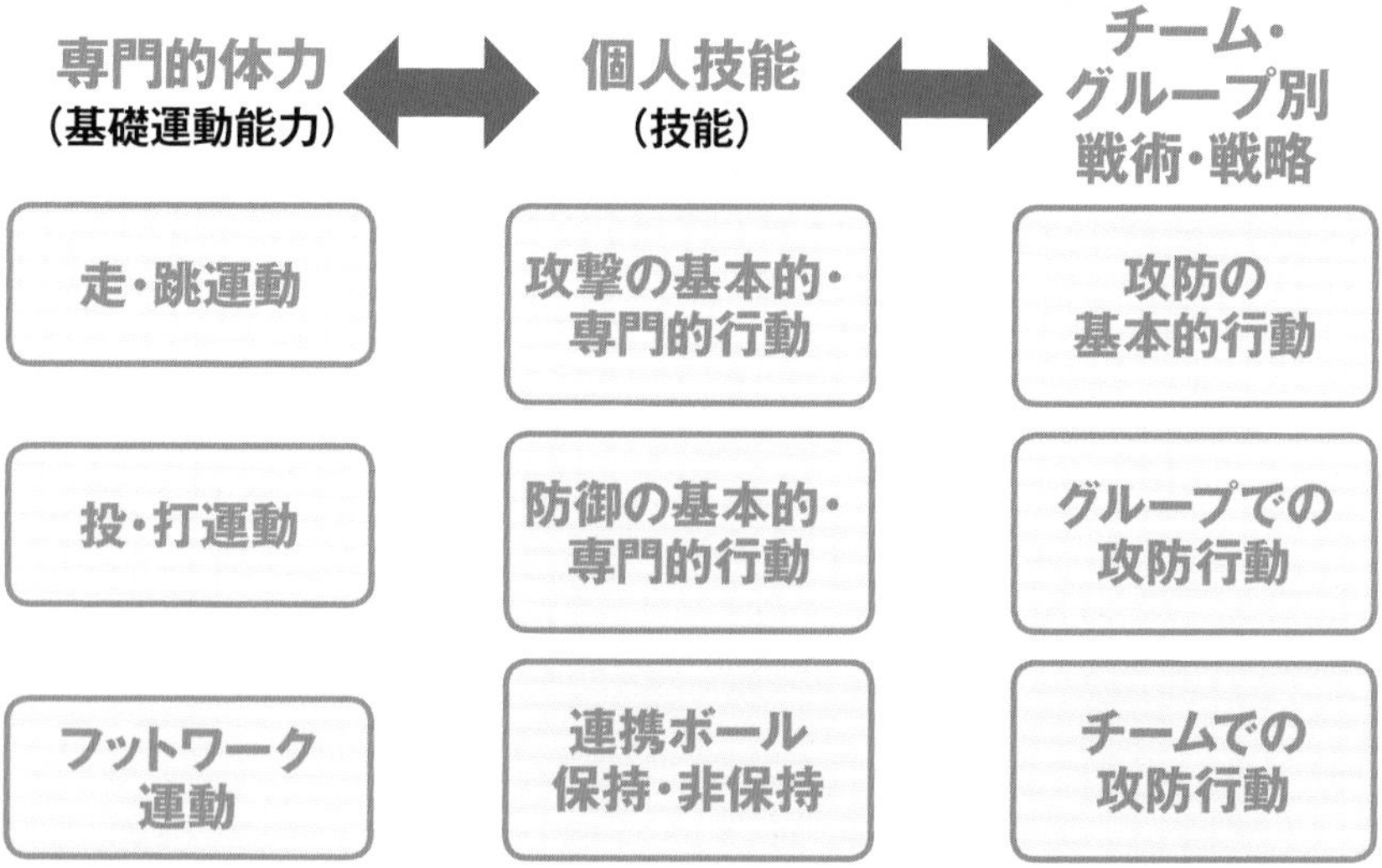

度により異なります。そのため、トレーニング指導では、直接指導か一斉指導か、全習的か分習的か、共同かペアかなど指導形式や実施形態の選択を考える必要があります。さらには、運動能力と技能・戦術を結びつける指導における発問や発想を追究することも必要と言えます。

表1に示したのは、トレーニング実践に向けてのPDCAサイクル（トレーニング版）です。Plan（計画）、Do（実行）、Check（測定・評価）、Action（対策・改善）の仮説・検証型プロセスを循環させ、マネジメントの品質を高めようという概念で、1950年代、品質管理の父といわれるW・エドワーズ・デミングが提唱したフレームワークです。

この考え方はトレーニング場面でも応用でき、「スポーツでは、もしも…だったら」は禁物といわれますが、Cの評価、振返りでの要因から仮説を立てる際には重要な思考になります。

トレーニング場面での事項で指導と成果の距離を個人とチームから考え、サイクルしながら目標実現に向け上昇させて欲しいと思います。

（下嶽）

## 表1 トレーニングのPDCAサイクル

| | | | |
|---|---|---|---|
| P | トレーニング計画 | 気分、頻度、疲労・回復関係、効果出現 | |
| | | 超長期的 | 子どもから引退まで |
| | | 長期 | オリンピックサイクル |
| | | 中長期 | 半期・年間、卒業 |
| | | 超短期・短期 | 1日・週・数週ブロック |
| D | トレーニング実践 | コーチング | 身体作業能力向上、理論的思考能力向上 |
| | | 育成 | 人間関係構築 |
| | | マネジメント | トレーニングと直接つながらない行動 |
| | 試合 | 試合に向けてと試合日の行動、試合へのアプローチ | |
| C | 評価、振り返り | 結果、成果、日誌、コントロールテスト、診断 | |
| | | 要因分析 | 原因や要因の抽出、検証、比較 |
| A | 仮説 | 指導と成果の関連性 | |
| | 目標、課題の設定 | 計画・実践の修正、再設定 | |
| | トレーニング準備 | 何をやるか 選択（実践的、専門的運動、一般的運動、創造） | |
| | | どうやるか 指導様式、組み合わせ、展開、手順 | |


**参考文献**

- 村木征人：スポーツトレーニング理論．ブックハウス・エイチディ，1994.
- 図子浩二：スポーツ練習による動きが変容する要因 —体 力要因と技術要因に関する相互関係—．バイオメカニク ス研究，7(4):303-312，2003.
- 下嶽進一郎：トレーニングを学ぶ　体育授業の理論と実践，ブックハスHD，，2015.

# バスケットボール選手もウェイトトレーニングが必要？

## 動きの動力源は筋

「バスケットボール選手もウェイトトレーニングが必要か」という問いに対する、バイオメカニクスの観点からの答えは、「Ｙｅｓ」です。なぜなら、全ての動作における動力源は筋だからです。

バスケットボールの試合中の選手の動きを考えてみましょう。

ボールを追いかけて走り、シュートを打つため、止まるため、リバウンドを取るために跳び、パスをするためにボールを投げて、相手選手とポジションを奪い合うために体をぶつけ合います。それ以外にも、様々な動きが求められます。

もちろん、技術面や戦術面も勝敗を左右しますが、「より速く走ること」、「より高く跳べること」、「より遠くに投げられること」、「ぶつかってくる相手に対して負けないようにより強くなること」などの体力面での強さも、ひとつの要因ではないでしょうか。そして、ウェイトトレーニングはこれらを達成するための手段のひとつとなります。

「すべての動作において、動きの動力源は筋である」ということについて、改めて考えてみましょう。

私たちに見えている全身の動きは、全身の関節で角度変化が起きることによって成り立っています（図1）。

関節の角度変化は、基本的にはその関節周りにある筋が力を発揮することによって起きています。そのため動きを速くするには、筋で発揮される力を大きくして、関節の動きをより加速する必要があるでしょ

図1 身体運動の起きる仕組み

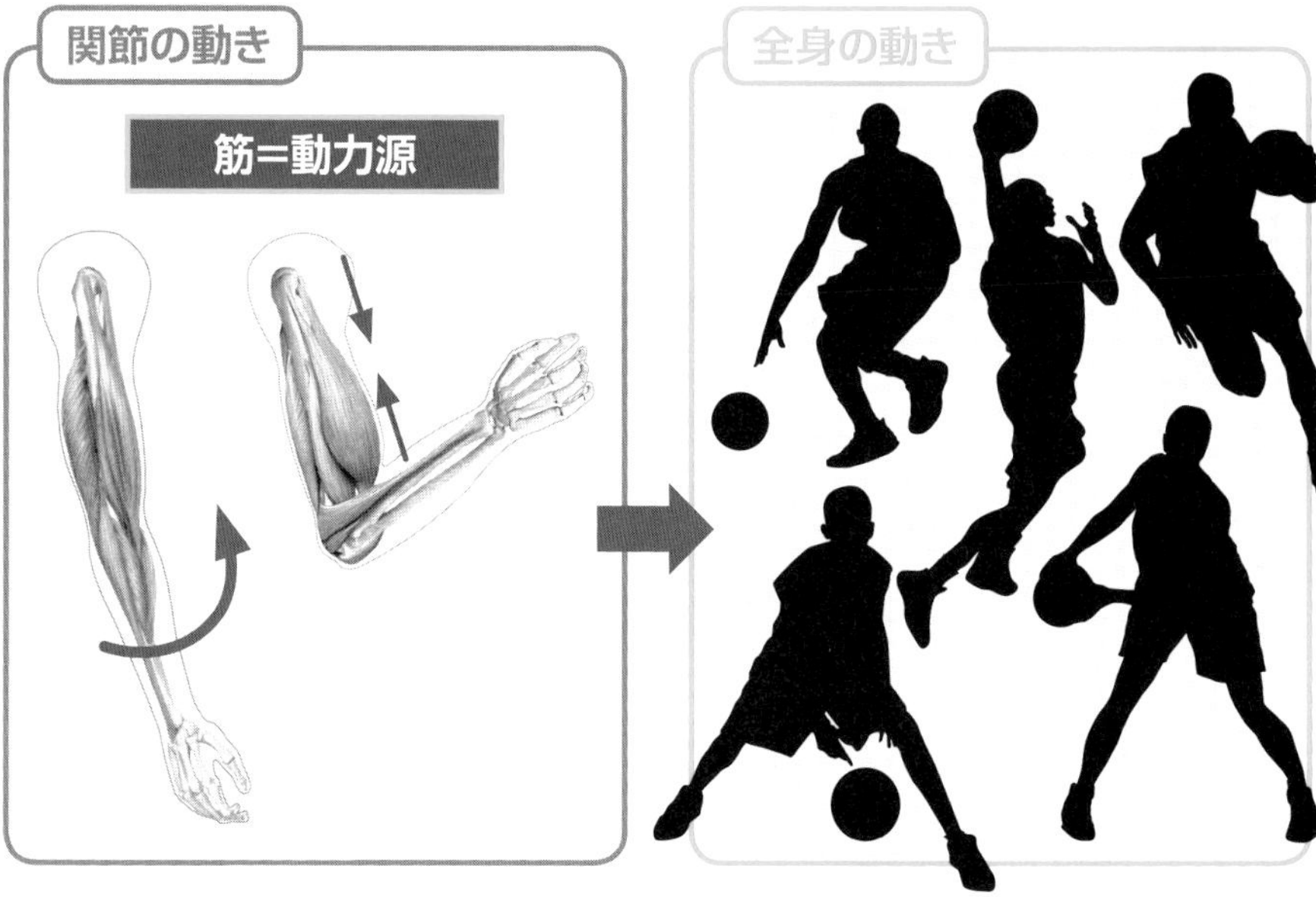


う。

また、速く走る、高く跳ぶためには、地面を強く蹴る必要がありますが、地面を強く蹴る上で動力源となっているのは下肢の伸展筋群です。特に、身体の大きな選手は体重も重くなるので、その身体を小さな選手と同じように動かすためには、より大きな筋力が必要となります。

## 身体が大きくても高い跳躍能力を発揮するために

アメリカのプロバスケットボールリーグ（NBA）の新人に対して行われる体力測定の2010-2012年のデータをNBAのサイトより取得し、解析をしてみました。

主に参照したデータは、「Strength & Agility」テストの一部である、Standing Vertical Leapの跳躍高と、「Anthropometric Stats」で公開されている身長、体重、及び体脂肪率です。

NBA Draft Combineでは、ヤードスティックを用いて跳躍高を測定しています。そして49名の選手のデータの平均は表1の通りでした。

また、イタリアのプロバスケットボールリーグ・セリエAの2014‐2017シーズンの選手39名のデータ（平均値）も公開されています。こちらは表2になります。

### 表1 NBA新人49名に行われた体力測定の平均値（2010-12）

| 身長 | 体重 | 体脂肪率 |
|---|---|---|
| 194.7cm | 95.1kg | 6.98% |
| **跳躍高** | **除脂肪体重の平均値** | |
| 75.1cm | 84.0kg | |

### 表2 セリエA（イタリア）の選手39名の平均データ

| 身長 | 体重 | 跳躍高 |
|---|---|---|
| 198cm | 96.0kg | 47.8cm |

なお、イタリアリーグの選手のデータは、跳躍に際して腕振りを用いることができない状態で計測されています。さらに、NBAで利用されているヤードスティックではなく、フォースプレートというシステムを使っており、このシステムで計測をすると跳躍高が低く出ます。

これらのデータのように、海外のトップ選手はとても身体が大きいにも関わらず、大きな除脂肪体重（≒筋量）を維持できているために、跳躍能力が高いことがわかります。そして大きな除脂肪体重は、ウェイトトレーニングなどにより維持していると考えられます。

しかし選手に与えられる練習時間は限られています。一方でバスケットボールでは、体力的にも技術的にも様々な要素が求められます。そのため指導者はもちろんプレーヤーたちもトレーニングの計画を綿密に立て、ウェイトトレーニングも計画的に取り入れていく必要があるでしょう。

（稲葉）

## ウェイトトレーニングの代表的な種目BIG 3

●ベンチプレス

●デッドリフト

●スクワット

BIG3を行うことで、身体全体の筋肉をバランスよく鍛えることができる。また体幹部の筋肉も鍛えられる

**参考文献**

1. Ferioli, D., Rampinini, E., Bosio, A., La Torre, A., Azzolini, M., and Coutts, A.J. (2018). The physical profile of adult male basketball players: Differences between competitive levels and playing positions. Journal of Sports Sciences, 36(22): 2567-2574.

# 睡眠とパフォーマンス

## 睡眠不足がパフォーマンスの低下を招く

バスケットボールのみならず、多くの身体活動・パフォーマンスに「睡眠の量と質」が影響を及ぼすことが分かっています。例えば、睡眠不足の状態でバスケットボールをプレーすると、どのような悪影響が出ると考えられるでしょうか?

睡眠不足や不眠は、多くの関節を動かすときの力の発揮を低下させることが報告されています。そのため、バスケットボールのような全身運動では、睡眠不足によって力が出にくくなることが考えられます。

また、慢性的な睡眠不足(睡眠負債)とトレーニングの関係をみた報告では、代謝系、中枢神経系、内分泌系、免疫系、自律神経系などの生理学的コンディションの悪化に加えて、疲労感の残存やモチベーションの低下などの心理面へ悪影響を及ぼすことが分かっています。これらが複合的に影響し合うことで、運動パフォーマンスや回復力の低下、そしてケガや疾病リスクが増大してしまいます(P168図1)。

スマートフォンの普及により、毎晩のようにSNSを閲覧している人も少なくないでしょう。中でもTwitterは多くの著名人が利用しており、NBA選手も例外ではありません。112名のNBAプレーヤーを対象として、夜更かしをしていた選手、すなわち深夜にツイートした選手は、翌日の試合のパフォーマンスにどのような影響が出るかを調査した研究があります。「深夜にツイートしたとき」と「していないとき」の翌日のゲームパフォーマンスを比較したところ、深夜にツイートをした場合は、シュート成功率が1・7%も減少することが分かりました。睡眠不足になってしまうと、翌日のパフォーマンスが低下してしまうというリスクを肝に銘じるべきです。

## 適切な睡眠時間と方法とは？

では、適切な睡眠時間とはどの程度の時間でしょうか？ 一般的には、7～9時間の睡眠が心理的（学習能力、モチベーションや記憶）および身体的（代謝、炎症）回復に効果的であると提案されています。

アメリカの大学バスケットボール選手を対象とした研究では、普段より睡眠時間を2時間ほど延伸（約8時間を約10時間に延伸）させ、それを3～4週間続けさせました。その結果、スプリントタイムが短縮し、フリースローやスリーポイントシュートの成功率も向上したことが明らかとなっています。このように、適切な睡眠量を確保することで、バスケットボールパフォーマンスが向上することが分かっています。

最近では、パワーナップの実施が勧められています。パワーナップ（power nap）とは、通常の睡眠とは異なる短時間の「仮眠（昼寝）」のことです。短時間の仮眠によって、様々な恩恵が得られることが分かってきました。最新の研究成果によると、運動や試合前の25～45分の昼寝が、昼寝しない状態と比べて5mシャトルランや5ジャンプテストなどの運動パフォーマンスや、疲労感やストレススコアなどの心理的コンディションを改善させたと報告しています。例えば、午前・午後の2部練習がある日などには、昼寝の時間を設けることで午後のパフォーマンス向上が期待できます。

ただし、パワーナップはあくまでも仮眠であり、寝すぎてしまうと深い睡眠（ノンレム睡眠）に入ってしまい、寝起きが悪くなったり、夜の入眠を妨げたりしてしまう恐れがあるので注意が必要です。質の高い、効果的な睡眠や仮眠をとる際のチェックリストを169ページの表1にまとめましたので参考にしてください。

## アプリを有効活用する

睡眠やパワーナップの最適時間は個人によって異なります。

そこでお勧めするのが、スマートフォンやウェアラブル・デバイスに搭載可能な「睡眠サイクル検出アプリ」の活用です。これらのアプリは、睡眠時の体動を検出することで眠りの深さ・ステージを推定し、睡眠習慣を記録してくれます。また、アラームをセットすると、眠りの浅いタイミングに心地よい音楽で起こしてくれますので、目覚めのよい起床が可能となります。

人生の約3分の1を占める睡眠時間をより効果的かつ効率的にするためにも、そしてバスケットボールパフォーマンスを向上させるためにも、普段の睡眠習慣を見直してはいかがでしょうか。

（岩見）

**図1 睡眠不足が身体パフォーマンスに及ぼす影響**（文献1より引用改変）

※図中の破線矢印は「関連している可能性がある」ことを示す

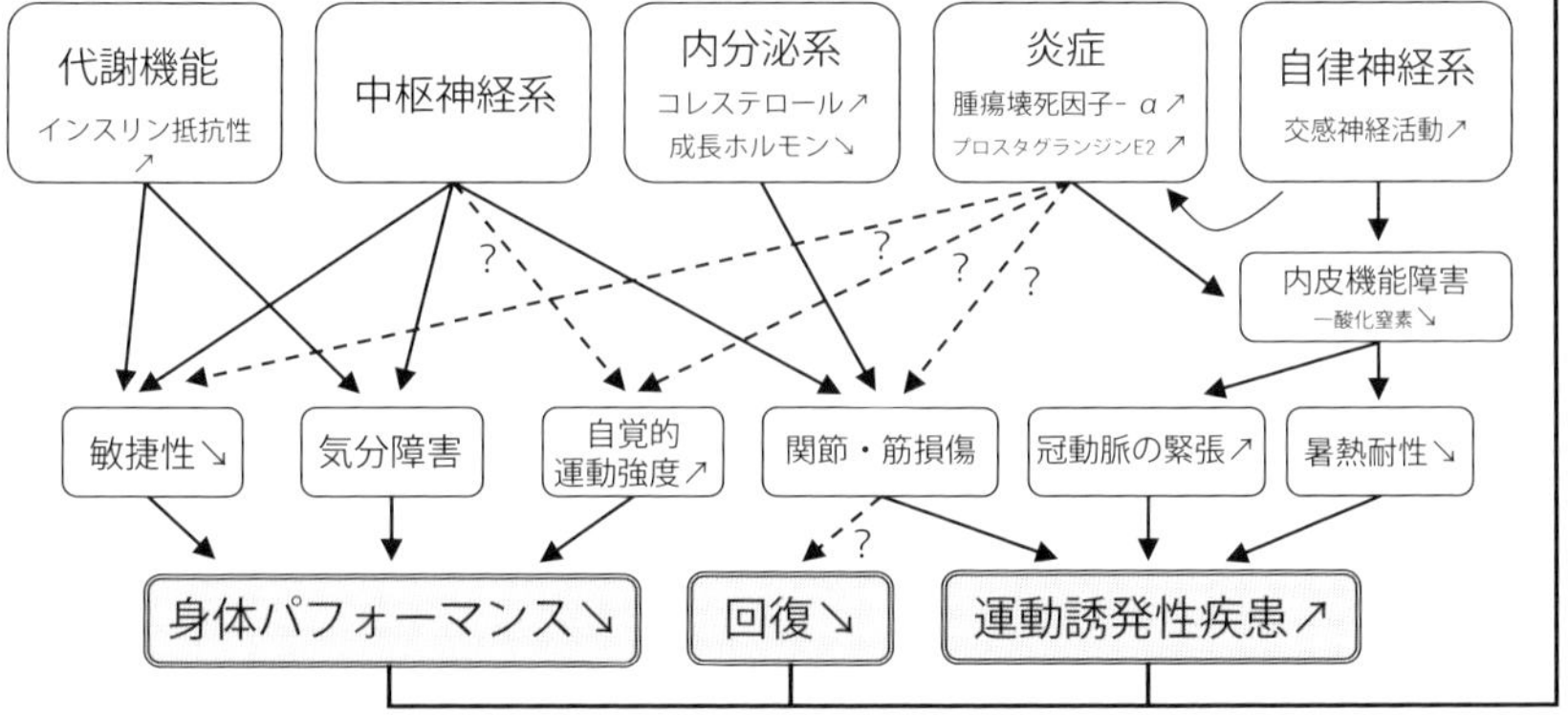

## 表1 睡眠の質を高めるためのチェックリスト

| | | チェック項目 |
|---|---|---|
| 通常の睡眠時 | 1 | 暗室で光源のない寝室 |
| | 2 | 静かな環境の寝室 |
| | 3 | 適切な室温の寝室 |
| | 4 | 暑くなりすぎない寝具・衣服 |
| | 5 | 規則正しい就寝・起床時間の習慣化 |
| | 6 | 7時間以上の睡眠 |
| | 7 | 15時以降に仮眠をとらない |
| | 8 | 睡眠前にカフェイン摂取や飲食をしない |
| | 9 | 睡眠前にPCやタブレット、TVを観ない |

| | | チェック項目 |
|---|---|---|
| 仮眠(昼寝)時 | 1 | 睡眠負債を回復させるために実施 |
| | 2 | 30分程度が適切 |
| | 3 | 仮眠前にカフェインを摂取する |
| | 4 | 明るいライトの下で起きる |
| | 5 | 起きた後すぐに顔を洗う |

文献6より抜粋


**参考文献**

1. Chennaoui M, Arnal P, Sauvet F,Leger D. (2014). Sleep and exercise: A reciprocal issue? Sleep Medicine Reviews. 20: 59-72.
2. Knowles OE, Drinkwater EJ, Urwin CS, Lamon S, Aisbett B. (2018) Inadequate sleep and muscle strength: Implications for resistance training. Journal of Science and Medicine in Sport. 21(9): 959-968.
3. Jones JJ, Kirschen GW, Kancharla S, Hale L. (2019) Association between late-night tweeting and next-day game performance among professional basketball players. Sleep Health. 5(1): 68-71.
4. Mah C, Mah K, Kezirian E, Dement W. (2011) The effects of sleep extension on the athletic performance of collegiate basketball players. Sleep. 34: 943-950.
5. Boukhris O, Abdessalem R, Ammar A, Hsouna H, Trabelsi K, Engel FA, Sperlich B, Hill DW, Chtourou H. (2019) Nap opportunity during the daytime affects performance and perceived exertion in 5-m shuttle run test. Frontiers in Physiology.10: 779.
6. Marshall, Geoff & Turner, Anthony. (2016). The importance of sleep for athletic performance. Strength and Conditioning Journal. 38: 61-67.

# バスケットボールに必要な心とは？

## トレーニングによって心を強くする

バスケットボールは、高さ3・05ｍの空間に設置されたリングにシュートし、ボールを入れて得点を競うスポーツです。シュートの成功には、ボールを投げる力と角度を最適な範囲に納める必要があり、高い正確性が必要とされます。

また、ルールでは、28ｍ×15ｍのコート中に10名がプレーする空間制限、5・8・24秒、試合時間といった時間制限、トラベリング、ダブルドリブルといった行動制限など、各種の制限がかけられています。このような制限の中、選手は、状況に合わせて素早く判断する、1点を競うプレッシャーの中で正確なプレーを行うなど、心理的な能力の高さも必要とされています。

この心理的な能力について日本では、精神力、根性といった言葉でスポーツに必要な心を表現していましたが、その詳細は不明でした。それでは、スポーツ、特にバスケットボールではどのような心理的な能力が必要なのでしょうか。

スポーツ心理学者たちは、この問いに対して、日本の多種多様なスポーツ選手を対象に調査を行っています。調査の結果、スポーツ全般においては、図のような12の心理的な能力（メンタルスキル）が必要だということがわかりました（図1）。バスケットボールに限れば、特に自信、集中力、イメージ力、チームワークが重要だと考えられます。

また、これらのメンタルスキルは、これまでの調査によって、トレーニングによって強化することが可能

図1 スポーツ選手に必要な心理的競技能力
(徳永・橋本[1988]を参考に筆者作成)

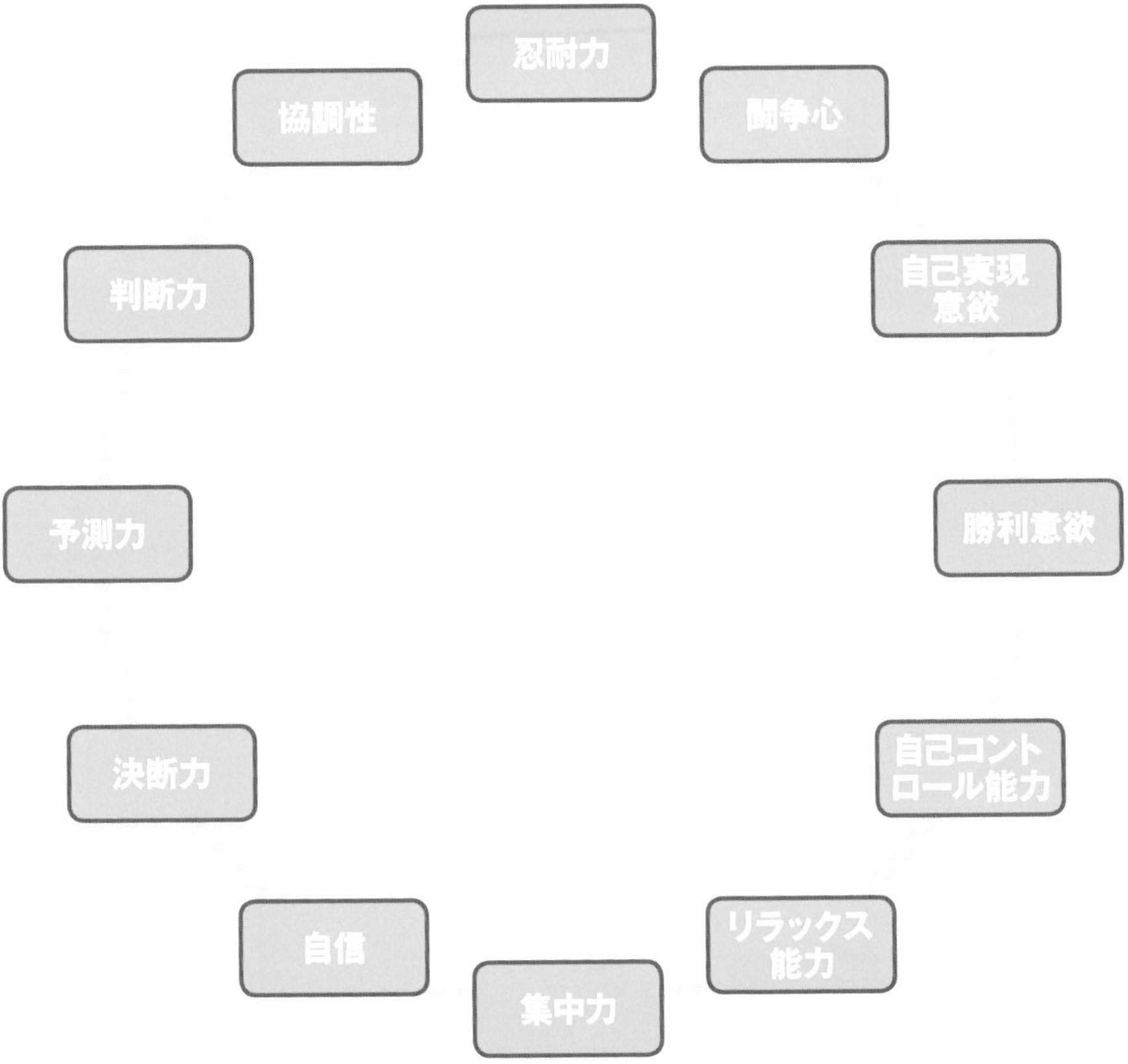

だということもわかっています。

すなわち、選手の心理的な能力は、生まれつきの才能などではなく、バスケットボールの他のスキル（シュート、ドリブル、パスなど）と同じようにトレーニング可能だということです。

## 個人とチームのメンタルスキルを高める

それでは、これらのメンタルスキルを強くするために、どのようなトレーニングをしていけばよいのでしょうか。

コーチたちの中には、普段のバスケットボールの技術練習を多く行うことが最善の方法と考えている人がいるかもしれません。もちろん、普段の練習によって強くなることもあると思いますが、より効果的な方法で強化することが可能です。

その方法とは、一般的に「スポーツメンタルトレーニング」と呼ばれているものです。スポーツメンタルトレーニングは、選手や指導者が競技力向上に必要なメンタルスキルを科学的な理論や技法に基づいて獲得を目指す活動のことです。たとえば、試合においてひどく緊張することを訴える選手には、その原因によって、呼吸法や漸進的筋弛緩法といったリラクセーション技法、認知再構成法といった適切な考え方のトレーニングを行います。ここで大切なことは、「トレーニング」が必要だということです。バスケットボールと同じで、「ある技を知った、聞いた」では使い物にはなりません。日々の生活から呼吸法を行う、自身の考え方の癖に気づく、といったことに取り組んでいくことで、心理的な能力を高めていきます。

チームにおいてはどうでしょうか。チームワークに関連する要因は様々ありますが、共通の目的・目標の設定、コミュニケーション能力の向上などが必要なものとして挙げられます。これらの事項を決定する、能力を高める際に有効な方法にチームビルディング技法があります。

チームビルディング技法には様々なワークを行い、その中でチームワークに必要な要因を学んでいくものがあります。例えばコミュニケーションが課題であるチームに対しては、声を出すことができない状態において仲間と協力して課題の解決を目指すワークを行います。参加者はアイコンタクトや身振り手振りを用いてコミュニケーションをとり、課題解決にコミュニケーションが必要なことや、言葉を用いないコミュニケーションも重要なことを学びます。

こちらについては、日本バスケットボール協会公認コーチに向けた文献があります。公認コーチの方には、ぜひそちらも参考にしていただきたいと思います。

メンタルスキルを高める方法は、今回取り上げたもの以外にも数多く存在します。これらは、「きびしい練習をすれば試合で緊張なんかしない」という信念などではなく、心理的課題の原因を明らかにし、その原因に対して適切なトレーニング手法を用いて強化を図る科学的なトレーニングなのです。

スポーツメンタルトレーニングの実施には、専門家を活用することをお勧めします。日本スポーツ心理学会では、競技力向上のためメンタルスキルを中心にした指導や相談を行う学識と技能を有する専門家として、スポーツメンタルトレーニング指導士を認定しています。スポーツメンタルトレーニング指導士は、オリンピック・パラリンピックを目指すハイパフォーマンス・アスリートからスポーツを始めたての地域の子どもたちまで、あらゆる選手・指導者を対象にして指導や相談を行います。詳しくは「日本スポーツ心理学会」のホームページ内の「スポーツメンタルトレーニング指導士」情報を参照してください。

（永田）

**参考文献**

1. 徳永幹雄, 橋本公雄 (1988) スポーツ選手の心理的競技能力のトレーニングに関する研究(4)：診断テストの作成. 健康科学, 10, 73?84.
2. Burke, K. L. and Brown, D. (2003). Sport psychology library: Basketball. Fitness information technology, Inc.
3. Gould, D and Eklund, R. C. (2007). The application of sport psychology for performance optimization. Smith, D. and Mar-Eli, M. (Eds.d), Essential readings in sport and exercise psychology. Human kinetics, pp.231-240.
4. 吉川政夫 (2005) 2 トレーニング可能な心理的スキル. 日本スポーツ心理学会編, スポーツメンタルトレーニング教本　改訂増補版. 大修館書店, pp.15-19.
5. Paradi, K. F. and Martin. L. J. (2012). Team Building in Sport: Linking Theory and Research to Practical Application. Journal of Sport Psychology in Action, 3, 159-170.
6. 永田直也 (2014) バスケットボールにおけるスポーツ心理学?コーチングと選手強化の側面から?. The Backboard:JBAコーチングマガジン, Vol.2, 47-52.

# アスリートのためのストア哲学

## 「不動心」と「コントロール」「できること」「できないこと」

2007年のことになりますが、当時ニューヨーク・ヤンキースに所属していた松井秀喜が『不動心』という著書を刊行しました。野球で超一流なのは言うまでもなく、紳士的な人柄もメディアを通して広く知られており、『不動心』は当時ベストセラーとなりました。そして、この本の第二章の題名は「コントロールできること、できないこと」でした。あまり知られていないでしょうが、この「不動心」と「コントロールできること、できないこと」の2つは、「ストイック」の語源になっている「ストア派」という古代哲学の学派にとって極めて重要な要素でした。

ストア派にとって、目指すべき理想的な境地はギリシア語「アパテイア」と呼ばれる状態で、そのうちでも「ア」はいわゆる「否定」を意味し、「パテイア」は「パトス（情念・感情）」を表す言葉と関連しています。つまり「アパテイア」は、情念に乱されていない状態を意味しています。そこから、日本語では「不動心」などと訳されてきました。ただし、情念が全くないという意味で「無感情」としてしまうと言い過ぎになります。ストア派の理想とされる賢者は、情念に乱されることなく、自らの理性に従って生きることができます。松井自身は「『広く深い心』と『強く動じない心』、すなわち『不動心』を持った人間でありたいといつも思っています」と語っています。

ストア派は、創始者のゼノンを中心に「ストア・ポイキレ（彩飾柱廊）」に集まって自分たちの主張を語り合ったことからその名称で呼ばれるようになりました。ストア「派」と言われるだけあって、その学派にはさまざまな人たちが含まれ、バラエティに富んでいます。ゼノンから時代は下って、ローマ皇帝であったマルクス・アウレリウスや政治家であったセネカ、さらには解放奴隷のエピクテトスなどもいます。この事実は、ストア派の考えがかなり広い射程を持っていることを示唆しています。

哲学者のエピクテトスは、自分自身で本を書くことはありませんでしたが、弟子が彼の言葉を残しています。その中に、「物事のうちには、我々次第であるもの、と、我々次第でないもの、との両者がある」という言葉があります（訳文は参考文献より。以下同様）。その2つはわかりやすい言葉で言えば「自分自身の力でどうにかできるもの」と「自分自身の力ではどうにもできないもの」ということになりますが、これはまさに松井が言っている「コントロールできること、できないこと」に相当します。

## 「できること」と「できないこと」を区別して考える

テピクテトスは、判断、意欲、欲望、忌避といった心の働きは自分次第のことであると考えていましたが、自分の身体や財産、地位や官職、他人からの評価などは、自分次第ではないものだと見なしています。

地位や他人からの評価などは自分ではどうしようもない部分がありますが、自分の身体となると「自分次第では？」と思われるかもしれません。食事に気をつけ、適度に運動をすることで身体の健康を維持することもできるという意味では、確かに全く自分の力ではどうしようもないものではありません。それでも、どんなに気をつけていてもまったく病気にかからず、事故にも遭わないということはないし、財産だって失うことがないとは言えないでしょう。

それに対して松井は、自分の心のあり方が自分次第であることに加えて、自分の身体を気遣うことも自分次第のことであると考えています。

例えば、骨折という大怪我を負った後で、しっかりと栄養のある食事を摂ることが自分にできることの1つだと述べています。

他方で、メディアでの報道のされ方、自分の評価については自分にはどうにもできないことだと考えています。また、自分がプロとしてどの球団に行くかも自分にはどうにもできないことでした。本人は昔からファンであった阪神に行くことを希望していましたが、ひとたび巨人に入団が決まれば、そこで自分にできること、つまりそのチームで野球選手として活躍することに集中したのです。

このように、「自分でコントロールできること、できないこと」をしっかりと区別することで、自分自身のやるべきことが明確になり、どうにもならないことに煩わされることはなくなります。

## ストア派の考え方をバスケットボールに活かす

このようにスポーツでストア派の哲学を活かす選手がいることから、その応用性をおわかりいただけるでしょう。では、バスケットボールではどうでしょうか。その一例をかいつまんでご紹介します。

「『我々次第でない』物事を手に入れようとして、他人と同じことをしないでいながら同じものを要求することはできない、ということを記憶しておくがよい」。(『提要』25)これはバスケットボールでは試合の出場時間について言えます。

試合に出られない多くのプレーヤーは不満に思っていることでしょう。「自分のほうがうまいのに」「努力しているのに」と。事実、自分のほうがうまいこともあります。しかし、まずコーチがどのようなプレーヤーを評価するかは、自分の力ではどうしようもありません。試合中にできるのは「自分が出場したらどうするのか」を考えることです。そういうことを考えないで不満を心に募らせるプレーヤーほど、試合に出ると何もできずに終わることが多いのではないでしょうか。

また、試合に出られなくても、それを糧にして自分自身を鍛えることだってできます。「何がやって来ようと、それから利益を受けることは私自身にかかっている」と言われるように、すべては自分の心構え次第なのです。

「『恐ろしい』と思える事柄を、毎日のように君の眼前に置くようにするがいい」。エピクテトスは毎日「死」を思い浮かべることで、人間である限り逃れることのできない「死」に対する恐怖心に囚われないようにしています。

プレーヤーとして、大舞台での試合は、「死」ほどの恐怖心ではありませんが、ときに多大なる心理的ストレスを与えるものです。しかし、そのような大舞台に立っている自分を常々思い浮かべていれば、その場面が実際にやってきたときにも、あたかもその舞台をすでに経験したかのように感じることができるでしょう。心の訓練をするためには、そのようなイメージトレーニングは欠かせません。

ここで紹介できるのはエピクテトスのほんの一部の思想でしかないので、読者の皆様には、ストア派の入門書・解説書に加えて、ぜひエピクテトスやマルクス・アウレリウスの言葉、さらにはその他のストア派の哲学者たちの言葉も、直接お読みいただければ幸いです。

（佐良士）

キプロス共和国のラルナカにあるゼノンの記念碑。ゼノンはキプロス島キティオン出身とされ、キティオンはラルナカ付近に存在したといわれている


**参考文献**

エピクテートス(1958)人生談義．上・下巻．鹿野治助訳．岩波文庫
荻野弘之(2009)マルクス・アウレリウス『自省録』 精神の城塞．岩波書店
荻野弘之・かおり&ゆかり画(2019)奴隷の哲学者エピクテトス　人生の授業―この生きづらい世の中で「よく生きる」ために．ダイヤモンド社
國方栄二(2019)ギリシア・ローマ　ストア派の哲人たち　セネカ、エピクテトス、マルクス・アウレリウス．中央公論新社
松井秀喜(2007)不動心．新潮新書
マッシモ・ピリウーチ(2019)迷いを断つためのストア哲学．月沢李歌子．早川書房
マルクス・アウレーリウス(2007)自省録．改版．神谷美恵子訳．岩波文庫

# テーピングの功罪

## テーピングの意義

バスケットボールはダッシュ、ストップ、ジャンプを繰り返す高強度運動であり、身体接触を伴うコンタクトスポーツでもあることから、ケガの発生頻度が高くなります。ケガの中でも特に足首の捻挫が多く、10代のバスケットボールプレーヤーにおける傷害の70%は足首の捻挫が占めています（スポーツ外傷・障害予防ガイドブック2017）。

その足首の捻挫の予防・対処法として、多く用いられているのが「テーピング」であり、足首を固定して可動域を制限することでケガの発生および再発を予防します。球技経験者の多くはテーピングの使用経験があると思いますが、本稿ではテーピングを使用する上で知っておくべき功罪について紹介したいと思います。

テーピングの主な目的は、「外傷・障害の予防」「応急処置」「外傷の再発予防」「恐怖感の解消」です。これらは、テーピングによる関節可動域の制限・圧迫・保護・不安軽減などによる効果であり、ケガの不安を抱えるプレーヤーが思い切ってプレーすることを手助けしてくれます。

テーピングの種類は大きく分けて伸縮（エラスティック）テープ、そして非伸縮性（リジット）テープに分けられます。伸縮テープはその名の通り伸び縮みし、非伸縮テープは生布で伸びないため、目的に応じて使い分ける必要があります。一般的に非伸縮テープは白色の製品が多いためホワイトテープと称されていますが、メーカーによって様々な色のテープが売られています。2019年現在のバスケットボールの公式ルールでは、「(テーピングを使用する際は)ユニホームのシャツの主となる色と同じか黒色か白色のもの。ただし、同じチームのプレーヤーは同じ色を着用しなければならない」と記されているので、試合時に使用するテーピングの色には注意が必要です。

## テーピングが運動パフォーマンスに及ぼす影響

テーピングが運動パフォーマンスに及ぼす影響について、ここでは非伸縮性テープを対象として紹介したいと思います。足首に非伸縮性テーピングを巻き、関節可動域を制限することで、垂直跳びの跳躍高が顕著に低下してしまうことが報告されています。この点には注意すべきであり、テーピングによってジャンプシュートやリバウンドジャンプ時のパフォーマンスが低下するリスクを理解しておく必要があります。

一方で、スプリントタイムには影響を及ぼさないことや、バランス能力が少し向上することも報告されており、メリットとデメリットを把握した上で使用すべきです。

運動時間が長くなればなるほど、力学的負荷や汗の影響によってテーピングの接着力や制動力(関節の固定力)が低下していきます。例えば、バスケットボールの試合形式の練習を20分実施したあとでは、テーピングの制動力が顕著に低下すると報告されています(巻いた直後より約25%低下)。

そのためバスケットボールのように40分間も激しい運動をするときは、テーピングの制動力を維持させるためにハーフタイム等で巻き直しをすることが勧められます。もちろん、プレータイムや運動量・発汗量によって効果の持続時間は変わってきます。一度巻いたらそのままでいいや、ではなく、プレーヤー自身がテーピングの効果を適時評価・判断できるようにすることが重要です。

## テーピングを使用する上での注意点

当然のことですが、テーピングをしないでプレーする方が運動パフォーマンスの観点からも、コストの観点からもベストと言えます。テーピングに頼ってしまう前に、自身でできる傷害予防のトレーニングやウォームアップを取り入れてみてはいかがでしょうか？

チームでの取り組みとして、例えばケガをしていない時に「Yバランステスト（左の写真）」「3ホップテスト」などによって足首および下肢機能の評価・記録をしておき、ケガをした後は「受傷前の90％の値まで戻ったら復帰」などのように、具体的な復帰目安を設定しておくことも重要です。

捻挫をしても、痛みが少し引いたらすぐにプレーをして再発を繰り返す。この悪循環によって慢性足関節不安定症（Chronic Ankle Instability：CAI）になってしまうことは、競技人生に多大な損失をもたらします。そうならないためにも、専門家による適切な評価を経て、テーピングに頼らなくて済むように段階的な復帰計画を立てるべきです。

テーピングは適切に使えば様々な恩恵を得られるツールです。一方で、プレーヤーやコーチはその効果を過信していたり、運動パフォーマンスの低下や費用対効果には無関心であったりします。テーピングを使用しないとプレーできないのか、他に実施すべきトレーニングやリハビリはないのか、中長期的な視点を持って適切に対応できるようにしましょう。

（岩見）

### テーピングの種類

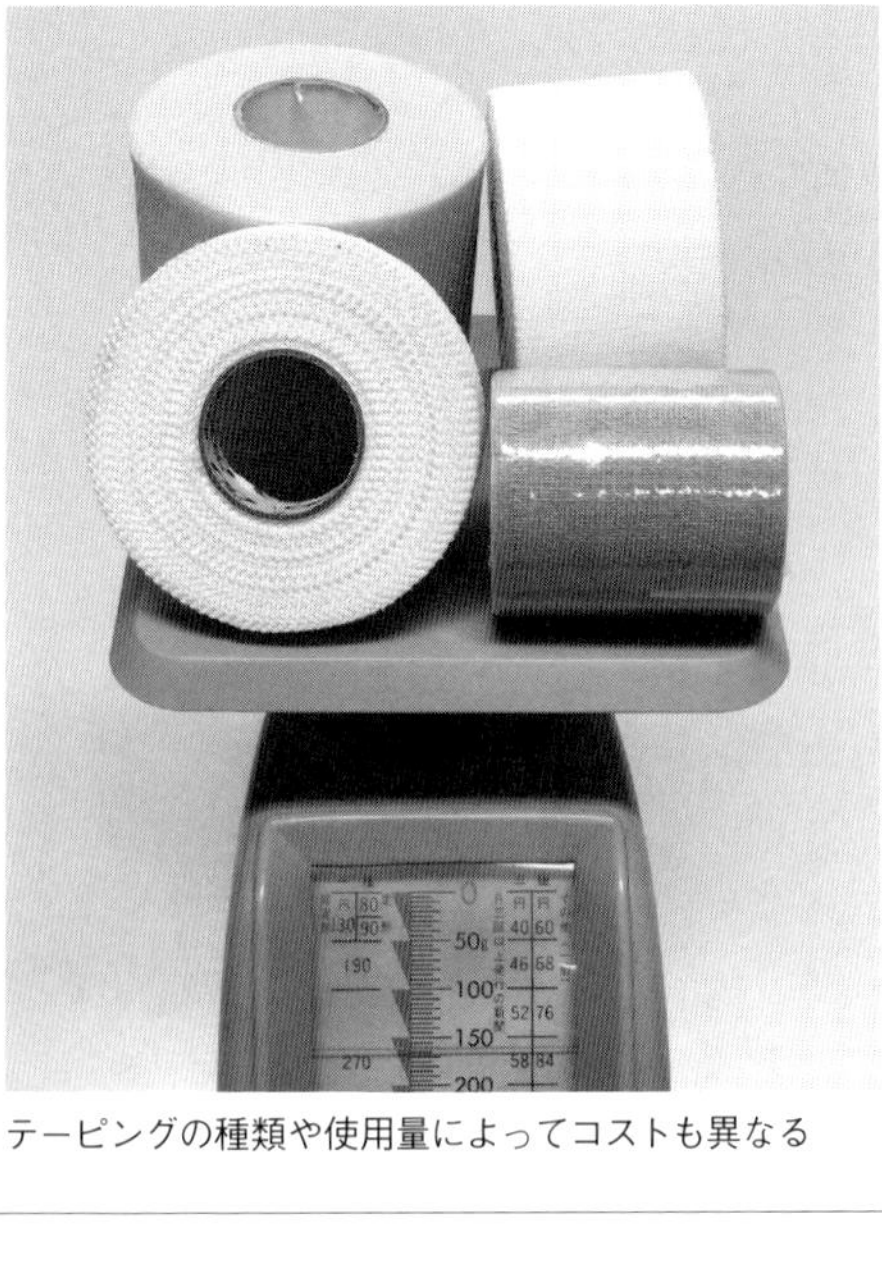

テーピングの種類や使用量によってコストも異なる

## Yバランステストのやり方

前方

右後方

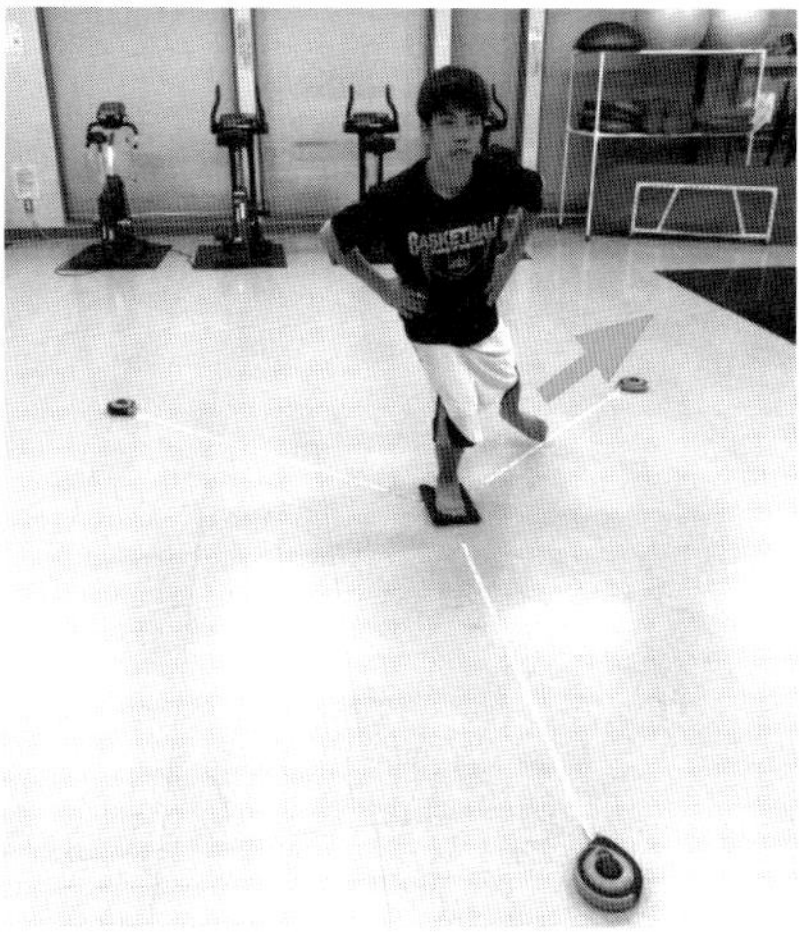


左後方

片脚で立ち、3方向にできるだけ脚を伸ばしてその距離を測る。「ケガをする前」と「ケガをした後」の値を比較することで、プレー復帰の判断指標として有用になる

**参考文献**

1. スポーツ安全協会, 日本体育協会(2017)スポーツ外傷・障害予防ガイドブック, p.11.
2. Lau, Kenney Ki-Lee & Cheng, Kenneth. (2019). Effectiveness of Taping on Functional Performance in Elite Athletes: A Systematic Review. Journal of Biomechanics. 90, 16-23.
3. 加藤茂率, 佐藤三矢(2007)バスケットボール競技における足関節テーピング及び装具の制動力の持続性について. 吉備国際大学保健科学部研究紀要(12), 45-49,

# 足首の捻挫の予防エクササイズ

## 足首の柔軟性が捻挫予防の鍵

足首の捻挫は何度も再発することの多い怪我として知られています。繰り返す捻挫に苦しめられている選手も多いかと思います。足首の捻挫が起こる原因には種々の要因が議論されていますが、その1つに足首の柔軟性が挙げられます。

ある研究では、体重をかけた状態での足首を反らせる方向の柔軟性が適切な状態であると、足首の捻挫の再発する割合が低くなり、逆に足首がそれ以上硬くても柔らかすぎても再発しやすいことを報告しました。つまり、足首の捻挫を繰り返している選手にとって、足首を反らせる柔軟性に問題がないか日頃から注意しておくことが、再発の予防にとって重要ということです。

また足首を反らせることが硬い場合、バスケットボール中の踏み込むような動きを繰り返すことで、足首以外にも様々な部位（膝や腰など）の怪我につながる原因となると言われています。

そのため、足首の捻挫後の後遺症は、痛みが残ったり、捻挫を繰り返すだけでなく、他の部位の怪我をしやすい（怪我の多い）選手になってしまう可能性があるのです。

## 柔軟性チェックと予防エクササイズ

ここでは現場でできる足首の柔軟性チェックと、柔軟性不足の対処方法を紹介します。

**柔軟性のチェック方法**

まず両足をそろえて立ち、つま先と膝の向きをまっすぐ正面に向けます。その状態から踵が上がらない範囲で膝を曲げ、できるだけ下腿を前に傾けます。この際の左右差がないか、床から45度前後を目安に下腿が前に傾けられているかをチェックします（P184図1）。左右ともに捻挫経験がある場合は両足ともに硬くなっていたり、緩くなっている可能性があるので要注意です。

**柔軟性向上のエクササイズ**

足首の柔軟性へのアプローチは様々な方法がありますが、文献的に多く用いられているエクササイズを紹介したいと思います。Vicenzinoらは、捻挫を繰り返す足首では距骨（踵の上に位置する骨）の後方への動きが減少しており、その骨の動きを出すことで足首の柔軟性が改善すると報告しています（P185図2）。セルフエクササイズでおこなう方法としては、チューブをくるぶし辺りの高さにかけ後方に引っ張り、自身の手で距骨（内・外くるぶしの間）を前方から押さえます。また、つま先と膝の向きをまっすぐにそろえた状態で、痛みのない範囲でゆっくりと下腿を前に傾けていきます。その際に、固く丸めたタオルを足裏（くるぶしの位置よりやや前）に踏んでおくと骨の位置関係を整えて、足首のよい動きを引き出しやすいと考えられます（P185図3）。

足首の捻挫を繰り返している場合、後遺症として生じる足首の柔軟性不足は、ストレッチングでは改善しにくい状態であることが多いです。それは、捻挫後の腫れや安静によって動かさない期間の影響、誤った足首の使い方の繰り返しなどによって、足首周りの組織が硬く、そして動きにくい状態になるためと考えられます。

また、足首の柔軟性が大きすぎる選手は、靭帯の損傷などが原因で関節が緩んでしまっている可能性が考えられます。その場合はサポーターやテーピングを使用することも検討します。

セルフエクササイズで解決されない痛みや不安定感がある場合は、専門家のいる医療機関などを受診されることをお勧めします。

これをきっかけに、一人でも多くのバスケットボール選手が足首の不調を抱えずにプレーできるようになれば幸いです。

（沼澤）

## 図1　足首の柔軟性チェック方法

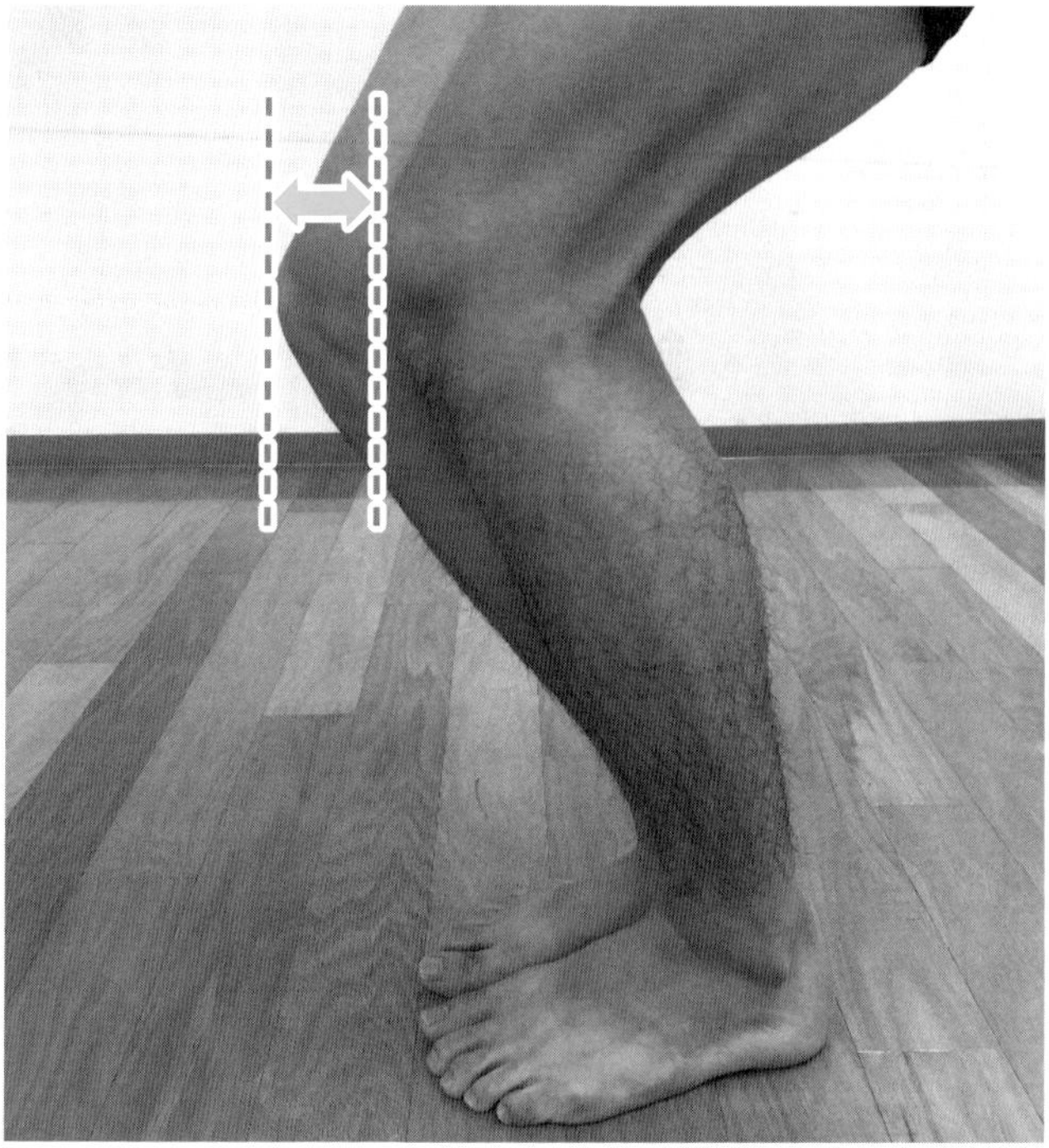

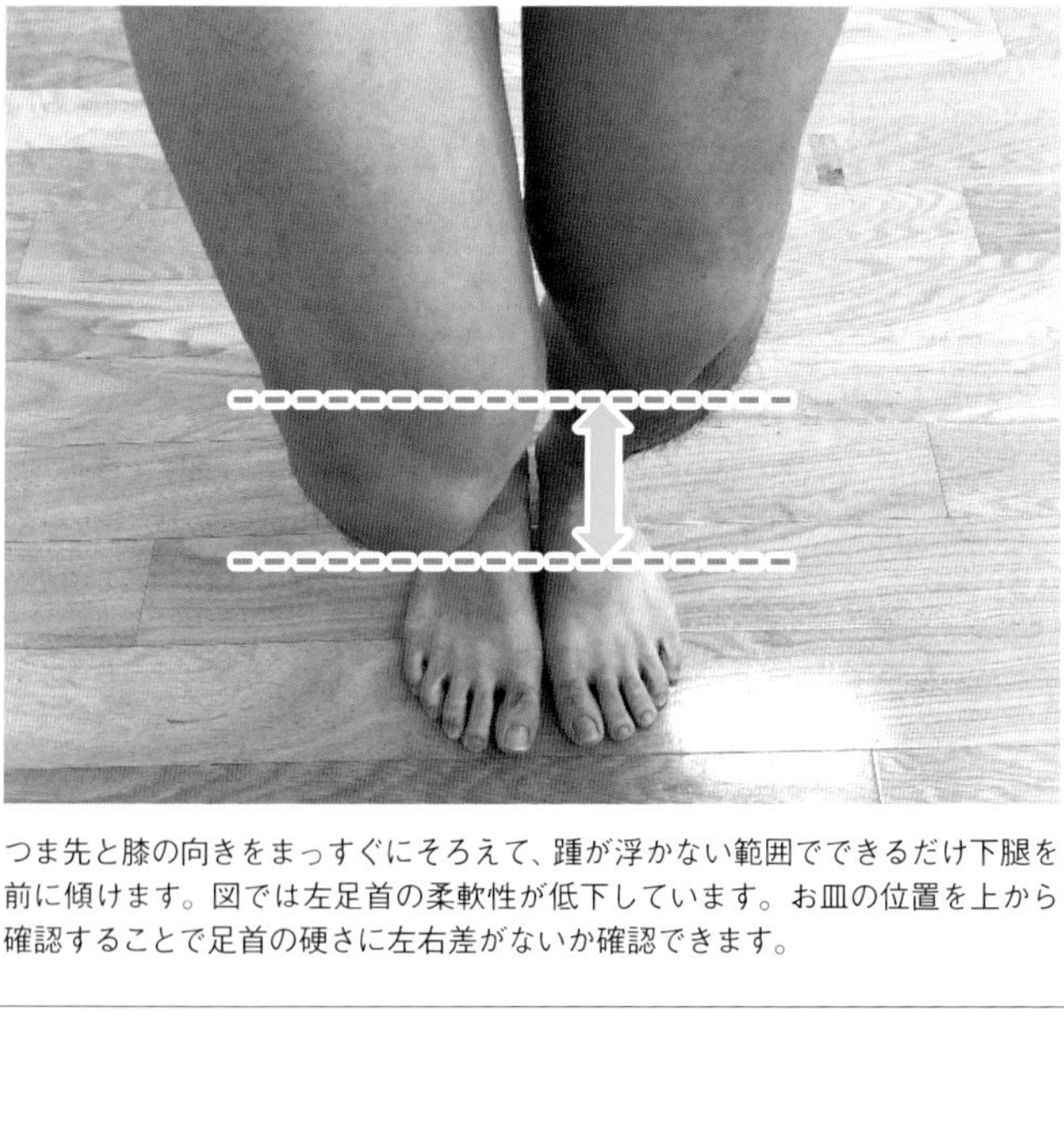

つま先と膝の向きをまっすぐにそろえて、踵が浮かない範囲でできるだけ下腿を前に傾けます。図では左足首の柔軟性が低下しています。お皿の位置を上から確認することで足首の硬さに左右差がないか確認できます。

## 図2 パートナーがいる場合の足首の柔軟性改善アプローチ（文献3から引用）

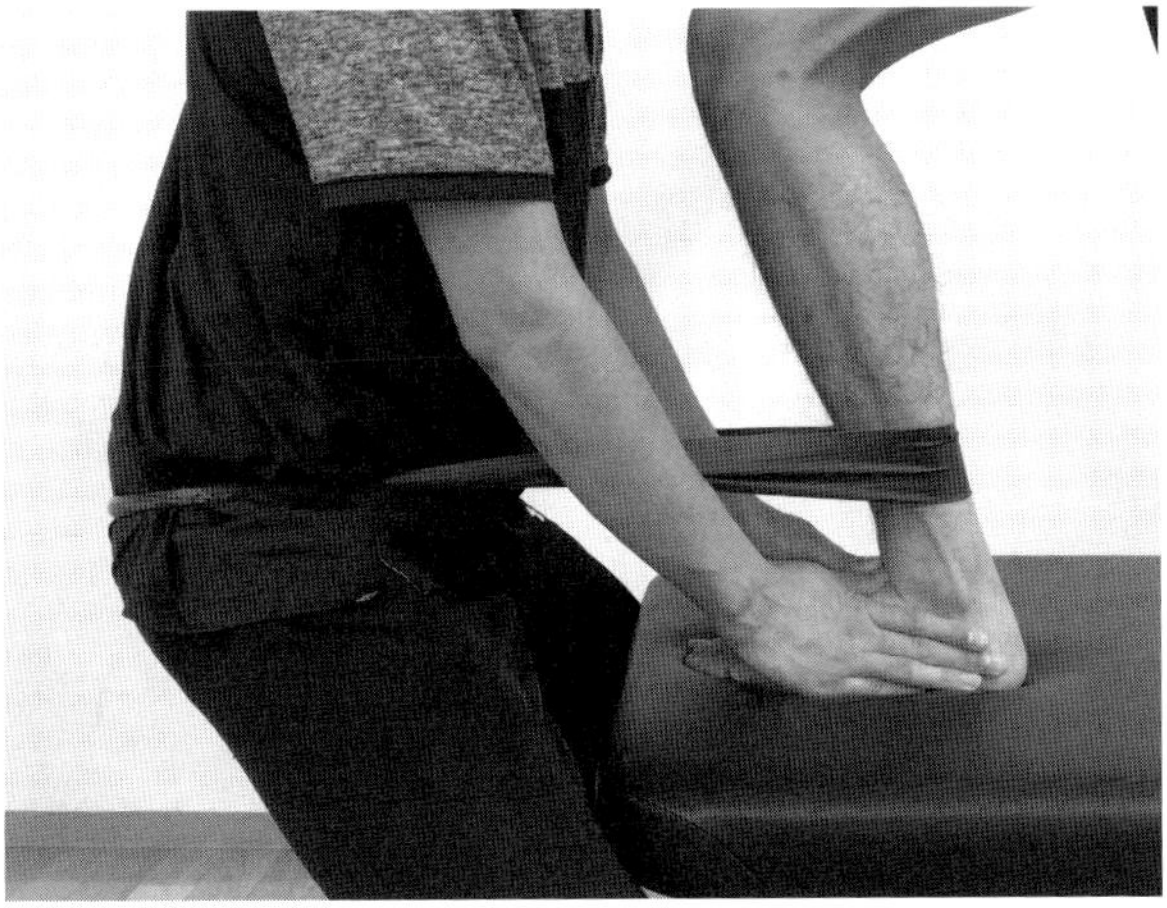

前方から距骨を押さえ、チューブを用いて下腿を前に傾けさせる方向に誘導する。

## 図3 足首の柔軟性改善に向けたセルフエクササイズ

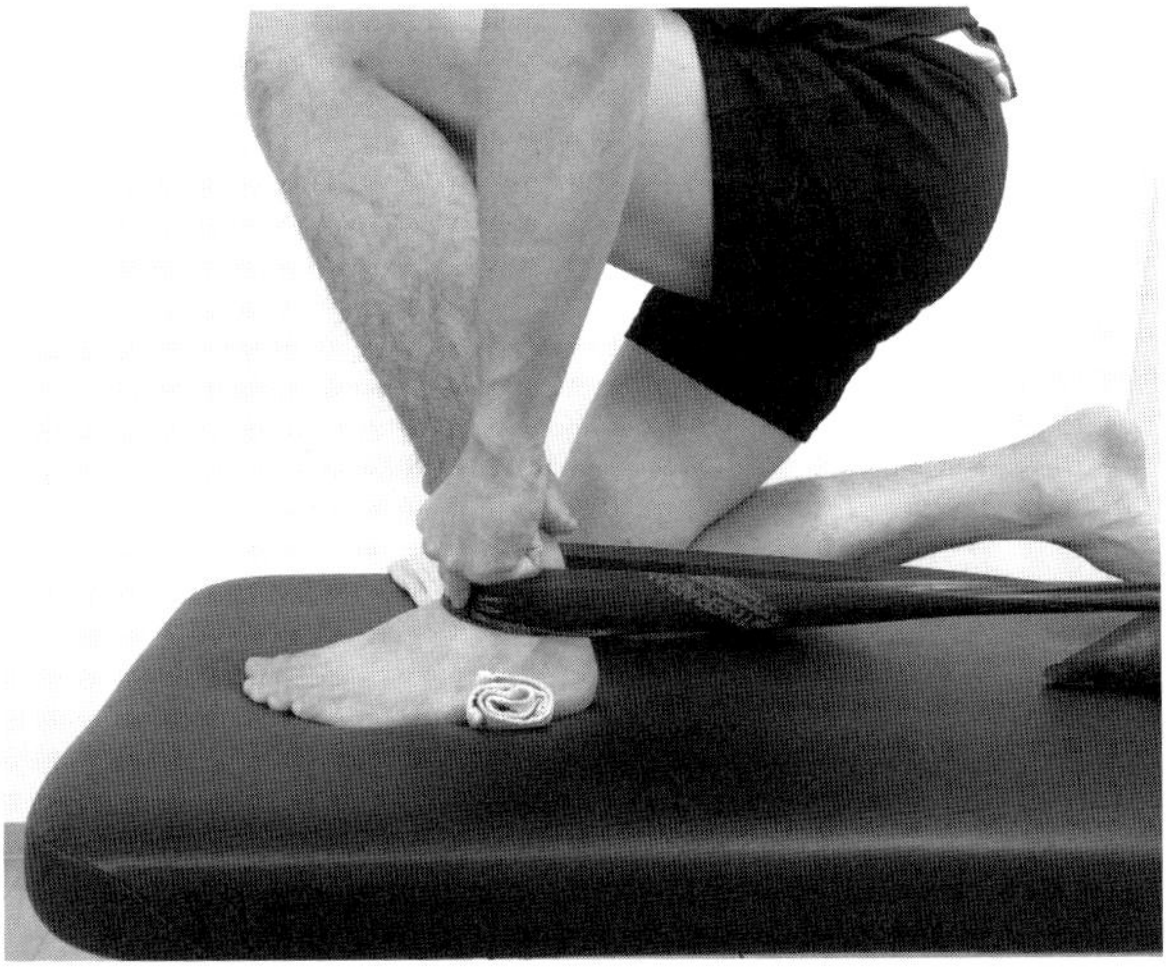

足首の前面にチューブをかけて、自身の手でも距骨を前から押さえながら痛みのない範囲でゆっくり下腿を前に傾けます。また併せて丸めたタオルを外くるぶしのやや前側の足裏（踵の骨の少し前）で踏むことで、足首の動きをサポートします。

**参考文献**

1. Kobayashi T, et al.: Intrinsic predictive factor of noncontact lateral ankle sprain in collegiate athletes: a case-control study. Orthop J Sports Med. 2013; 1(7): 1-8.
2. 片寄正樹,監修.足部・足関節理学療法マネジメント.メジカルビュー社 2018:36.
3. Vicenzino B, et al.: Initial Changes in Posterior Talar Glide and Dorsiflexion of the Ankle After Mobilization With Movement in Individuals With Recurrent Ankle Sprain. J Orthop Sports Phys Ther 2006:36(7):464-471.
4. 福林徹,蒲田和芳,監修:足部スポーツ障害治療の科学的基礎.ナップ社 2012:145-152.

## コラム6

# レフェリーに求められる体力とは

ゲーム中には、レフェリーも多くの身体運動を必要とし、適切な判断やジャッジを下すため適所なポジションへと素早く移動することが求められます。

レフェリーの運動量を調べた研究では、レフェリーは1試合で約3,059～6,773 m（2人制）や3,260～ 6,440 m（3人制）も移動し、約70%以上が歩く速度以下、約10%以上がランニング速度以上であったそうです。また、試合中のレフェリーの心拍数は130～174拍/分（最大心拍数の 70%～96%）に達し、1試合あたり500kcal消費していると報告されています。

FIBA（国際バスケットボール連盟）では、レフェリーに求められる主な身体能力として「スピード（スプリント）」「ストレングス（屈強さ）」「柔軟性（外傷予防）」そして「持久力（回復力）」を挙げています。そのため、レフェリーは資格保持やライセンス昇格のために体力テストを受け、基準値をクリアする必要があります。Bリーグなどではレフェリーの活躍も注目されてきており、プレーヤーを諦めたとしてもレフェリーへと活躍の場を移して経験や身体能力を活かす選択肢も示されています。

（岩見）


**参考文献**

1. Mohamed Ali Nabli, Nidhal Ben Abdelkrim, Mohamed Saifeddin Fessi, Matthew D. DeLang, Wassim Moalla & Karim Chamari. (2019) Sport science applied to basketball refereeing: a narrative review, The Physician and Sportsmedicine: 1-10.

# 第6章

# 指導の科学

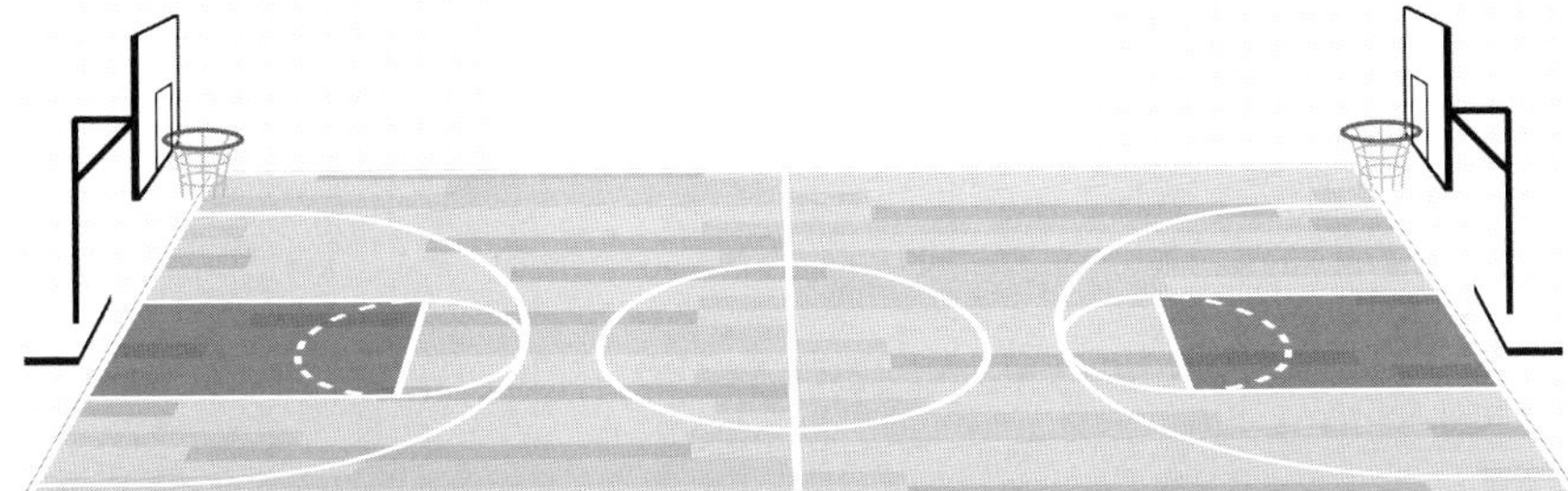

# コーチング哲学を持つ

## 「哲学」とは自分の指針になるもの

以前と比べて、「コーチング哲学」という言葉を聞くことが多くなってきたと感じる人もいるかもしれません。

いつの時代も「哲学」という言葉には難解な印象がつきまとっていますが、それは学問の対象としての「哲学」が念頭に置かれています。カント、ニーチェ、ハイデッガーといった著名な哲学者たちの言葉は確かに難解です。しかし、「コーチング哲学」といった場合の「哲学」は、それらとは異なります。「コーチング哲学」は「経営哲学」や「人生哲学」などと同じ種類のものと言えるでしょう。

例えば経営哲学なら、経営者がどのような目的や基本方針や価値観を持って、経営にあたっているかを示すものとなります。このような「哲学」を持つことで、ブレずに、一本芯の通った実践を行うことができるようになるからです。ただし、自分にとって根幹を揺るがすような出来事に直面した場合には、その「哲学」も修正する必要があるかもしれません。大切なのは、自分自身の経験を糧にして、よりよい哲学を構築していくことです。

それでは、「コーチング哲学」は、どのように規定することができるでしょうか。それは正確には「プレーヤーやチームの卓越性を向上させ、その卓越性を発揮させるコーチング実践において、①さまざまな原理として目指される目的、②コーチに方向性を与える基本的方針、③コーチによって設定される価値観についての包括的な言明」と言うことができます。しかし、これだけではわかりにくいと思いますので、それぞれの要素について説明を加えていくことにしましょう。

## コーチング哲学を構成する要素とは

まず、「コーチング実践」ですが、これはプレーヤーやチームのよいところを練習で伸ばし、それを試合で発揮する営みだと考えられます。

コーチのなかにはコーチングを「勝利させること」と考える人もいるかもしれません。しかし勝利はそのときどきでどのような相手と戦うか次第であり、コーチにとってコントロールできることではないため、コーチングそのものはプレーヤーやチームのよさをどれだけ向上させ、発揮させるかに関わっていると言えます。

そうしたコーチングのなかで、コーチが持っている①目的、②基本的方針、③価値観をすべて含んだ考え方が「コーチング哲学」ということになります。コーチング哲学を構成する3つの要素をそれぞれ、具体例を挙げながら説明していきます。

まずコーチングにおいて①目的とは、「なぜコーチングをするのか」、「コーチングをすることでどうなりたいのか」、を示すものです。

例えば、米大学バスケットボール界の名将であるジョン・ウッデンは、コーチングの目的を「自分がなることのできる、まさに最高の状態になる」ということを挙げています。これは、自分がコーチングをしているプレーヤーたちについても、コーチとしての自分自身についても言えることでしょう。また、「関わってくれる全ての人たちを幸せにする」や「チームの全員で楽しみを共有する」といったことを目的として持つ人もいるでしょう。

このような目的に加えて、その目的の実現のために必要なことも併せて考えてみるといいでしょう。

また、②の基本的方針は、実際のコーチングをするときにその方向性を示し、導き手となるような基礎的な原理と言えます。

例えば「バスケットボールを教えるときには、技術的な部分と生き方に対する部分の両方を教えるようにする」、「いついかなるときでも柔軟であるようにする」、「運命をプレーヤー自身で切り開かせるようにする」などがあります。また、「マネージャーには監督に次ぐ大きな権限を与える」なども、指導の全体に関わる基本的方針ということができるでしょう。

③価値観は、コーチとしての自分が大切にしていることと言えます。

例えば、「愛」、「感謝」、「謙虚」、「和」などが挙げられますが、「なぜその価値観が重要なのか」を併せて考えておくことも重要です。併せて考えることで、より具体的な行動が見えてくるからです。

いくつか例を挙げてみます。

「勇気」を大切にしている場合には、「勇気を出して踏み出せば、自分が心に思い描いていることを実行できるようになる」などと考えられるでしょう。

「情熱」を大切にしている場合には、「燃えるような激しい情熱がなければ、人の心を燃やすことはできない」などと考えられます。

「自由」を大切にしている場合には、「自由が保証されているからこそ、恐れずにいろいろなことに挑戦することができる」などと考えられます。

このようにコーチング哲学はさまざまな要素から構成されています。

もう一度要素を整理すると、「コーチングの目的」、「コーチングの基本的方針」、「大切にしている価値観」の3つになります。左のページに、この要素をまとめた表を載せました。この機会に皆さんも、自分のコーチング哲学を構築したり、あるいは振り返ってみてはいかがでしょうか。

## 自分のコーチング哲学を見つめ直す

まとめになりますが、すでに触れたように基本的方針としてコーチング哲学を持てば、自らの方向性を失うことなく、自分自身をしっかりと持ち続けることができるでしょう。さらに、それを拠り所とすることで、精神的にも指導においても安定性を保つことができるようになります。

反対にコーチング哲学がなければ、その指導も一貫したものがなく、場当たり的なものになってしまうでしょう。それが結果的に、プレーヤーと信頼関係を築くのに悪影響を及ぼしてしまうかもしれません。そう考えると、コーチング哲学を持つことがとても大きな意味を持っていることをお分かりいただけるのではないでしょうか。

（佐良土）

## ＜私のコーチング哲学＞

| コーチングの目的 | 目的実現のために必要なこと |
|---|---|
| | |
| | |

| コーチングの基本的方針 |
|---|
| |
| |
| |
| |

| 価値観 | それが大切な理由 |
|---|---|
| | |
| | |
| | |

**参考文献**

佐良土茂樹（2018）「コーチング哲学」の基礎づけ．体育学研究, 63(2), pp. 547-562

ウッデン・ジェイミソン（2014）育てる技術．弓場隆訳．ディスカヴァー・トゥエンティワン．143頁

キャリル・ホワイト（2011）賢者は強者に優る―ピート・キャリルのコーチング哲学．二杉茂ほか訳．晃洋書房．p.3

シャシェフスキー・スパトラ（2011）コーチKのバスケットボール勝利哲学．佐良土茂樹訳．イースト・プレス．p.21

ジャクソン・ディールハンティー（2014）イレブンリングス．佐良土・佐良土訳．スタジオタッククリエイティブ．p.25

加藤廣志（2007）日本一勝ち続けた男の勝利哲学．幻冬舎.56頁

シャシェフスキー・スパトラ（2011）コーチKのバスケットボール勝利哲学．佐良土茂樹訳．イースト・プレス．p.75

加藤廣志（2007）日本一勝ち続けた男の勝利哲学．幻冬舎．p.11

# 選手とのズレを埋めてトレーニング効果を上げる

## データ、選手の感覚、指導者の目はどう違う？

トレーニング現場では、「アスリートの研ぎ澄まされた感覚」や、「指導者の視点による評価」など、いろいろな話がされています。しかし、「実際のパフォーマンスと選手の感覚」、一方で実際のパフォーマンスと感覚との食い違いや、コーチが観察した結果などをすり合わせる時間が、充分取れていないように感じます。そのため、選手と指導者の間で明確な共通理解がないまま、「なんとなくわかっている（つもり）」でいることが少なくないように思います。

そこでトレーニングで計測したデータや選手たちの主観、指導者の観察結果を照らし合わせ、どの程度一致させられるのかを検証することにしました。その目的は2つあり、1つは、先ほども述べたように立場が違うそれぞれの観点を照らし合わせることで、どのようなことが見いだせるのかということです。そしてもう1つは、トレーニングの指導と評価、課題の発見、コーチングのヒントを得ることです。これをまとめたのが図1になります。

ここでは、検証した内容について紹介します。この検証によって、共有する言語や感覚についてを洗い出すことができましたが、普段から指導関係にある2人でも、言葉についての解釈が大きく異なる場合もあったのが、印象深いことでした。

**【測定方法】**

参加者は、陸上競技の実業団走り幅跳び選手9名

図1 データ、選手の主観、指導者の観察を照らし合わせる測定会のイメージ

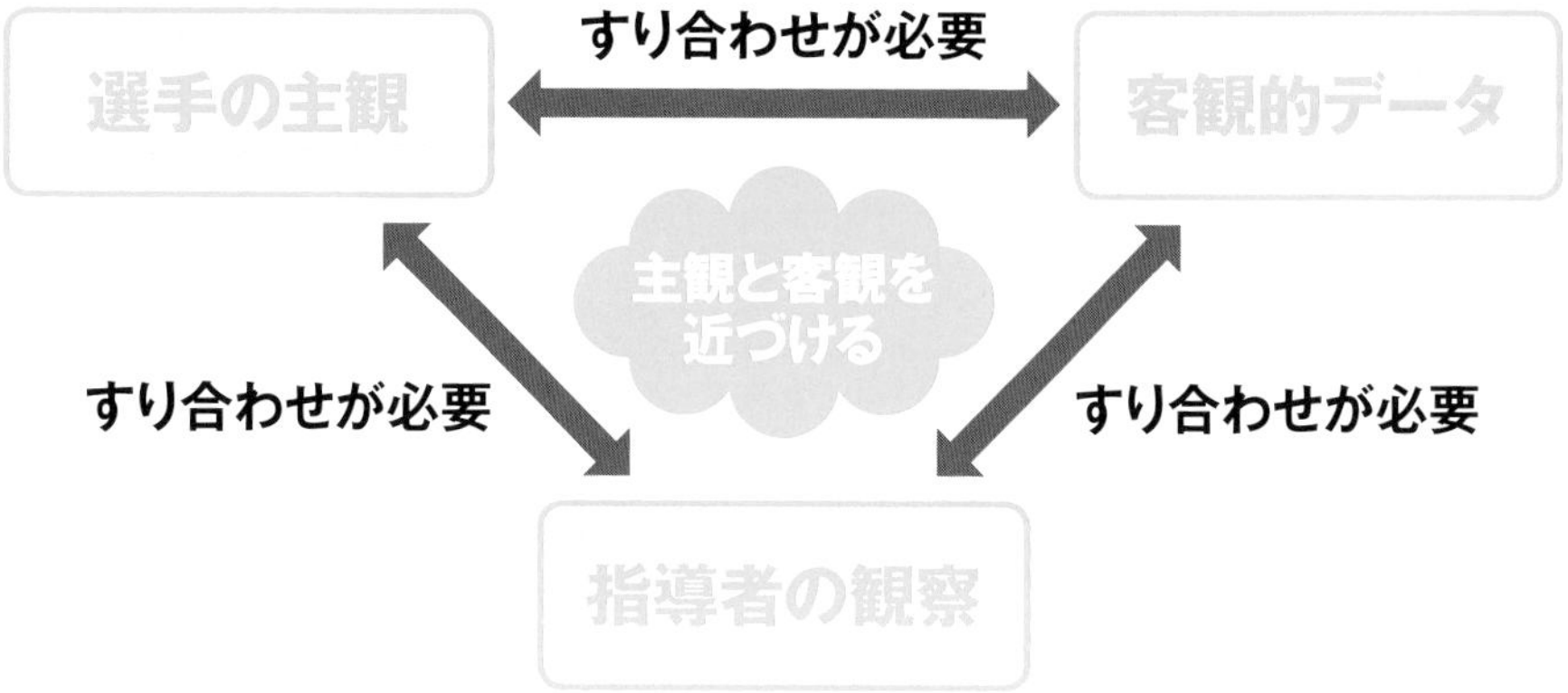


（男子7名、女子2名）で、日本選手権上位入賞経験者。指導者4名は、全国大会での優勝、世界大会参加などの指導を複数回果たした経験者。測定したトレーニング種目は、50ｍのフォースプレート完備の走路で助走距離の全力走2本、全助走2本を全力で行った。選手、観察者は各試技終了後に内省メモに記述した。測定データの項目は、測定項目、疾走速度、助走速度、助走ピッチ、助走ストライド、接地支持時間、助走滞空時間、床反力であった。全試技終了後に行った振り返り会では、撮影した動画の視聴→研究担当者によるデータの解説→内省メモの発表→指導者から本人に対する質疑応答→トレーニング課題に関して発表の流れで進めた。

194ページの表1は選手と指導者に記述してもらった内省メモの一例ですが、普段から選手を専属で見ているコーチと選手間でも9つの評価事項で1つを除き、一致することはありませんでした。一致しているからよいということでもありませんが、もう少し一致すると予想していました。

## 表1 パフォーマンスに対する選手と指導者の評価

| 前半局面 | | 選手の評価(10段階) | 観察者の評価(10段階) |
|---|---|---|---|
| 1 | スピードが出たかどうか | 6 | 9 |
| 2 | 設置時間が短かったか、長かったか | 4 | 5 |
| 3 | 設置した時の蹴る(押す)/荷重(加重)は弱かったか、強かったか | 6 | 9 |
| 4 | 自由記述(1～3以外に感じたこと) | もう少し楽に行きたかった | シーズン並みのよさ |
| **中間局面** | | **選手の評価(10段階)** | **観察者の評価(10段階)** |
| 1 | スピードが出たかどうか | 4 | 9 |
| 2 | 設置時間が短かったか、長かったか | 4 | 2 |
| 3 | 設置した時の蹴る(押す)/荷重(加重)は弱かったか、強かったか | 4 | 7 |
| 4 | 自由記述(1～3以外に感じたこと) | 気持ちよく加速できなかった | スピードの出現が速すぎた。スムーズさがなかった |
| **踏切局面** | | **選手の評価(10段階)** | **観察者の評価(10段階)** |
| 1 | スピードが出たかどうか | 5 | 5 |
| 2 | 設置時間が短かったか、長かったか | 4 | 5 |
| 3 | 設置した時の蹴る(押す)/荷重(加重)は弱かったか、強かったか | 4 | 5 |
| 4 | 自由記述(1～3以外に感じたこと) | もっと駆け上がるイメージを作りたい | 間延びしていてさばけていなかった |

この段階で、感覚や言語に対する共通事項を形成するために、パフォーマンスに対して主観的な得点をつけ、評価の違いや理由、さらには高める方法についてまでを、アスリートとコーチで定期的に話し合う必要性を再認識することができます。

### 感覚を言葉にすることの難しさと大切さ

測定後の振り返り会では、客観的データの説明を研究者が行い、その後で撮影した映像の解説を実施者が行いました。表2はその時に共通して使われたフレーズです。また、選手は感覚によって判断をし、指導者は観察によって評価したところ、両者の評価が一致した回答はありませんでした。ただし、速度データと選手の主観、または速度データと指導者の評価は、しばしば一致していました。つまり、両者とも物理的な速度をある程度正確に評価できる場合もありますが、「選手がよいと思う時」と「指導者がよいと思う時」の一致はあまり多くないということです。しかし、普段

**表2 パフォーマンス映像の説明でのコメント**

・ブレーキしたように感じた
・○本目のほうがいい流れだった、よかった（悪かった）
・○本目のほうが加速していた（減速していた）
・いい感じ
・リズムがよかった
・速かった
・踏切動作を意識しすぎた
・しっかり地面を押した
・うまく乗れた
・駆け上がるイメージを作りたい
・スタートのタイミングが取れず加速できなかった
・スムーズに行けた
・スピードに乗りきれなかった
・接地が軽かった
・がんばって動かした

**表3 記述されたコメント**

・地面をつかむ
・グリップできた
・フワフワした感じがあった
・キレがなかった
・もたついた
・力んだ（リラックスできた）
・気持ちよくできた
・ドタドタ走った

指導している選手とコーチでは、速度データや選手の主観および指導者の評価で一致するケースもあり、選手が自身の感覚を言葉にしながら説明することでの気づきの多さも見ることができました。

データからでは読み取ることができなかったコメントが表3になります。コメントで共通して多かったのは「地面を押す」「グリップする」「地面をつかむ」という重要さはわかるものの、認識が最も一致しないことが確認できました。そのため現場ではさらなるすり合わせが必要だと言えます。また、よく使われる言葉については、何となく使っていることに気づく場面もありました。

この検証でも言えるように、バスケットボールでも普段の練習から、よく使う言葉や動きについてそれぞれの主観と客観の距離を理解し、データも用いて照らしあわせることが重要です。そしてそれが、トレーニングやコーチングの成果をあげることにつながるのではないでしょうか。

（下嶽）

# チームを怪我から守る予防のための傷害調査

## バスケットボールでは足首の怪我が最も多い

多くのスポーツ競技の中でも、バスケットボールは怪我の多いスポーツの1つとされています。なかでも代表的な怪我として、足首の捻挫が挙げられます。

Wリーグ（女子バスケットボールトップリーグ）6シーズン中の傷害（怪我）の調査を行った結果では、足首の捻挫は全体の傷害発生件数842件中204件（24・2％、全体の約1／4）を占め、最も多い怪我であると報告されています。また大阪府大会ベスト8以上の高校生バスケットボール選手における足首の捻挫経験のアンケート調査では、高校生年代のほとんどの選手が足首の捻挫を一度は経験していました（図1）。

図1　大阪府大会ベスト8以上の高校生バスケットボール選手186名の足首の捻挫経験を調査

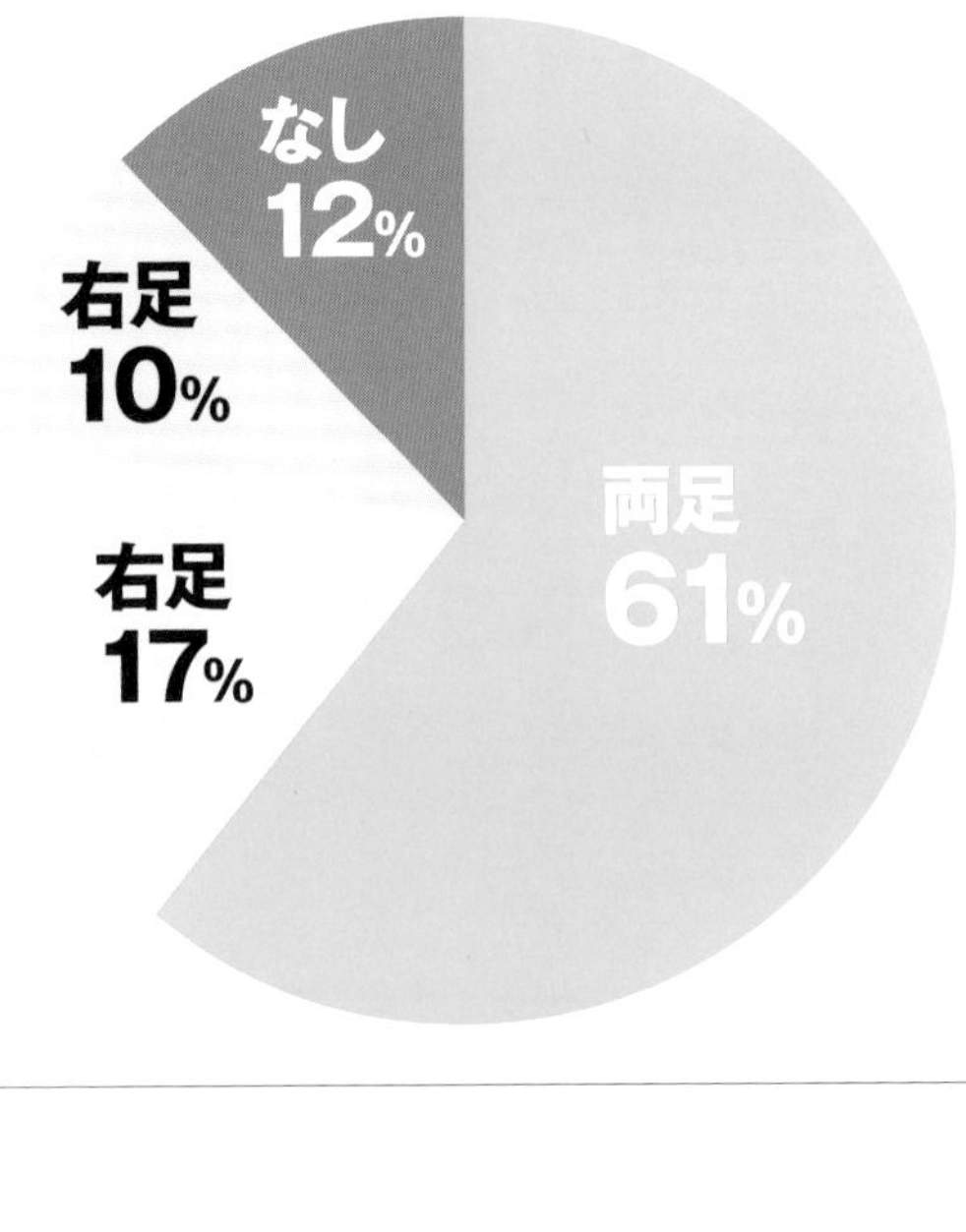

女子バレーボールや女子ラクロス、ソフトボールなど他の種目と比較すると、バスケットボールは男女ともに足首の捻挫の起こる確率が高いことが言われています。そのため、バスケットボールに関わる選手やコーチにとって最も身近な怪我の1つが、足首の捻挫だと言えます。

## 予防の対策は現状を把握すること

足首の捻挫は頻度が高くバスケットボール選手の問題になりやすいですが、予防するための対策の1つは各チームにおける現状把握だと考えています。

一般的にスポーツ傷害の予防には、

①対象となる競技種目や年代で頻度の多い怪我や生じやすい重症な怪我の把握（どの怪我が多くて、起こりやすい危ない怪我はどのようなものがあるか）。

②怪我が起こってしまうメカニズムやきっかけになる原因を明らかにすること。例えば、膝が内側に入る動きが危ない、足の柔軟性が少ない選手が怪我をしやすいなど。

③怪我のきっかけになる原因に対する予防するためのメニューの作成。

④予防メニューが本当に効果があるのかをチェックする。

といったサイクルを効果的に回していくことが重要です。

つまり怪我を予防するのであれば、まずはこのサイクルの第一歩となる、自チームの現状把握が必要になります。

同じバスケットボール選手であっても、年代や競技レベル、練習環境（練習場所、頻度やメニューなど）が違えば、結果として起こる怪我も違ってきます。そのため、みんなが同じ予防メニューをおこなったとしても、あまり効果が期待できない可能性があります。

また、怪我の予防を目的として記録をとっていく際に注意したいのが、「どのような種類の怪我が多かったか？」という情報だけでなく、「どのように怪我をしたのか？」という状況の調査までが必要になると考えています。

足首の捻挫を例に挙げると、今回起こった捻挫が初めての怪我なのか過去に何回か経験があるのか、捻挫が起こった状況はプレー中の「ジャンプ着地？」、「ストップ動作？」、はたまた「切り返し動作なのか？」、「捻挫をした時に相手選手との接触はあったのか？」、「接触したのは足首か？　それ以外の部位か？」といった、足首の捻挫に至った詳細な経緯を調査することで、その選手の怪我の特徴が明らかとなり必要な対策がみえてきます。

大阪府バスケットボール協会医科学委員会で行った、足首の捻挫が起こった状況の調査では、足首の捻挫はその他の怪我と比べて、〝接触〟しながら怪我をすることが多いこと、捻挫の経験がない選手の初めての足首の捻挫は、ジャンプの着地時に多いことが分かっています。

関わるチームに足首の捻挫経験者が少ない場合、リバウンドやシュート後などのジャンプ着地動作に着目し、足首の捻挫が起こりやすい動きがないかチェックをすることが大切です。そして、そういった動きが出ないようにトレーニングすることも必要になるかと思います。

また接触という点について、相手選手の足を踏むといったきっかけも多いですが、空中での接触によりバランスを崩して捻挫に至ってしまうケースも少なくありません。そのため接触しても空中姿勢をよい状態でキープするなど、接触を想定したプレーへの対策を練る必要もあります。

実際に現場で実践していただきたい傷害調査のポイントをチェック項目としてまとめました（表1）。このように、チームの怪我がどのような状況で起こっているかを突き詰めていくことで、チーム独自の怪我予防のポイントがみえてきます。

そして年間を通じて調査してみて、練習メニューに対応策を取り入れるといった取り組みが重要です。ぜひ一度、自分自身の怪我や、自チームの怪我を見直すきっかけにしてみてください。

（沼澤）

表1 傷害調査で確認しておきたい怪我予防のためのポイント

## 傷害調査におけるチェック項目

- 過去に同じ部位を怪我した経験があるか？
  **何回も怪我をしていないか**
- 怪我をした際の練習メニュー（練習内容の確認、見直し）
  **練習のメニューや環境の中に、怪我の原因になる要素がないか**
- 怪我をしたプレーの状況
  例：ジャンプ着地、ストップ、切り返しなど
  **きっかけとなる動きから、その選手に必要な予防メニューを考える**
- 接触の有無（コンタクトへの対応力）
  **避けられる接触か、トレーニングで改善できる接触か**
- 怪我をしてから治療をしているかどうか
  **選手への自己管理の意識づけ**

**参考文献**
1. 三木英之,清水結: バスケットボール. Journal of Clinical Rehabilitation. 2012;21:1102-1107.
2. Hootman JM, Dick R, et al.: Epidemiology of collegiate injuries for 15 sports: summary and recommendations for injury prevention initiatives. J Athl Train. 2007; 42: 311-9.
3. van Mechelen W, Hlobil H, et al.: Incidence, severity, aetiology and prevention of sports injuries. A review of concepts. Sports Med. 1992 ; 14(2): 82-99.
4. 沼澤俊 他:外傷・障害調査からみた高校バスケットボール選手における既往歴別の足関節捻挫受傷機転, 第70回日本体力医学会大会,2015.

# ルールはゲームをより楽しむためにある

## ルール変更の仕組み

そもそもルールを制定する目的（※）は、予め想定されたプレー状況に即してゲームの再現性を保障し、記録に客観的な意味を付与して競技者あるいはチーム相互の成績の比較を可能にすることにあります。とすると、ルールがたびたび変更されるのは、競争を通じた勝敗の決着という競技の本質を歪めないためです。

これまでのバスケットボールのルールも、競技の本質が適切に機能しているかの検証にさらされ、「シュートの攻防」による得点差、という勝敗の決め方を安定的に規定してきました。

一方で、プレーが成立するにはルールの先在が必須の条件ですが、前者が逆に後者に反作用を及ぼして変更を促す、という事態も生じます（「ルール現象の持続的超越性」）。

ルールもまた固定されるのではなく、個々のプレー状況が変更の契機となるわけです。

こうしたプレー状況とルールとの相互作用は、「ルールの変遷と技術や戦術の発達はお互いに関連性が深く密接に結びついており、両者は表裏一体の関係にある」という考えにつながっていくことにもなります。

ところで、プレー状況とルールとの相互作用は、バスケットボールと他のチームスポーツとでは若干異なります。それは、バスケットボールの創案者ネイスミスの「バスケットボールは机上の創造物であった。ゲームの価値を試す何の努力も行わないうちに…条件を満たすルールが定められた」という考えに起因しています。

その前提にあったのは、「面白く、覚えるのもプレーするのも簡単で、しかも冬季に照明のついた屋内でできる」というものでした。考案時の13条のルールが、ごく基本的なプレーの規定とゲームの進行の仕方だけだったのは、こうした事情に基づいています。

しかし、バスケットボールは「頭上の水平面のゴールにボールを投げ入れる」という特殊な競技形式になっています。そのためそれによって生じる様々な状況が、その後多くのひとたちの創意工夫によってさらに「ゲームをより楽しむ」ための契機となりました。このような繰り返しをしながら、独自の「面白さを保障する」ルールが加わっていったのです。

## 現行ルールは「攻撃を強要している」

これまでプレー状況に大きな影響を与えた技術の代表は、１９３６年のルイゼッティによる「ワンハンドシュート」です。しかし１９８０年代以降は、技術よりも戦術の発展が、プレー状況に新たな展開をもたらしました。

それによって生じたのは、「ゲームのスピード化」と「プレーの連続性と洗練化」です。そして、それらは現代的な「面白さ」を保障する条件ともいえます。

１９８４年の3ポイントシュートや、２００５年度から実施された「オルタネイティングポゼッション」の導入などは「ゲームのスピード化」と「プレーの連続性と洗練化」を具象化したものです。その中でも、ＦＩＢＡの思惑以上に劇的な変化をもたらしたのは、１９９９年に「ゲームをよりダイナミックで魅力あるものにする」という趣旨のもとに導入した「24秒ルール」「8秒ルール」と、「プレーヤーが集中して能力を充分に発揮できるように、あるいは時限終了間際の緊迫感のある場面を増やすために」採用した「4クォーター制」です。

24秒ルールはNBAでは1954年から実施されていました。しかし、FIBAが「ゲームがよりアグレッシブでスピーディーになる」ために、30秒から24秒へ、10秒から8秒ルールへと、ショットまでの時間を短くし、ショットの場面を増すことによって、「ルールの果たす最重要の機能」であり「ルール変更を推し進める根本の動機」でもある「面白さの保障」につながると宣言したことは、他のスポーツにはみられない極めて特異なことといえます。なぜなら、その宣言は、「面白さ」を「攻守にバランスが取れて容易に得点できるケースが多数生じる反面、ゲームがだらだらと長くならないこと」と認定した一方で、攻撃が敏速かつ積極的に行われなければならないことを明示したからです。

他方でこのことは、ルール全般について詳しく知っていることに加え、「攻撃の強要」という現行のルールの特徴をコーチや競技者が認識していなければ、ゲームで勝利する、という最終かつ最大の目標の実現は困難であることを示してもいます。

ルール変更はコーチや競技者からの要請で行われるわけではありません。コーチや競技者がまずやるべきことは、ルール変更の度ごとにその内容と統括団体の意図（現行は「攻撃の強要」）を正確に理解した上で、従前の規定とは異なるプレーの許容範囲や新たな禁止事項を確認することです。次にそれらが競技者やチームにとってアドバンテージとなり得る練習を積み重ねてゲームに臨み、結果を評価・反省・検証し、再びそれを練習に活かす、というPDCAサイクルの徹底的な遂行です。

競技者のパフォーマンス向上やチームの勝利には、複雑多様な現象を見極めるこのような不断の努力が必要不可欠です。

（内山）

## ルールとルール現象の相互規定

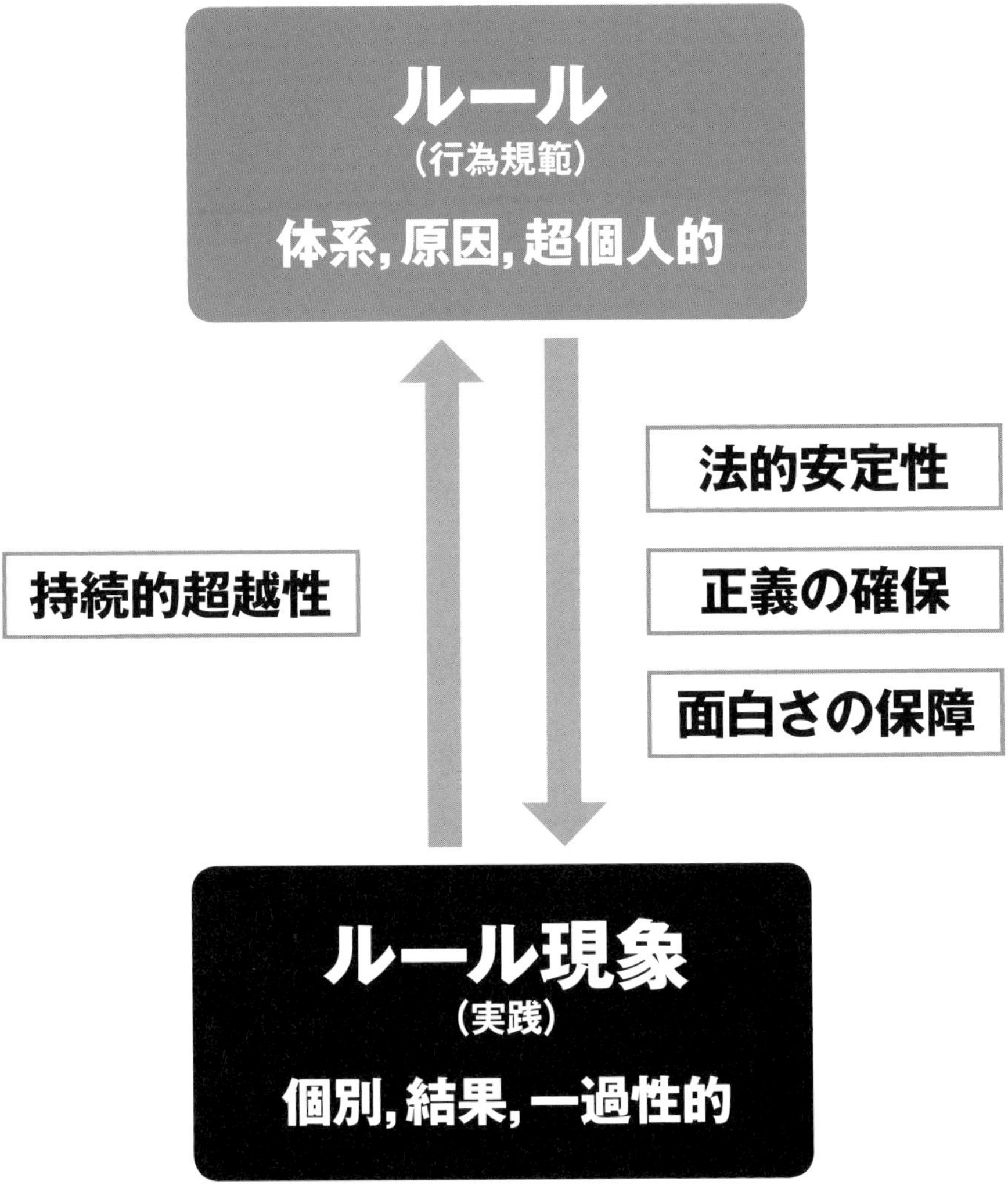


※ここでのルールとは「構成的ルール」のことを指します。それは、競技者がそれを知らなかったり、それに従おうとしなかったりすれば、そのスポーツを行っていないことになるルールのことです。言い換えると、ゲームの中でどのような手段が認められているか、つまり、何が宣言されたかを明文化し、それによって法的な安定性の確保を規定するルールのことです。

**参考文献**
内山治樹（2012）バスケットボールにおけるルールの存在論的構造：競技力を構成する知的契機としての射程から．筑波大学体育科学系紀要，35:27-49.
内山治樹（2009）バスケットボールの競技特性に関する一考察：運動形態に着目した差異論的アプローチ．体育学研究，54（1）：29-41.

# おわりに

2019年、八村塁選手がNBAドラフト1巡目9位でワシントン・ウィザーズから指名を受け、NBA入りを果たしたニュースは日本中を駆け巡り、今ではバスケットボールをしていない小学生でも八村選手のことを知っています。八村選手のニュース以外にも、馬場雄大選手や比江島慎選手のNBAサマーリーグへの参加は日本のバスケットボール界に大きな活力を与えました。さらに、NBAサマーリーグでは渡邊雄太選手がメンフィス・グリズリーズの主力プレーヤーとして大車輪の活躍を見せ、これまで手の届かない存在として捉えていたNBAが日本人にとって近い存在になりました。このようなNBAにおける日本人プレーヤーの活躍以外にも、富樫勇樹選手のBリーグにおける日本人初の1億円プレーヤー誕生のニュースは、プロバスケットボールプレーヤーを子供達の将来の夢になる職業に押し上げることに貢献しました。このように、今の日本のバスケットボール界は明るい話題に事欠きません。今後も有望な若手日本人選手が日本のバスケットボール界に明るい話題を提供し続けてくれることでしょう。

こうしたバスケットボール界の明るい話題について語るうえで、日本バスケットボール協会（以下、JBA）の存在を忘れることはできません。1930年に李想白らによって立ち上げられたJBA（当時「大日本バスケットボール協会」）は、戦時中の一時中断期間があったものの、戦後すぐに復活し、今日まで日本のバスケットボールの統括団体としてバスケットボール界をリードしてきました。これまでFIBAによる制裁などJBAを取り巻く様々な出来事がありましたが、それでもJBAの貢献を抜きにこれまでの発展を語ることはできませんし、今後もJBAを中心に日本のバスケットボールは展開されていくことでしょう。現在、JBAは「バスケで日本を元気に」という理念を掲げています。このフレーズはJBAで働く筆者らの仲間が考案しました。彼女は、日本のバスケットボールのために朝から晩まで業務にあたっています。おそらく、日本のバスケットボール界のために最も働いている人物といえるでしょう。

我々は「バスケで日本を元気に」の理念を体現したいと考えています。そして読者の皆さんには、この理念に協力して頂きたいのです。まずは皆さんの現場を元気にして下さい。我々も自身の現場を元気にすることに努めます。個々の「バスケで○○を元気に」が、「バスケで日本を元気に」へとつながっていくと考えます。本書は皆さんの現場をいくらか元気にするお手伝いをすることでしょう。数年後、バスケで日本が元気になっていることを願って、この辺りで筆を擱くことにしましょう。

執筆者一同

# 執筆者 紹介

## 永田 直也(ながた なおや)

**慶應義塾大学体育研究所専任講師**

1983年岐阜県出身。専門はスポーツ心理学。東海大学男子バスケットボール部在籍中より，学生メンタルトレーニングコーチとして，パフォーマンス向上を目的とした心理サポートを学ぶ。日本スポーツ心理学会認定スポーツメンタルトレーニング上級指導士。日本パラリンピック委員会医・科学・情報サポート事業心理領域スタッフ。日本バスケットボール協会　技術委員会指導者養成部会WG。

## 岩見 雅人(いわみ まさと)

**東京農工大学バスケットボール部 ヘッドコーチ**

1981年兵庫県出身。東京農工大学大学院 先端健康科学部門助教。順天堂大学スポーツ健康科学部卒業、筑波大学大学院体育科学専攻修了。博士(体育科学)。専門は運動生理学およびバイオメカニクス手法を用いたスポーツスキル分析。日本バスケットボール学会理事、日本バスケットボール協会技術委員会指導者養成部会ワーキンググループメンバーとして活動中。

## 山﨑 紀春(やまざき きはる)

**東京家政大学バスケットボール部ヘッドコーチ**

1991年東京都出身。東京家政大学子ども学部子ども支援学科助教。2014年、順天堂大学スポーツ健康科学部スポーツ科学科卒業。順天堂大学大学院スポーツ健康科学研究科博士前期課程を経て修士(スポーツ健康科学)。専門は測定・評価学およびコーチング学、体力トレーニング。測定したデータを現場に活かすこと、現場に活かせるデータを測定すること、をキーワードに、主にバスケットボール選手を中心に研究。

## 稲葉 優希(いなば ゆき)

**国立スポーツ科学センター 研究員**

東京大学大学院にて博士号(学術)を取得後、2013年より国立スポーツ科学センタースポーツ科学部で研究員として勤務し、現在に至る。日本バイオメカニクス学会理事。専門はバイオメカニクス。

## 下嶽 進一郎(しもたけ しんいちろう)

**千葉商科大学 陸上部コーチ**

1978年東京都出身。日本体育大学-同大学院修了-日本体育大学スポーツトレーニングセンター助手-中京大学スポーツ科学部助教を経て、千葉在商科大学陸上競技部コーチを務める。主な著書に『オノタケ式ボールゲーム指導ガイド』(ベースボールマガジン社)、『トレーニングを学ぶ　体育授業の理論と実践 改訂版』(ブックハスHD)がある。

## 佐良土 茂樹(さろうど しげき)

**日本体育大学**
**総合スポーツ科学研究センター特別研究員**

1981年川崎市出身。上智大学大学院哲学研究科博士後期課程満期退学。博士(哲学)。上智大学大学院哲学研究科特別研究員を経た後、2016年より現職。日本バスケットボール協会技術委員会指導者養成部会ワーキンググループメンバー。大学では哲学史や西洋比較思想などの授業を担当。

## 谷釜 尋徳(たにがま ひろのり)

**東洋大学バスケットボール部 女子部ヘッドコーチ**

1980年、東京都出身。東洋大学法学部法律学科教授。日本バスケットボール学会理事。日本バスケットボール殿堂『Japan Basketball Hall of Fame』殿堂委員。2003年、日本体育大学体育学部体育学科卒業。2008年、日本体育大学大学院博士後期課程修了。博士(体育科学)。専門はスポーツ史。バスケットボールの技術史、オリンピック日本代表の歴史などを研究している。

## 内山 治樹(うちやま はるき)

**筑波大学体育系教授／筑波大学大学院人間総合科学研究科長**

1957年福井県出身。日本バスケットボール学会会長、日本コーチング学会理事。1980年筑波大学体育専門学群卒業後、大学院博士課程体育科学研究科に進学。1984年吉井四郎氏の後任として埼玉大学に奉職。1992～93年ウィーン大学にて文部省在外研究員。2000年笠原成元氏の後任として筑波大学へ異動。専門はスポーツ哲学、コーチング学、バスケットボール学。筑波大学女子監督として2004年インカレ優勝、2004～7年関東リーグ4連覇。博士(体育科学)。

## 飯田 祥明(いいだ よしあき)

**南山大学バスケットボール部 部長**

1985年長崎県出身。南山大学体育教育センター/理工学部 講師。日本バスケットボール学会理事。長崎東高等学校→早稲田大学スポーツ科学部→東京大学大学院総合文化研究科を経て博士号(学術)を取得。専門はバイオメカニクス、トレーニング科学。スポーツ科学に関する教育・研究を進めるとともに、バスケットボールの現場におけるスポーツ科学の活用を推進している。大学ではバスケットボールだけでなくストリートダンスの実技授業も担当。

## 沼澤 俊(ぬまさわ しゅん)

**医療法人Nクリニック／一般財団法人大阪府バスケットボール協会医科学委員会**

1986年千葉県出身。Nクリニック チーフ理学療法士。(一財)大阪府バスケットボール協会医科学委員として、ジュニア選手の傷害予防のためのメディカルチェックを担当。2010年、吉備国際大学保健科学部理学療法学科卒業、2019年吉備国際大学大学院で修士取得(理学療法)。理学療法士、アスレティックトレーナーの資格を持ち、専門はバスケットボール選手の傷害予防、特に足首捻挫の研究。

## 藤井 慶輔(ふじい けいすけ)

**名古屋大学大学院情報学研究科助教**

1986年大阪府出身。名古屋大学大学院情報学研究科知能システム学専攻助教。日本バスケットボール学会編集委員。理化学研究所革新知能統合研究センター客員研究員。2009年京都大学総合人間学部卒業。2009-2013年京都大学男子バスケットボール部コーチ(2009-11年:AC、2011-13年:HC)。2014年京都大学大学院人間・環境学研究科にて博士(人間・環境学)取得。専門はスポーツ行動情報処理。体育・情報系の学会・研究会等で受賞多数。

## 八板 昭仁(やいた あきひと)

**九州共立大学スポーツ学部スポーツ学科准教授／日本バスケットボール学会副会長**

1961年東京都出身。1984年國學院大學法学部卒業。大学卒業後実業団で2年間プレーし、日本体育大学大学院へ。修了後、九州女子短期大学、九州共立大学でチームを率いてインカレ出場。2015年福岡大学大学院博士課程において「バスケットボールの状況判断能力」で学位取得(スポーツ健康学博士)。専門は球技戦術、コーチング学、バスケットボールの状況判断。

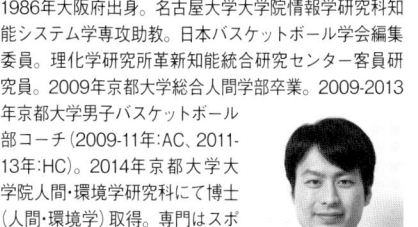

## 監修・執筆

**小谷 究**(こたに きわむ)

**流通経済大学バスケットボール部ヘッドコーチ**

1980年石川県生まれ。流通経済大学スポーツ健康科学部スポーツコミュニケーション学科助教。日本バスケットボール学会理事。日本バスケットボール殿堂『Japan Basketball Hall of Fame』事務局。2003年、日本体育大学体育学部体育学科卒業。日本体育大学大学院博士後期課程を経て博士(体育科学)。専門はバスケットボールの戦術研究。大学ではコーチング学の授業を担当。

**柏倉 秀徳**(かしわくら ひでのり)

**筑波大学女子バスケットボール部ヘッドコーチ**

1980年宮城県生まれ。元日本代表選手。筑波大学体育系特任助教。2003年、筑波大学体育専門学群卒業。筑波大学大学院人間総合科学研究科博士前期課程体育学専攻修了。専門はバスケットボールのコーチング。大学では共通体育バスケットボールの授業を担当。

# バスケットボールが科学で強くなる!

2020年1月20日 初版第1刷発行

監修・執筆者　小谷 究　柏倉秀徳

発行者　廣瀬和二

発行所　株式会社日東書院本社

〒160-0022 東京都新宿区新宿2丁目15番14号 辰巳ビル
TEL:03-5360-7522(代表)　FAX:03-5360-8951(販売部)
振替:00180-0-705733　URL:http://www.TG-NET.co.jp

印　刷　図書印刷株式会社

製　本　株式会社セイコーバインダリー


ISBN 978-4-528-02278-2　C2075

**STAFF**

企画・構成・編集
**佐藤紀隆**(株式会社Ski-est)
**稲見紫織**(株式会社Ski-est)
www.ski-est.com

編集協力
**中西久晴**
**秋田梨奈、太田朋花、森あゆみ**
**天田裕紀子**(RKU BASKETBALL LAB)

デザイン
**前田利博**(Super Big BOMBER INC.)

イラスト
**楢崎義信**

写真
**Getty images**

校閲
**山口芳正**